FRAUENLITERATUR

Autorinnen
Perspektiven
Konzepte

Herausgegeben von
Manfred Jurgensen

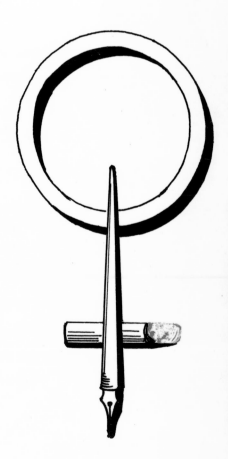

Peter Lang

Umschlaggestaltung: Manfred Jurgensen

Frauenliteratur

WITHDRAWN

FRAUENLITERATUR

Autorinnen – Perspektiven – Konzepte

**Herausgegeben von
Manfred Jurgensen**

**PETER LANG
Bern und Frankfurt am Main**

CIP-Kurztitelaufnahme der Deutschen Bibliothek

Frauenliteratur: Autorinnen – Perspektiven –
Konzepte / hrsg. von Manfred Jurgensen. - Bern ;
Frankfurt am Main : Lang 1983.
   ISBN 3-261-05013-6
NE: Jurgensen, Manfred [Hrsg.]

Verlag Peter Lang AG, Bern 1983
Nachfolger des Verlages der
Herbert Lang & Cie AG, Bern

Druck: fotokop Wilhelm Weihert KG, Darmstadt

INHALT

VORWORT

> "Ich werde die Weise, in der ich verletzt wurde, in Zu-
> sammenhang mit der Art meiner Verletzlichkeit sehen
> und das Heimweh nach deiner Ordnung als Ausdruck
> der Sehnsucht nach meiner Ordnung begreifen kön-
> nen."
> (Barbara Frischmuth, *Die Frau im Mond*)

In einem Seminar über deutschsprachige Frauenliteratur der Gegenwart, das ich im Sommersemester 1982 an der Universität Basel
geleitet habe, meldete eine Studentin grundsätzliche Zweifel an
der Legitimität einer wissenschaftlichen Betrachtung dieses Themas
und seiner Untersuchung durch einen männlichen Germanisten an.
Eine Anzahl feministischer Freundinnen wären der Veranstaltung
ferngeblieben, weil sie nicht "ihre" Literatur, vor allem deren intensiv persönliche Wirkung auf jede einzelne von ihnen durch eine
germanistische Betrachtungsweise "ruiniert" sehen wollten.

Die Einwände der Studentin verdienen ernstgenommen zu
werden. Sie verdächtigen ein Wissenschaftskonzept, das seinerseits
patriarchalisch vorgeprägt zu sein scheint. So ist von daher nicht
einzusehen, warum eine Frauenliteratur, die sich wesensgemäß
gegen die männliche Vorherrschaft in Gesellschaft und Kultur
richtet, weiterhin nach den Kriterien einer antagonistischen Literaturwissenschaft betrachtet werden sollte. Da muß die Durchführung
eines Seminars unter männlicher Leitung zur Provokation geraten.

Indes sollte es bei dem Seminar eben darum gehen, die Fragwürdigkeit herkömmlich literaturwissenschaftlicher Betrachtungs-
weisen aufzudecken und für eine programmatische Offenheit in
der kritischen Ästhetik der Frauenliteratur zu plädieren. Wenn
patriarchalische Wissenschaftskonzepte und Wertmaßstäbe dem
Phänomen Frauenliteratur nicht gerecht zu werden vermögen, so
sollte das nicht die Suche nach einer wesensgerechteren Wissenschaft, dem Gegenstand der Betrachtung angemesseneren Literaturkritik präjudizieren. Ich habe versucht, zwischen weiblichen Autoren
der Literaturgeschichte und dem engeren Begriff einer Frauenliteratur zu unterscheiden. Letztere gibt es im deutschsprachigen
Raum eigentlich erst seit den sechziger Jahren. Sie hat sich als
Teil einer umfassenden Emanzipation der Frau gebildet und kann

consideration

ohne Berücksichtigung der Frauenrechtsbewegung in ihrer gesellschaftspolitischen Bedeutung nicht verstanden werden. Wie die
Befreiung der Frau ist die Frauenliteratur noch im Entstehen begriffen. Beide sind Ereignisse jüngsten Datums; der Selbstgestaltungs-
prozeß hält an. Dennoch sollte es, gerade im Interesse einer Abgrenzung von der patriarchalischen Literatur, darum gehen, die
wesenseigenen Merkmale einer "weiblichen Ästhetik", die Kriterien
einer Frauenliteratur im Entfaltungsprozeß (ihn unterstützend und
fördernd) herauszuarbeiten.

Ganz sicherlich muß dabei die Rezeption der *Betroffenen,*
die systematische Literaturbetrachtung der Frauen von vorrangiger
Bedeutung bleiben. In den Vereinigten Staaten gibt es seit einigen
Jahrzehnten eine feministische Literaturwissenschaft, die auch als
akademische Disziplin an Universitäten gelehrt wird. Deren über-
ragende Bedeutung ist offenkundig. Etwas verdächtig scheint es
mir jedoch, wenn junge Frauen die Betroffenheit allein für sich in
Anspruch nehmen wollen. Es sollte möglich sein, männliche Leser
(einschließlich Literaturwissenschaftler und sogar Germanisten)
mit in die Diskussion um Frauenliteratur einzubeziehen, vorausgesetzt daß sie tatsächlich von ihren Werken, von ihrer Aussage *be-*
troffen sind. Ingeborg Drewitz hat einmal die Erklärung abgegeben:
"Emanzipation kann ... nicht anders als eine Aufgabe für beide
Geschlechter begriffen und geleistet werden."[1] Das dürfte auch für
eine gesellschaftliche und wissenschaftliche Zusammenarbeit auf
dem Gebiet der Frauenliteratur gelten, insbesondere wenn es darum
gehen soll, dem patriarchal Indoktrinierten ein neues, weibliches
Wissenschaftsverständnis zu vermitteln.

Doch die alten Wunden sitzen tief. Zu groß ist die Versuchung,
die neu entstehende Frauenliteratur einseitig für sich in Anspruch zu
nehmen. Das ist ein begreiflicher Vorgang. Er darf aber nicht dazu
führen, ein agitatorisch-fetischistisches Verhältnis zur "eigenen" Ausdrucksform zu propagieren. Deutlich richtet sich die Frauenliteratur
gerade auch, wiewohl in überwiegend kritischer Absicht, an den
Mann. Wer diese kommunikative Appellstruktur der Frauenliteratur
übersieht, verfehlt einen entscheidenden Grundzug ihres Wesens.

---

1   Ingeborg Drewitz, Frauen-Emanzipation in der deutschen Gegenwarts-
    literatur. In: I.D., *Zeitverdichtung. Essays, Kritiken, Portraits,* Wien/Mün-
    chen/Zürich 1980, S. 248.

Es kann nicht darum gehen, eine Ästhetik der Frauenliteratur in hermetisch abgeschlossenem Gesellschaftsraum (den es nicht gibt) entwickeln zu wollen. Der Mensch steht als soziales Wesen in einem ständigen Bezugsverhältnis, vor allem in seiner geschlechtlichen (Rollen)Identität. Er *soll* sich nicht einseitig bestimmen lassen, so wie die Frau das bis heute noch erleidet. Daß sie sich dagegen als Autorin und Leserin wehrt, ist ein kämpferisches Kennzeichen der Frauenliteratur. Die dient in ganz entscheidender Weise der Korrektur ihres patriarchalisch verfälschten Bildes. Auch dieser grundlegende Aspekt ihres Wesens und ihrer Funktion darf nicht übersehen werden. Doch die überfällige Korrektur der geschlechtlichen (d.h. gerade auch individuellen) Identität der Frau kann nicht ein dynamisches Bezugsverständnis der Geschlechter im sozialen (d.h. auch "privaten") Bereich ersetzen. Vielmehr muß die Berichtigung des falschen Bildes gerade hier vorangetrieben werden. Das Dilemma scheint darin zu bestehen, daß die Frau es sich gesellschaftspolitisch wie menschlich nicht leisten kann, den Prozeß der Selbstfindung und Eigendarstellung von ihrer Verständigung mit dem Geschlechtspartner zu trennen. Verena Stefan irrt, wenn sie erklärt: "es geht darum, daß frau nicht mehr einen andern menschen braucht, um sich überhaupt als ganzen menschen zu fühlen."[2] Das wäre die Aufkündigung eines jeden sozialen Bezuges, nicht nur zum geschlechtlichen Partner. Die Gefahr der Selbstisolierung und des Sektierertums wird da offenkundig; in bestimmten Kreisen des Feminismus ist man ihnen bereits erlegen.

Das Interesse des Mannes an der Frauenliteratur ist also durchaus zu begrüßen — und zu "rechtfertigen". Diese Literatur richtet sich immer auch an ihn. Er kann *Zeuge* eines (anhaltenden) Vorgangs werden, bei dem die Frau sich allmählich selbst bestimmt. Und er kann erfahren, ob und wie er sich zu dieser "neuen Frau" in Bezug zu setzen vermag. Lesen könnte ihm so zum kritischen Lernprozeß werden.

Er hat den Autorinnen dieser Frauenliteratur dabei nichts "vorzuschreiben", — und das schließt die Konzeptionen seiner vorbelasteten Wissenschaft ein. Nimmt er indes seinen Lernprozeß ernst, wird frau ihm das Protokollieren der sich entfaltenden Entwicklungen nicht verwehren können oder wollen. Dem männlichen

---

2   Verena Stefan, *Häutungen*, München [16]1980, S. 84.

Literaturwissenschaftler fällt im Bereich der Frauenliteratur zunächst (und zumindest) die Rolle eines betroffenen Beobachters zu.

Entsprechend begreift sich die vorliegende Sammlung. Sie will ein Beitrag sein zum sich weiter entwickelnden Wesen der Frauenliteratur. Die Offenheit in der Betrachtungsweise ist durchaus Absicht. Nicht um den vielgepriesenen Methodenpluralismus einer herkömmlich patriarchalischen Literaturschreibung geht es dabei, sondern um eine programmatische Offenheit, die aus verschiedenen Blickwinkeln dem vielschichtigen Thema gerecht zu werden sucht. Zu den Mitarbeitern zählen weibliche und männliche Leser der Frauenliteratur.[3] Besonders ermutigend im Sinne der hier vorgetragenen Ausführungen ist die Gemeinschaftsarbeit *Mona und Gerhard P. Knapps,* die sich im übrigen keineswegs auf dieses eine Projekt beschränkt.[4] Mit *Ingeborg Drewitz* kommt eine schreibende Frau zu Wort, die über die besonderen Schwierigkeiten einer Schriftstellerin "aus erster Hand" berichtet. Nicht zuletzt ist diese Autorin mit ihren eigenen, besonders anregenden Überlegungen zum Thema Frauenemanzipation und Literatur hervorgetreten.[5]

Es dürfte ein interessanter Versuch sein, die Beiträge der weiblichen Mitarbeiter dahingehend zu betrachten, inwieweit sich an ihnen bereits erste Zeichen einer geschlechtsspezifisch-alternativen Literaturwissenschaft ankündigen, oder ob auch sie in einer patriarchalischen Betrachtungsweise befangen bleiben. Dabei sollte bedacht werden, daß alle drei Autorinnen (*Adams, Schmid, Tunner*) deutsche Literatur an internationalen Universitäten (Melbourne, Salzburg, Lille) lehren, also der wissenschaftliche Umgang mit Literatur für sie zum professionellen Selbstverständnis gehört. Aber eben: wie sieht sich die Frau denn? wie stellt sie sich ihre geschlechtlich orientierte persönliche Identität vor? Die Vorstellung des Ichs ist per definitionem, was immer es auch sonst sein mag (politisch, philosophisch, psychologisch usw.), ein ästhetisches Problem, das

---

3 Die zahlenmäßige Zusammensetzung der Beiträge hat sich durch (zeitlich bedingte) Ausfälle vorgesehener Mitarbeiterinnen, zu keiner Zeit jedoch und in keinem Fall durch ideologische Differenzen oder Lenkung vonseiten des Herausgebers ergeben. Vorgesehen war eine gleiche Anzahl von weiblichen und männlichen Autoren.

4 Mona und Gerhard P. Knapp haben u.a. auch an Studien zu Max Frisch und der Monographie über Gabriele Wohmann zusammengearbeitet. Vgl. dazu die Anmerkungen zu den Mitarbeitern dieses Bandes.

5 a.a.O.

über seine eigene Wissenschaftlichkeit verfügt. Nicht nur wie die weibliche Künstlerin die Identität der Frau *gestaltet*, sondern gerade auch das Mithineinbringen des Leserinnen-Ichs in die wissenschaftliche Auseinandersetzung mit solcher Vorstellung, sollte die Grundlage einer neuen, besonderen Rezeption der Frauenliteratur durch Frauen bestimmen. Das Persönliche ist nicht nur das Politische, wie sich die Marxisten von den Feministen sagen lassen mußten, es ist in Sachen Frauenliteratur (doch wohl nicht nur da) auch das Wissenschaftliche. Und da gilt es, zwischen der Wissenschaft und Politik eines männlichen und eines weiblichen Ichs zu unterscheiden. Eben das meinte jene Studentin, als sie sich gegen den männlich wissenschaftlichen Ansatz meines Frauenliteratur-Seminars in Basel wandte. Freilich müßte in dem Zusammenhang dann auch untersucht werden, wieviele weibliche Literaturwissenschaftler einstweilen noch keine spezifisch weibliche Wissenschaft praktizieren. Ein Sammelband, der sowohl männliche als auch weibliche Beiträger zusammenführt und einander gegenüberstellt, könnte da erste aufschlußreiche Informationen liefern. Sicher ist, daß eine spezifisch weibliche oder feministische Wissenschaftskonzeption wie die Frauenliteratur selbst noch im Entstehen begriffen ist. Im Bereich der Literaturwissenschaft stehen sich Frauenliteratur und Wissenschaftlerin unmittelbar gegenüber. In dieser Disziplin sollte somit die Entwicklung einer weiblichen Ästhetik besonders anschaulich zu verfolgen sein. Trotz einiger wichtiger Ansätze zur weiblichen Literaturwissenschaft[6] reflektiert die Zusammensetzung des vorliegenden Bandes einstweilen noch ein kritisches Übergangsstadium in der Rezeption deutschsprachiger Frauenliteratur. Die aber bleibt größtenteils noch einem patriarchalischen Literaturwissenschaftskonzept verpflichtet. Autoren wie *Milfull* und *Horn* suchen das Phänomen der Frauenemanzipation als ein umfassend politisches Problem zu begreifen, das von anderen sozialen Befreiungskämpfen nicht isoliert werden darf. Diese Grundhaltung bestimmt auch ihre Einschätzung der Frauenliteratur. (In den tatsächlichen Bemühungen des Feminismus, sich mit verschiedenen linksgerichteten

---

6 Vgl. vor allem die Arbeiten von Silvia Bovenschen, Ursula Krechel, Karin Petersen, Gertrud Koch, Julia Kristeva, Marianne Schuller, Erika Haas, Ruth-Eva Schulz-Seits, Brigitte Lühl-Wiese, Friederike J. Hassauer, Peter Roos, Irene Claremont de Castillejo, Jacqueline Benker-Grenz, Irma Hildebrandt u.v.a.

Bewegungen solidarisch zu erklären, ist es bekanntlich immer wieder zu tiefen Unstimmigkeiten gekommen. Sexismus, meint Verena Stefan dazu, geht tiefer als Klassenkampf.) Die Studien von *Höller*, *Blumer* und *Jurgensen* kennzeichnen eine politisch wie literarisch gleichermaßen programmatische Sympathie für das Anliegen der Frauen, doch bedienen auch sie sich noch der Konzepte und Terminologie einer grundsätzlich patriarchalischen Literaturwissenschaft. Obwohl die neuen Zielsetzungen und Eigenschaften der Frauenliteratur deutlich erkannt und herausgearbeitet werden, erweisen sich ihre Beiträge vor allem als Rechenschaftsberichte "betroffener" Zeugen.

Es bedarf also in der Tat einer *grundsätzlichen* Kritik am Rezeptionsverhalten männlicher und weiblicher Literaturwissenschaftler. Doch zugleich sollten Frauen, auch Feministinnen, keine ersten ehrlich gemeinten Vermittlerdienste aus ideologischen Gründen schmähen. Es mag fragwürdig sein, als männlicher Literaturwissenschaftler ein Seminar über Frauenliteratur abzuhalten, doch wo das in programmatischer Offenheit der Methodologie und Parteiergreifung für die Frau geschieht, müßte eigentlich schon nur die Thematisierung, die Aufnahme der Frauenliteratur in den universitären Lehrplan eine begrüßenswerte Etappe auf dem Weg zu einer frauenorientierten Literaturwissenschaft sein. Auch der vorliegende Sammelband versteht sich als Beleg einer noch immer verhältnismäßig frühen Phase in der wissenschaftlichen Rezeption von Frauenliteratur. So wichtig die Eigenreflexion der Frau (nicht nur im feministischen Bereich) in diesem Stadium sein muß (wer bin ich? was heißt es gesellschaftlich, Frau zu sein? gibt es überhaupt ein weibliches Ich?), so unumgänglich ist früher oder später der Dialog mit dem Partner, — da wo er sich als wirklicher Partner stellt. Die Zukunft der Frau und das Phänomen der Frauenliteratur können aus der neuerlichen Begegnung mit einer männlichen Geisteswelt entscheidende Impulse erfahren. Es bleibt zu hoffen, daß schon bald eine ebenbürtige, gleichberechtigte, wiewohl nicht gleichgeartete Partnerin dem Mann ihr eigenständiges Wesen kundzugeben vermag. Es wird nicht zuletzt am Mann liegen, ob es zu dieser neuen Frau, zu dieser neuen Verständigung kommen wird oder nicht. Allen hier gesammelten Arbeiten gemein ist der Wunsch und die Hoffnung, dazu beigetragen zu haben.

Basel/Riehen, im Mai 1982   M.J.

MANFRED JURGENSEN

WAS IST FRAUENLITERATUR?
(*Vorläufige Anmerkungen*)

für meine Tochter
Elke, "one day..."

Die Gretchen-Frage der zeitgenössischen Literaturwissenschaft
lautet, keineswegs nur im deutschen Sprachbereich: wie hältst
du es mit der Frauenliteratur? Eine wahre Flut von Primär- und
Sekundärliteratur ist in den letzten zwei Jahrzehnten auf dem
Buchmarkt erschienen, deren Autoren Frauen sind, die entweder
selber einen schöpferischen Beitrag zu einer spezifisch weiblichen
Literatur zu leisten oder wissenschaftlich-theoretisch über das Wesen eines solchen zur Entfaltung gelangenden Schrifttums Klarheit
zu gewinnen suchen. Der sich also bereits über eine gewisse Zeit
hinziehende Prozess des Bemühens um ein geschlechtsbezogenes
Verständnis der Literatur vollzieht sich vor dem Hintergrund einer
gleichzeitigen, freilich schon früher einsetzenden und bis heute
anhaltenden Emanzipationsbewegung der Frau im gesellschaftspolitischen Bereich. Das literarische Selbstverständnis der Frau
läßt sich wesensgemäß von ihrer sozialen Stellung nicht trennen.
Seit dem Kriegsende hat sich in Deutschland, wenn auch in
höchst fragwürdiger und widersprüchlicher Weise, eine allmähliche
Befreiung der Frau aus ihrer patriarchalischen Abhängigkeit vollzogen. Dabei ist es perverserweise zunächst der Weltkrieg selbst
gewesen, der die – nicht nur deutschen – Frauen zwang, "ihren
Mann zu stehen" (wie es damals so bezeichnend hieß). Symbol-
haft signalisierte die deutsche "Trümmerfrau" der unmittelbaren
Nachkriegszeit, daß der wirtschaftliche und soziale Aufbau ohne
den engagierten Einsatz der Frau nicht würde gelingen können.
Damit schien zugleich die Chance zu bestehen, daß mit der neuen
Gesellschaft auch eine neue Frau "aufgebaut" werden könnte.
Nicht zufällig vollzog sich der Ruf nach "Gleichberechtigung"
und das parteipolitische Interesse an der "Stimme" der Frau insbesondere zur Zeit des bundesdeutschen Wirtschaftswunders, in
der weibliche Arbeitskräfte im Interesse ständig steigender Pro-
duktionsleistungen dem spätbürgerlichen Kapitalismus ökonomisch
und ideologisch dienlich waren. Die werktätigen Frauen waren

damals, wenn man so will, die Vorläufer des heutigen Gastarbeiterproletariats.

Gleichwohl darf die zunehmende Unabhängigkeit der Frau im ökonomischen Bereich in ihrer Bedeutung für den umfassenden Emanzipationsprozeß nicht unterschätzt werden. Sie bleibt eine Grundvoraussetzung, ohne die sich die Befreiung der Frau schwerlich vollziehen läßt.

Ein anderer Umstand, der sich von grundlegender Bedeutung erweist, ist der Ausbruch aus der sexuellen Gefangenschaft. Die neuen Empfängnisverhütungsmittel, insbesondere die sogenannte "Pille", gewähren den meisten Frauen eine Freiheit, die ihnen erstmals die Möglichkeit der Selbstverantwortung für den eigenen Körper, damit aber auch einer echten Partnerschaft mit dem Mann bietet. Im Gefolge dieser Emanzipation macht sich vor allem unter jüngeren Frauen eine neue Eigenständigkeit kund. Wo wirtschaftliche und sexuelle Unabhängigkeit zusammenfallen, kommt es sehr bald zu selbstbewußten, mehr oder weniger ideologisch ausgerichteten Entwürfen einer "neuen Frau".

Nicht übersehen werden darf dabei, daß bis heute keineswegs alle Frauen diese Freiheit erlangt haben. Emanzipatorische Reflexionen sind größtenteils noch immer das Privileg der Erfolgreichen. Die Entwürfe eines elitären Selbstverständnisses oder die Konzeptionen eines radikalen Feminismus stoßen bei der Mehrzahl der Frauen gleichermaßen auf Widerstand. Die Überwindung des Patriarchats ist seit einiger Zeit von weiblichen Minderheiten angekündigt, stattgefunden hat sie noch nicht. Von einer massenorientierten Revolution die Stellung der Frau in unserer Gesellschaft betreffend kann nicht die Rede sein.

Im Widerspruch zum eigenen Anliegen müssen auch die Versuche einer literarischen Selbstbestimmung als elitär bezeichnet werden. Was es heißt, Frau zu sein, ist auch heute noch weniger aus Büchern als aus dem Alltag von Familie, Haushalt und Beruf zu erfahren. Die Polarisierung der Frauenemanzipation reflektiert das Dilemma so mancher Revolution: die Aufklärung spaltet sich ins Kämpferische und ins Akademische. Die real betroffene Frau bleibt indessen beiden Haltungen gegenüber skeptisch, — aus Erfahrung. Nach einem meist, weil auf Beruf und Haushalt verteilten, doppelt anstrengenden Arbeitstag ist sie schon aus physischen Gründen keiner kämpferischen Anstrengungen mehr fähig. Eine intellektuelle Eigenanalyse ist ihr aus gleichen Gründen (weniger von der Bildung her) ebenfalls eher fremd. Eine Arbeiterin liest am Ende ihres Arbeitstages keine theoretischen oder agitatorischen Schriften über das Los der Arbeiterin.

Es ist nicht zu leugnen, daß die prominentesten Versuche einer Neukonzipierung der Frau von Autorinnen stammen, die man als Intellektuelle bezeichnen muß. Es ist bereits ein Zeichen ihrer Emanzipation, daß sie sich das Privileg der Selbstbetrachtung leisten können. Ihren autobiographischen Berichten soll eine musterhaft repräsentative Bedeutung beigemessen werden. Dadurch daß der subjektiven Perspektive ein programmatischer Vorrang zugestanden wird, unterscheidet sich die Ich-Ästhetik einer Frauenliteratur jedoch noch nicht von einem patriarchalischen Schrifttum (vgl. etwa Peter Handke). Die Welle der Tagebuch- und Bekenntnisliteratur wurde in den letzten zwanzig Jahren zu erheblichem Maße von den männlichen Autoren mitgetragen, ja wohl recht eigentlich vorbereitet (Max Frisch). Dennoch besteht ein charakteristischer Unterschied.

Die Krise im Selbstverständnis des Mannes äußert sich literarisch, zumindest zunächst noch, in spielerischer Form; die Fiktion überwiegt auch da, wo Biographisches dargestellt oder reflektiert wird. Bei zahlreichen weiblichen Autoren scheint hingegen die Aussage in einer charakteristischen Zwischenform gestaltet zu werden. Eine vollständige Literarisierung vollzieht sich nur selten, sie wird in einem Bereich der Frauenliteratur formal bewußt nicht angestrebt.

Nun ließe sich geltend machen, daß der künstlerische Umgang mit fiktionalen Formen in erster Linie eine Frage schriftstellerischen Könnens bedeutet. Die etablierten Autorinnen der sogenannten "hohen" Literatur haben von Anfang an eine Kunst der formalen Fiktionalisierung praktiziert (Bachmann, Wolf, Wohmann). Dennoch sollte die Thematisierung der Literatur als persönliche Ausdrucksform auch (und gerade) in den Werken dieser großen weiblichen Autoren (Ingeborg Bachmann, *Todesarten*; Christa Wolf, *Nachdenken über Christa T., Kein Ort. Nirgends;* Gabriele Wohmann, *Ernste Absicht*) zu denken geben. Die fiktionale Form wird keineswegs unreflektiert übernommen. Sie problematisiert sich nicht wie in der patriarchalischen Literatur als Erschöpfungserscheinung, sondern als kritische Überprüfung einer authentisch-gültigen Aussageform. Einerseits wird um eine individuell literarische Darstellung gerungen, andrerseits jedoch einer literatureigenen Fiktiona-

tionalisierung (die die Gefahr einer Persönlichkeitszerstörung in sich
birgt) mißtraut. Es ist das patriarchalische Konzept literarischer
Form, vor dem sich die (repräsentative) Selbstdarstellung der Autorin
scheut. Die Literatur gilt der Frau als das Versprechen oder die
Möglichkeit einer aufklärerischen Selbstmitteilung. Angesichts der
patriarchalischen Verzerrungen ihres Wesens sucht sie sich der
Literatur als Korrektiv und Mittel der Selbstfindung zu bedienen.
Die literarische Ausdrucksform soll zum (individuellen und sozialen)
Erkenntnisprozeß werden.

So befindet sich die Frau gerade auch in der Literatur auf der
Suche nach ihrer wesenseigenen Gestaltung. Dabei bedient sie sich
— notgedrungen, widersprüchlich und einstweilen noch - der über-
kommenen, eingespielten Aussagelogik patriarchalischen Stils.
Sie tut das allerdings, um diese Ausdrucksform wider sich selbst
zu richten; es vollzieht sich in ihrer scheinbaren Annahme die Aufkündigung einer patriarchalischen Ästhetik. In eben dieser formal-
ideologischen Spannung kennzeichnet sich das Wesen der Frauenliteratur. Vom eigentlichen Anliegen her ist ihr solche literarische
"Zwischenform" gemäß, — zumindest solange, bis sie sich ihre
eigene Ästhetik erschrieben hat. Das schließt nicht aus, daß es weibliche Autoren gibt, die weiterhin einem patriarchalischen Literaturkonzept bis in seine letzten ideologischen Konsequenzen folgen.
(Gabriele Wohmanns erster Roman *Jetzt und nie* veranschaulicht musterhaft die Selbstverleugnung einer solchen Schreibweise.[1]) Nicht
die Tatsache also, daß der Autor eine Frau ist, schafft für sich allein
schon Werke einer Frauenliteratur. Solange die kulturelle Wertordnung noch vom Patriarchat bestimmt wird, bleiben viele Frauen,
in der Literatur wie im sonstigen sozialen Bereich, der Ideologie-
ästhetik eines männlichen Gestaltungsprinzips "verschrieben".

Es geht also um die Darstellung der Frau. Ingeborg Drewitz
hat in ihrem grundlegenden Aufsatz "Frauen-Emanzipation in der
deutschen Gegenwartsliteratur" die doppelte Perspektive dieses
Problems gewürdigt: es gilt zu unterscheiden zwischen dem Frauenbild männlicher und weiblicher Autoren.[2] Verstehe ich Drewitz

---

1 Vgl. dazu Manfred Jurgensen, *Deutsche Frauenautoren der Gegenwart*
   (Kapitel über Gabriele Wohmann), Bern 1982.
2 Ingeborg Drewitz, Frauen-Emanzipation in der deutschen Gegenwartsliteratur, in: I.D., *Zeitverdichtung. Essays-Kritiken-Portraits*, Wien 1980,
   S. 240-251.

recht, so scheinen ihr eine Anzahl deutscher Schriftsteller dem
Emanzipationsprozeß der Frau, nicht aber der "Leidenschaft"
eines "Frauenlebens" (242) gerecht geworden zu sein. In der Tat
wird so getan, als gäbe es mit der Verselbständigung der Frau keine
Frau mehr, keine fraulichen Probleme mehr für eine sozial gleich-
gestellte Frau — eine absurde Fehleinschätzung ihrer Befreiungs-
versuche. Solche Frauengestalten zeugen nicht nur von ihrem möglichen Alibicharakter für den männlichen Autor, sie beweisen darüber hinaus die Schwierigkeiten eines Einfühlungsvermögens auch
für den Künstler, die paradoxerweise wiederum sozialpolitisch be-
dingt sind. Denn zweifellos sind die Frauen selber noch keineswegs
sicher, wie sie ihre weiblichen Eigenschaften im Kontext einer un-
gewohnten Emanzipation auszudrücken vermögen. Die Schwierigkeiten des männlichen Schriftstellers, denen er weitgehend durch
Ausklammerung beizukommen hofft, reflektieren also ziemlich
genau den gegenwärtigen Stand im Emanzipationsprozeß der Frau.
So überrascht die "Aggressivität, um die eigene Gefühlsbereitschaft
zu demütigen, zu verleugnen" (245) in der weiblichen Selbstdarstellung durch Autorinnen deutscher Gegenwartsliteratur wohl nur den
Leser, der die Emanzipation der Frau als Selbstzweck mißverstanden
hat.[3] Ingeborg Drewitz faßt das Dilemma der gleichgestellten Frau
wie folgt zusammen:

> Der Eroberungswille, der der schöpferischen Leistung
> immanent ist, und das Erobert-werden-Wollen, das der
> weiblichen Sexualität gemäß ist, sind einfach nicht aus-
> zugleichen, auch nicht durch die programmatische För-
> derung der beruflichen Qualifizierung der Frau, durch die
> geplante Emanzipation.[4]

Die "Emanzipation" weiblicher "Leidenschaften" muß die Darstellung beruflich ausgerichteter sozialpolitischer "Gleichberechtigung" der Frau ablösen. So unterschiedliche Autorinnen wie
Karin Struck (*Die Mutter, lieben*) und Gertrud Leutenegger (*Gouverneur*) haben das bereits versucht. In Gabriele Wohmanns Roman
Das Glücksspiel kommt der von Drewitz angedeutete Konflikt
geradezu formelhaft zum Ausdruck. Ingeborg Drewitz, die mit
einer erfrischenden Klarheit und Vernunft schreibt, wie sie auf dem

---

3 ebd.
4 a.a.O., S. 246.

Gebiet der Frauenemanzipation leider zur Seltenheit geworden ist ("Emanzipation kann ... nicht anders als eine Aufgabe für beide Geschlechter begriffen und geleistet werden"[5], 248), spricht auch da eine deutliche Sprache, wo es zu ideologisch unbequemen Konsequenzen führen könnte: "...klaffen die Emanzipationsziele," fragt sie, "nicht von Anfang an in die individuelle und die soziale Emanzipation auseinander?"[6] (249) Flüchten sich nicht, könnte man im Anschluß daran sagen, die meisten Frauen der deutschen Gegenwartsliteratur aus ihrer individuellen Gefangenschaft in eine soziale Emanzipation? Und liegt nicht ein eigenartiger Widerspruch zwischen der häufig (auto)biographischen Aussageform und der Verkündigung einer gesellschaftspolitischen Ideologie? Eine Verbindung kann nur als Spannungsverhältnis hergestellt werden, was ja durchaus die soziale Lage der Frau widerspiegelt. Aus guten Gründen also vollzieht sich die Auseinandersetzung mit dem Patriarchat im formalen Konflikt einer literarischen Aussage.

Bei einer Autorin wie Karin Struck wird das Problem der literarischen Form besonders deutlich. Ihr erster Roman *Klassenliebe* kennzeichnet sich durch eine formale Offenheit, die symptomatisch das Suchen nach einer neuen Literatur bekundet. Auch in den folgenden Werken ist Struck der Durchbruch zu einer neuen, vollentwickelten Ausdrucksform noch kaum gelungen. Immer wieder fällt sie zurück in einen patriarchalischen Stil, der seine Zerrissenheit gerade da am deutlichsten bekundet, wo er "avantgardistisch" experimentiert. In den Romanen der Struck sind dennoch wesentliche Züge der Frauenliteratur geradezu modellhaft ablesbar. Ihre stilistische "Zwischenform" behält als Ausdruck von Widersprüchen Gültigkeit; sie verfügt über eine Offenheit, die durchaus als programmatisch zu begreifen ist. Es ist eine "Such-Form", derer sich die Frauenliteratur (noch) zu bedienen gezwungen ist. Allgemein läßt sich die zeitgenössische Frauenliteratur als eine Literatur bestimmen, die noch im Entstehen begriffen ist. In ihrem aufklärerischen Anliegen wie in ihrer besonderen Ausdrucksform reflektiert sie den sozialen Entwicklungsstand der Frau. Dementsprechend empfiehlt sich eine angemessene Offenheit in der kritischen Rezeption dieser Literatur. Mit hergebrachten Konzepten und ästhetischen

---

5 a.a.O.
6 a.a.O.

Wert(vor)urteilen einer germanistischen Literaturwissenschaft wird man der sich anhaltend entwickelnden Frauenliteratur schwerlich gerecht.

Also noch einmal die Frage: was ist Frauenliteratur? Zu unterscheiden wäre zwischen den soziologischen Kampfschriften des Feminismus und den künstlerischen Werken weiblicher Autoren. Zu unterscheiden, doch keineswegs zu trennen. Ihre gegenseitige Bezugnahme, zuweilen gar Beeinflußung hält an. In den Romanen Christa Reinigs oder Karin Strucks etwa spielt der Feminismus eine nicht zu übersehene Rolle. Aber auch bei Gabriele Wohmann bildet die kritische Auseinandersetzung mit feministischen Perspektiven einen wesentlichen Teil ihrer Aussage (vgl. insbesondere *Paulinchen war allein zu Haus, Frühherbst in Badenweiler, Ach wie gut daß niemand weiß* und *Das Glücksspiel*). Feministische Literatur weiß sich den Zielen und Programmen der organisierten Frauenrechtsbewegung verbunden. Sie betreibt eine theoretisch "aufgearbeitete" Aufklärungspolitik, die ihrem Selbstverständnis gemäß kämpferisch wirken soll. Indes ist es möglich, in einem — zunächst — individuellen Erkenntnisprozeß zu Einsichten zu gelangen, die sich mit dem Feminismus decken, ohne deswegen unbedingt die gesamte Politik dieser Frauenoffensive zu teilen. Eine Frau, die bewußt als Frau über sich "selbst" schreibt (womit sie zugleich, geschlechtsbezogen, ein geteiltes Schicksal zeichnet), schafft Frauenliteratur. Eine Frau, die sich als Ergebnis eines Bewußtseinsprozesses entschieden hat, kämpferisch für die Sache der Frau zu wirken, leistet beim Schreiben einen Beitrag zur feministischen Literatur. Es gibt, wie gesagt, Überschneidungen; grundlegend bleibt jedoch das agitatorisch ausgerichtete Anliegen aller feministischen Literatur. Auch die wissenschaftlich theoretischen Schriften, die ganze Sekundärliteratur gehört in diesen Bereich.

Um kein Mißverständnis aufkommen zu lassen: Frauen haben schon immer geschrieben, meist als geduldete Ausnahme im Bereich einer patriarchalischen Literatur, gelegentlich als Männer-Imitatorinnen (George Eliot, George Sand). Das hat vereinzelte Autorinnen nicht davon abgehalten, eine aufklärerisch weibliche Perspektive in die Weltliteratur einzuführen — oder sich dem Kanon einer männlichen Ästhetik zu fügen. Immer schon hat es beide Möglichkeiten gegeben, und beide sind von Schriftstellerinnen ergriffen worden. Wobei die patriarchalisch schreibende Frau zumindest unter Beweis stellen konnte, daß sie auch im Rahmen

einer vorgeschriebenen Kunst- und Weltanschauung Außerordent-
liches zu leisten imstande war. Die Geschichte der Frauenliteratur
ist noch jüngsten Datums, doch auch die Literaturgeschichte schreibender Frauen ist trotz wertvoller Einzelstudien bislang nicht geschrieben worden. Es dürfte da bei einer Gesamtübersicht zu auf-
schlußreichen Erkenntnissen kommen, die für die eigentliche Phase
der Frauenliteratur von besonderer Bedeutung wären. Die Autorinnen der bisherigen Literatur gehören zur Vorgeschichte der eigentlichen Frauenliteratur.

Auf den deutschen Sprachbereich bezogen läßt sich seit etwa
zwei Jahrzehnten beobachten, wie Autorinnen mit einem mehr oder
weniger ausgeprägten geschlechtsspezifischen Bewußtsein Werke
zu publizieren beginnen, die auch bei der Leserschaft auf ein ungewöhnlich großes Interesse stoßen. Es handelt sich dabei sowohl
um sogenannt schöngeistiges Schrifttum als auch um gesellschafts-
theoretische Arbeiten wissenschaftlicher oder politischer Prägung.
Es herrscht so etwas wie Aufbruchstimmung; bei aller Vielseitig-
keit der Meinungen und Urteile verbindet diese Veröffentlichungen
ein gemeinsames Anliegen. Eine neue Literatur ist im Entstehen begriffen, die wie alle dauerhaften Veränderungen auf künstlerischem
Gebiet von kulturtheoretischen Erörterungen begleitet wird. Bereits etablierte Autorinnen wie Ingeborg Bachmann, Anna Seghers,
Christa Wolf und Gabriele Wohmann erreichen in den sechziger
Jahren einen neuen oder ersten Höhepunkt in ihrem Schaffen und
werden entsprechend intensiv rezipiert. Zu Beginn des Jahrzehnts
erscheint Bachmanns einflußreicher erster Prosaband *Das dreißigste
Jahr* (1961), die Erzählungen der "großen alten Dame" Anna Seghers
werden erstmals auch im Westen einer breiten Leserschaft zugänglich
(1964), Christa Wolf veröffentlicht ihre drei Prosawerke *Moskauer
Novelle* (1961), *Der geteilte Himmel* (1963) und *Nachdenken über
Christa T.* (1968), Gabriele Wohmann beschließt ihre frühe Phase mit
mehreren Erzählbänden und dem Roman *Abschied für länger* (1965).
Doch zugleich melden sich neue Schriftstellerinnen zu Wort: die Karriere der Angelika Mechtel beginnt, Gisela Elsners Roman *Die Riesen-
zwerge* (1964) läßt aufhorchen, Barbara Frischmuths Werke erscheinen ab 1968, die Lyrikerin Sarah Kirsch wird entdeckt, Helga Novak
publiziert Gedichte und Prosa, die eigenwilligen Arbeiten der Christa
Reinig treten an die Öffentlichkeit. Einen einstweiligen Höhepunkt
bildet indes das folgende Jahrzehnt. Mit den siebziger Jahren tritt
eine neue Generation von Autorinnen auf, die zum Teil von einer

umfassend öffentlichen Diskussion des Feminismus getragen großes Aufsehen erregen und einen ungewöhnlichen Verkaufserfolg verbuchen können. Zu ihnen zählen Karin Struck, Verena Stefan, Elisabeth Plessen, Brigitte Schwaiger. Doch es sind vor allem einzelne Titel, die jetzt signalhaft ein neues Selbstverständnis einer von Frauen (und häufig genug für Frauen) entworfenen Literatur bekunden. Karin Strucks *Klassenliebe* (1973) wird zu einem aufrüttelnden Skandalerfolg, Verena Stefans Dokument *Häutungen* (1975) gewinnt die Bedeutung eines feministischen Kampfwerks (es wird bezeichnenderweise vom Münchner Verlag Frauenoffensive veröffentlicht), Elisabeth Plessens *Mitteilung an den Adel* (1976) gerät zur programmatischen Verabschiedung patriarchalischer Werte und Brigitte Schwaigers "Roman" *Wie kommt das Salz ins Meer* (1977) stellt einen feministischen Literaturfratz in Höchstauflage vor. Aber in diese Liste gehört auch Christa Reinigs Roman *Entmannung* (1976), zu den begabtesten Autorinnen der siebziger Jahre außerdem die eigenwillige Gertrud Leutenegger. Die Mehrzahl wichtiger Anthologien und Werke der Sekundärliteratur zum Thema Frau und Literatur erscheint ebenfalls nicht unerwartet im siebten Jahrzehnt unseres Jahrhunderts. Symptomatisch für das gesellschaftliche Klima und den Stand der Frauenemanzipation zu jener Zeit ist nicht zuletzt das Erscheinen der von Alice Schwarzer 1977 gegründeten und herausgegebenen Zeitschrift *Emma* (ihr Titel ein personifiziertes Kürzel weiblicher Emanzipation).[7] Schwarzers Buchpublikation *Der "kleine Unterschied" und seine großen Folgen* (1975) ist zu dem Zeitpunkt bereits zu einem feministischen Standardwerk herangewachsen.

Wenn hier von Frauenliteratur die Rede ist, so bezieht sich der Begriff auf die quantitativen und qualitativen Erscheinungsformen eines Schrifttums aus den letzten zwei Jahrzehnten, in dem eine ständig steigende Zahl von Autorinnen die Frau (d.h. repräsentativ sich selber) zum Gegenstand der Betrachtung wählt. Der Erlebnischarakter der zugleich, zumindest von Anspruch her, musterhaften Darstellung ist durchaus charakteristisch. Das Authentische der Frauenliteratur liegt in der *Erfahrung*, die sie wiederzugeben und zu erkennen sucht. Vor allem ihr wird der Anspruch auf eine literarische Fiktionalität untergeordnet — und häufig genug geopfert. Fast alle Autorinnen der Frauenliteratur verfassen selbst-verständlich einen bio-

---

7 Vgl. Alice Schwarzer, *Das Emma-Buch*, München 1981 (dtv 980).

graphischen Erlebnisbericht. Die Schriftstellerinnen suchen zualler-
erst im nichtliterarischen, also gesellschaftspolitischen und "privaten" Bereich Autorinnen ihrer selbst zu sein. Die (auto)biographi-
sche Ausdrucksform so vieler Werke der Frauenliteratur muß in
ihrem Abwehrcharakter, als Aufklärung und Korrektiv erkannt
werden. Sie setzt sich einer sozialen Verfälschung zuwider. Von
daher erklärt sich der häufig aggressiv-gereizte Ton solcher Selbstdarstellung. Deren Eigentherapeutik muß also nicht geleugnet werden,
um den vorrangig politischen Bewußtseinsprozeß zu erkennen.
Gerade als Reaktion auf eine patriarchalische Darstellung der Frau
erweist sich Frauenliteratur als authentische Erfahrungsliteratur,
die wesensgemäß im Persönlichen wurzelt.

Ein Werk, das die eigene Biographie fiktional ungebrochen
verarbeitet, ist Verena Stefans inzwischen fast schon zum Klas-
siker (der feministischen Literatur) herangewachsenes Bekenntnis
Häutungen. Sein vollständiger Titel lautet bezeichnenderweise: "Auto-
biografische Aufzeichnungen, Gedichte, Träume, Analysen", erwartungsgemäß also wiederum ein Buch der literarischen Misch-
oder Zwischenform. Aus guten Gründen steht bei der im August
1975 geschriebenen Einleitung die Sprache im Mittelpunkt der
Reflexion:

> Beim schreiben dieses buches, dessen inhalt hierzulan-
> de überfällig ist, bin ich wort um wort und begriff um
> begriff an der vorhandenen sprache angeeckt. Sicher
> habe ich das zunächst so kraß empfunden, weil ich über
> sexualität schreibe. *Alle* gängigen ausdrücke — gespro-
> chene wie geschriebene — die den koitus betreffen, sind
> brutal und frauenverachtend (bohren, reinjagen, ste-
> chen, verreissen, einen schlag hacken, mit dem dorn
> pieken usw.)[8]

Die manierierte Kleinschreibung dürfte also schon vom Äußerlichen
her als Zeichen einer programmatischen Distanzierung von der vorhandenen (Männer)Sprache zu deuten sein. Das mag eine eher hilf-
lose, gelegentlich wohl auch irritierende Geste sein, die nichtsdestoweniger ihrer logischen Motivation nicht entbehrt. Die Bedeutung
ihrer Kritik — auch sie übrigens eine Erfahrung, keine ideologisch-
abstrakte These — reicht weit über die eigene Schrift hinaus. Verena

---

8 Verena Stefan, *Häutungen*, [16]München 1980, S. 3.

Stefan hat die Situation aller Autorinnen eines neuen weiblichen Bewußtseins repräsentativ erfahren:

> Die sprache versagt, sobald ich über neue erfahrungen
> berichten will. angeblich neue erfahrungen, die im ge-
> läufigen jargon wiedergegeben werden, können nicht
> wirklich neu sein. artikel und bücher, die zum thema
> sexualität verfaßt werden, ohne daß das problem
> sprache behandelt wird, taugen nichts. sie erhalten den
> gegenwärtigen zustand.[9]

Die kennzeichnende Zwischenform eines im übrigen natürlich stets persönlichen Stils der Erfahrungsberichte reflektiert diesen Konflikt im Sprachgebrauch der Autorin. Angesichts der Unmöglichkeit, eine lexikal neue Sprache zu entwerfen, ist die Schriftstellerin häufig gezwungen, die "vorhandene Sprache" so zu verfremden, daß sie zum Ausdruck neuer Zusammenhänge und Einsichten werden kann. Verena Stefan dürfte es kaum gelungen sein, die patriarchalische Sprache so zu verändern, daß eine vollends "neue beschreibung" für ein "neues denken" geschaffen wurde. Dazu reichen ihre Neubuchstabierungen und gelegentlichen Neologismen nicht aus. Wohl aber versteht sie es, die sprachliche Spannung durch ihre gesamten Aufzeichnungen aufrechtzuerhalten, wenn auch auf Kosten (unvermeidlicher) Widersprüche. Verena Stefan stellt "hautworte" in Aussicht, doch einstweilen gelingen ihr blosse "Häutungen". Für sie besteht erst nach der Niederschrift die Möglichkeit, "über sexismus in der sprache, über eine weibliche sprache, eine weibliche literatur zu arbeiten".[10] Entsprechendes gilt für ihre Leser/innen. Zwischenform also auch und gerade in der Sprache. Eine "Autorin" auf der Suche nach einem ihr gemässen Ausdruck. Ein solches Werk kann nur den Aufruf zu einer Selbstbestimmung, die Stationen eines Entwicklungsganges in fragmentarischer Form beinhalten.

Häutungen ist der Bericht einer zwanghaften Entwicklung zunächst zum Mann hin, dann von ihm weg und schließlich zu einer neuen Beheimatung bei der Frau. Stefans Erzählstil ist diarisch, episodenhaft und verfügt doch über eine nie aus den Augen gelassene Zielrichtung. Er schließt repräsentative Selbstbefragungen,

---

9 ebd.
10 a.a.O., S. 4.

gestellte Dialoge und Lehrgedichte (an Frauen und Männer) ein. Die
Bekenntnisse nehmen für sich ein aufklärerisches Anliegen in Anspruch. Das eigene Leiden soll anderen Frauen (wenn möglich)
erspart bleiben, zugleich jedoch als Anklage gegen den Mann eingesetzt werden. Die Aufzeichnungen bestehen aus genauen Beobachtungen, enthüllenden Zitaten und repräsentativer Selbstkritik.
Immer wieder gelingen Verena Stefan geradezu klassische Lehr-
sätze des Feminismus: *"Sexismus geht tiefer als rassismus als klassenkampf"*,[11] *"Ob krieg oder frieden, wir leben im ausnahmezustand"*,[12] "um mit einem mann schlafen zu können, muß ich *patientin* werden",[13] "meistens schlafen wir doch mit einem mann,
weil wir sozial darauf angewiesen sind, nicht weil wir uns ... heimisch
fühlen".[14] Das macht ihr Buch zum idealen Identifikationstext
der Frauenbewegung.

Die "selbstgespräche", die lehrhaften Charakter besitzen, sind
ein wesentliches Kennzeichen feministischer Literatur. Es geht um die
Annahme der Frau *als Individuum*. Im Bekenntnis zum eigenen
Geschlecht findet die Frau endlich auch ihre individuelle Persönlichkeit. Verena Stefans letzter Erzählabschnitt zeichnet nicht
nur eine solche Selbsterfüllung, er reflektiert auch eine neue, geschlechtsspezifische Aussageform des Berichts:

> heute war wieder so ein tag, an dem traumschichten,
> gesprächsausschnitte, erlebte wie gelesene, verwischte
> begegnungen durch die luft schwebten, wie rußteilchen
> nach einem großen brand.[15]

Der Stil motiviert sich selbst: Verena Stefans "autobiografischen
Aufzeichnungen, Gedichte, Träume, Analysen" sind die Rußteil-
chen nach jenem großen Brand, der ihre sozial vorgeschriebene
Frauenrolle zerstört. Eine neue Bewußtseinsform objektiviert sich,
gesellschaftspolitisch wie ästhetisch: sie wird zur natürlichen Be-
gebenheit. Ein Stück Utopie? Wohl kaum. Eher veranschaulicht die
Literatur in didaktischer Form die Musterhaftigkeit der sozialen
Emanzipation. Die Logik der Aussageform ist so paradox wie offen-

11   a.a.O., S. 34.
12   a.a.O., S. 37.
13   a.a.O., S. 72.
14   a.a.O.. S. 87.
15   a.a.O., S. 121.

kundig: die Austauschbarkeit der persönlichen Erfahrung bestimmt
deren Objektivität. So will der Stil der Ich-Dokumentation als Varia-
tionsmuster verstanden werden; er ist in seiner Individualität Ausdruck
eines offenen, nachvollzieh- und überprüfbaren Prozesses. Das "ich"
der vorangegangenen drei Abschnitte ("Schattenhaut", "Entzugs-
erscheinungen", "Ausnahmezustand") objektiviert und sozialisiert
sich in ein modellhaftes "sie", ein gattungshaftes "sie" freilich,
das jederzeit Autorin ihrer selbst bleibt;

> sie glaubte nicht daran, wenn behauptet wurde, ein
> buch wäre dann "fertig", wenn jeder gedruckte satz
> darin nur so und nicht anders dastehen konnte. ein buch
> ein prozeß ein stück leben, sagte sich Cloe: *veränder-
> bar*. [16]

Verena Stefans *Häutungen* ist der Erzählbericht über die Veränderbarkeit der Frau. Es ist die Aufzeichnung einer paradigmatischen
Neubestimmung des weiblichen Ichs. Der politische und der literarische Aussagekonflikt bleibt weitgehend bestehen, ja die Entwicklung zu einem gewandelten Bewußtsein vollzieht sich überhaupt
nur innerhalb dieser Spannung. Die Aussageform besitzt somit appell-
haften Charakter. Es gereicht den Ausführungen zur Ehre, daß auch
die propagierte Selbsterfüllung am Ende lebendiges, gelebtes Postulat bleibt. Das sind ja wohl die "selbstgespräche", auf die der letzte
Satz Bezug nimmt.

Darin liegt die besondere Bedeutung dieses Buchs für die Frauenliteratur allgemein: es ist ein mit subjektiver Intensität vorgetragener,
episodenhaft motivierter und in kämpferischer Didaktik durchgehal-
tener Appell zur Selbstbesinnung der Frau. Seine Form ist seine
"Botschaft".

Die Fragwürdigkeit der dargebotenen Musterlösung bleibt deshalb auch beinahe ohne Belang. Nicht im Versprechen der "Kürbis-
frau" ist der Sinn dieser Schrift zu finden. Man wird von einer
Kampfschrift billigerweise auch keine Ausgeglichenheit in der Darstellung des "Feindes" erwarten. Beunruhigend scheinen mir weniger die Verallgemeinerungen und Unbeholfenheiten in der Darstellung "des" Manns ("ich ... war von dieser schlenkernden wu-
cherung abgestoßen",[17] "ein männlicher körper, der im allgemei-

---

16 a.a.O., S. 122.
17 a.a.O., S. 11.

nen gefährlich ist, soll im einzelnen lust voll werden. mit diesen schizophrenien ist unser all tag bedeckt."[18] ; "männer haben gelernt, ihre bedürfnisse in genitale handlungen umzulenken und sie in einem raschen koitus zu befriedigen")[19] als eine enthüllende Bemerkung wie die folgende: "es geht darum, daß frau nicht mehr einen andern menschen braucht, um sich überhaupt als ganzen menschen zu fühlen".[20] In einer entsprechenden Haltung findet sie indes die Grundlage für ihre leidenschaftliche Kritik am Mann.

Ein widersprüchliches Werk also. Verena Stefans *Häutungen* markieren ein Stadium in der Entwicklung der Frauenliteratur. Die Arbeit hat sich agitatorisch von großem Einfluß erwiesen; als eine spezifisch "weibliche literatur"[21] ist sie, auch ihrem eigenen Verständnis gemäß, eher ein Versprechen, ein Wegweiser geblieben. Ihr Appell der Veränderbarkeit der Frau besitzt für die Frauenliteratur nach wie vor eine richtungweisende Bedeutung.

Das Versprechen einer neuen literarischen Form erfüllt sich eher in dem ein Jahr nach Verema Stefans *Häutungen* erschienenen Roman Christa Reinigs *Entmannung* (1976). Auch dieses Buch, Reinigs zweiter Roman, ist eine Kampfschrift, deren Parole sich deutlich im Titel verkündet. Doch im Gegensatz zu Verena Stefan ist Christa Reinig eine Schriftstellerin, die ihre literarische Aussageform souverän zu handhaben weiß. Bereits der 1975 erschienene Roman *Die himmlische und die irdische Geometrie* belegt die erstaunliche Virtuosität des Reinigschen Stils. Die Fiktionalisierung der eigenen Biographie vollzieht sich von Anfang an so selbstverständlich, daß sich die gesellschaftliche Aufklärung von der künstlerischen Ausdrucksform nicht trennen läßt. In beiden Prosawerken kennzeichnet sich Reinigs Stil durch einen erfrischenden Humor in der entkrampften Auseinandersetzung mit dem Mann. Christa Reinigs *Entmannung* hebt Verena Stefans *Häutungen* in die Fiktion. Der künstlerische Durchbruch zu einer literarischen Form hat stattgefunden. Form als Beengung (Stefan) oder als Befreiung (Reinig): an dieser Polarität orientiert sich die deutsche Frauenliteratur.

Nicht verheimlicht werden soll und kann die Kritik, die einige Autorinnen an dem Begriff "Frauenliteratur" geübt haben. Zu

---

18 a.a.O., S. 26.
19 a.a.O., S. 75.
20 a.a.O., S. 84.
21 a.a.O., S. 4.

ihnen zählen Schriftstellerinnen, die selber dieser Kategorisierung zugeordnet worden sind. Für die Marxistin Irmtraud Morgner ist eine solche Bezeichnung aus ideologischen Gründen nicht akzeptabel. In einem Gespräch mit Jacqueline Benker-Grenz erklärt sie:

> Bisher wurde Literatur überwiegend von Männern ge-
> schrieben. Würde man deshalb sagen, diese Literatur
> sei eine "Männerliteratur"? Diese Literatur ist von
> Klassengesellschaften hervorgebracht worden, die ich
> für mich zusammenfassend grob "Frauenhaltergesell-
> schaften" nenne, in dem Sinne, wie von "Sklavenhalter-
> gesellschaften" gesprochen wird.[22]

Morgner will hier scheinbar beides: eine geschlechtsspezifische Literatur im Namen historischer Klassengesellschaften ad absurdum führen, zugleich aber die Geschichte sozialer Hierarchien durch die Unterdrückung der Frau auf einen Nenner bringen. Da ist der Feminismus konsequenter; er geht einer derartig widersprüchlichen Relativierung aus dem Weg und zögert deshalb auch keineswegs, von einer "Männerliteratur" zu sprechen. Verena Stefan verkündet Irmtraud Morgners Einsicht sehr viel präziser, wenn sie bestimmt: "Sexismus geht tiefer ... als klassenkampf".[23] Man kann nicht "Klassengesellschaften" so ungebrochen mit "Frauenhaltergesellschaften" gleichsetzen, wie die Kommunistin Morgner das tut. Ihr geht es verständlicherweise darum, die Freiheit der Frau in der klassenlosen Gesellschaft (der DDR) unter Beweis zu stellen. Doch auch da liegen die Dinge so einfach nicht, wie die Werke sozialistischer Autorinnen deutlich belegen. Christa Wolf hat sich in ihrer Darstellung immer wieder diesem Konflikt zugewandt (*Nachdenken über Christa T., Unter den Linden, Kein Ort. Nirgends*). Irmtraud Morgner gibt zu, daß "die Frauen heute in der DDR noch 80 % der Hausarbeit und Kindererziehung leisten" und ist ehrlich genug, hinzuzufügen:

> ... es gibt selbstverständlich noch viele Männer, die in
> ihren öffentlichen politischen Haltungen Sozialisten
> sind, die aber in ihrem privaten Leben kleinbürgerliche,

---

22 Frauenliteratur oder Literatur von Frauen gemacht, Gespräch mit Jacque-
line-Benker-Grenz, in: *Connaissance de la RDA*, No. 10, Mai 1980, S. 55.
23 a.a.O., S. 34.

bürgerliche, ja in der Familie gar absolutistische Züge
zeigen.[24]

Ein folgenschweres Zugeständnis, denn die "vielen" Männer, von
denen sie hier spricht, erweisen sich in ihrem Lande nach eigener
Angabe als "noch 80 %". Man wird dem hinzufügen müssen, daß
es auch im Westen zu Schwierigkeiten in Sachen Klassenzugehörig-
keit und Frauenbehandlung kommt, in etwa gleichem Ausmaß.
(Im übrigen dürfte sich das Problem bereits in aller Deutlichkeit
bei dem von Morgner vielzitierten Marx selber angedeutet haben.
Karl Marx habe "dieses Gebiet nicht angefaßt", berichtet Morgner
und meint "die Erscheinungen, die mit dem sozialen Sein der Frauen
zusammenhängen".[25] Indessen hat sich, fernab aller Theorie, seine
Frau eben diesem Mann und seinen Ideen leidend aufgeopfert:
auch Karl Marx war ein "Frauenhalter".) Doch Irmtraud Morgner
steht mit ihrer Zurückweisung des Konzepts einer Frauenliteratur
nicht allein. Auch die Schweizerin Gertrud Leutenegger, von der
man sagen könnte, sie habe mit ihrem Roman *Gouverneur* (1981)
ein künstlerisch besonders anspruchsvolles Werk der Frauenliteratur
geschaffen, lehnt eine solche Bezeichnung ab. Wie Morgner scheint
ihr der Begriff eine absurde Gegenversion männlicher Literatur zu
implizieren. Jacqueline Benker-Grenz erläutert Irmtraud Morgner:

> Was ich ablehne, das ist lediglich der Ausdruck "Frau-
> enliteratur", weil der parallele Ausdruck "Männerlitera-
> tur" mit Recht als absurd empfunden wird. Es gibt eine
> Literatur von Frauen geschrieben — und es gibt eine Li-
> teratur von Männern geschrieben. Die von Männern ge-
> schriebene ist ungeheuer vielfältig, man könnte sie auf
> keinen Fall unter irgendeinen Nenner bringen.[26]

Die Vielfalt ist nicht zu bestreiten, sie ließe sich auch für eine im
Entstehen begriffene Frauenliteratur vorstellen. Der einzig gemeinsame Nenner wäre allenfalls um so mehr eine geschlechtsspezifische
Ästhetik. Hundert Männer sind in der Tat "ungeheuer vielfältig",
dennoch besitzen sie in ihrer Männlichkeit *eine* unleugbare Gemeinsamkeit. Eine feministische Literaturwissenschaft müßte den systematischen Versuch unternehmen, das "Männliche" an den Vertretern

---

24 a.a.O., S. 61.
25 a.a.O., S. 62.
26 a.a.O., S. 56.

und in der gesamten Tradition der patriarchalischen Literatur näher zu bestimmen, von der Aufklärung bis zum heutigen Tag. (Ria Endres hat bereits eine musterhafte Darlegung des "Männlichen" am Gegenwartsautor Thomas Bernhard unternommen.[27])

Vom feministischen Standpunkt her ist es also keineswegs absurd, von einer "Männerliteratur" und einer "Frauenliteratur" zu sprechen. In den sozialistischen Ländern, in denen die Frau theoretisch im Namen des Marxismus ohnehin die Gleichstellung mit dem Mann erreicht haben sollte, kann es infolgedessen auch keinen Feminismus geben, jedenfalls nicht eine Frauenbewegung westlicher Prägung. Somit wird offenkundig, warum Irmtraud Morgner eine Charakterisierung der "Frauenliteratur" grundsätzlich nicht akzeptieren darf. Sie operiert statt dessen mit verallgemeinernden Begriffen, die durch die Hintertür eben jene entscheidenden Differenzen wieder einführt, denen ihre ursprüngliche Kritik gegolten hat. Statt "Männerliteratur" will sie von einer "Menschenliteratur mit dem spezifischen Erfahrungswinkel, den ein Mann hat"[28] sprechen. "Frauenliteratur" ist für sie

> auch Menschenliteratur, mit dem besonderen Blickwinkel ihres sozialen weiblichen Seins, das sich von dem sozialen Sein der Männer unterscheidet...[29]

Im Zentrum auch dieser Erklärung steht immerhin der Unterschied zwischen sozialem weiblichen Sein und dem sozialen Sein der Männer.

Hier müßte dann auch der Dialog mit Ingeborg Drewitz beginnen, denn für diese Autorin schließt das soziale weibliche Sein den Anspruch auf Leidenschaft, Wärme und Hingabe ein. Eine Emanzipation, die im Sozialpolitischen steckenbliebe, ginge jedenfalls auf Kosten einer harmonischen Selbstverwirklichung der Frau. So bemerkt Ingeborg Drewitz über die Frau in der gegenwärtigen Literatur:

> Warum genießt nicht eine die erotische Ausstrahlung, die ihr durch Bildung und Freizügigkeit des sozialen

---

27 Ria Endres, *Am Ende angekommen. Dargestellt am wahnhaften Dunkel der Männerporträts des Thomas Bernhard*, Frankfurt am Main 1980.
28 a.a.O., S. 56.
29 ebd.

> Aufstiegs zugewachsen ist? Warum ist denn der Wunsch
> nach dem Kind, nach Geborgenheit ungebrochen und
> die Klage gegen die Abwertung der Partnerschaft so
> böse? Ist doch in all den Frauenbildern, den bewußt
> gestrigen und den gequält gegenwärtigen, die Angst vor
> einem wenn auch nicht genau zu definierenden Verlust
> zu erkennen.[30]

Die Frage ist, wie sich die "Einbuße an Leidenschaft füreinander"[31] im sozialpolitischen und ökonomischen Klima der Gegenwart darstellen, offenlegen und bekämpfen läßt. Doch wohl kaum nur mit feministischen Agitationen oder frauenrechtlicher Aufklärung, so notwendig auch sie für die Bewußtseinsförderung der Frau sein mögen.

Gerade in der (auch rollenhaft) biographischen Intensität und Authentizität der Frauenliteratur bietet sich die Möglichkeit, Kritik an einer nur gesellschaftlichen Emanzipation der Frau zu üben und andere spezifisch weibliche Lebenserwartungen darzustellen. Tatsächlich ist das kritische Verhältnis so mancher Autorinnen zum gegenwärtigen Stand der Befreiung der Frau ein charakteristisches Merkmal der Frauenliteratur. Gelegentlich erhärtet sich diese Haltung zu einer mehr oder weniger aggressiven Kritik am Feminismus. Vor allem Gabriele Wohmann hat sich in ihren Romanen konsequent, vorwiegend mit böser Satire gegen die organisierte Frauenbewegung gewandt. Es liegt im Wesen der Frauenliteratur, daß sie sich mit den Zielen und Anliegen, insbesondere mit der Wirkung des Feminismus auf die einzelne Frau auseinandersetzt. Umgekehrt hat sich auch der Feminismus den Aufgaben und Konsequenzen einer Frauenliteratur gewidmet. Für das Jahr 1974 macht Verena Stefan geltend:

> es gab noch keine "treffen schreibender frauen", keine öffentliche diskussion über frauenliteratur.[32]

Der Begriff "Frauenliteratur" ist ihr selbstverständlich, auch wenn sich einzelne Schriftstellerinnen gegen ihn wehren. Für andere Autorinnen, Christa Reinig zum Beispiel (die ja unter unmittelbarem Eindruck von Verena Stefans *Häutungen* ihren Roman *Ent-*

---

30 a.a.O., S. 249.
31 ebd.
32 a.a.O., S. 125.

mannung schrieb), ergibt sich das ästhetisch-sozialpolitische Konzept einer Frauenliteratur erst aus dem kritischen Dialog zwischen Feministinnen und weiblichen Schriftstellern. Allgemein verdient festgehalten zu werden, daß die Frauenliteratur mehr oder weniger von feministischen Erörterungen und einem emanzipatorischen Bewußtsein der Frau begleitet, gelegentlich gar getragen wird. Auch darin unterscheidet sie sich von einer Literatur weiblicher Autoren im (nicht nur) vorangegangenen Bereich patriarchalischen Schrifttums.

Die deutschsprachige Publizistik hat es verstanden, die Literatur neuer weiblicher Bewußtseinsformen überaus schnell und erfolgreich zu vermarkten. Nahezu alle deutschen Verlage haben der Frauenliteratur in ihren Programmen breiten Raum gegeben. Der auch zeitlich erste Verlag, der sich mit diesem Thema befaßte, war Rowohlt. Gegenwärtig vereinigt er nicht weniger als zwölf verschiedene Sparten unter dem verlegerischen Gesamtkonzept "Frauenbücher". Angela Praesent agiert dabei seit einigen Jahren als Herausgeberin einer besonderen Reihe "neue frau". (Das Konzept scheint der Rowohlt-Serie "das neue buch" angeglichen zu sein.) Der Establishment-Verlag Suhrkamp besinnt sich 1980 auf die bei ihm über die Jahre verlegten Autorinnen und veröffentlicht im nachhinein einen Almanach mit dem Titel *Im Jahrhundert der Frau*, wohl eher eine Konzession an die veränderte Marktlage als ein programmatisches Bekenntnis zur Frauenliteratur. Trotzdem verdient ein Satz Siegfried Unselds aus seinem Geleitwort zu dieser Anthologie zitiert zu werden:

> Es ist ein belegbares Faktum, daß immer mehr Frauen
> schreiben und immer mehr Frauen gut schreiben und
> daß sie die standards ihrer jahrhundertelang privilegier-
> ten männlichen Kollegen erreichen und übertreffen und
> damit in der öffentlichen literarischen Diskussion gleich-
> ziehen.[33]

Bezeichnend scheint auch sein Hinweis: "Es entsteht Literatur, nicht nur 'Frauenliteratur'."[34] Hier wird zwischen "hoher" Literatur und "bloßer" Frauenliteratur unterschieden, so als wäre "Frau-

---

33 Siegfried Unseld, Geleitwort zu *Im Jahrhundert der Frau. Ein Almanach des Suhrkamp Verlags*, Frankfurt am Main 1980, S. 8.
34 ebd.

enliteratur" per definitionem literarisch minderwertig. Das ist eine willkürlich auferlegte Deutung, die keiner näheren Betrachtung standhält. Selbst ein elitäres Literaturkonzept wird es schwer haben, eine große Vertreterin der Frauenliteratur (wie z.B. Virginia Woolf) von sich zu weisen. Das literarische Selbstverständnis großer zeitgenössischer Autorinnen steht jedenfalls in deutlichem Widerspruch zu Unselds qualitativer Zurückweisung des Begriffs Frauenliteratur. So erklärt beispielsweise Simone de Beauvoir:

> Ich weiß, daß ich früher sehr verärgert gewesen wäre, wenn man mir gesagt hätte, ich würde Frauenliteratur schreiben. Und nun bin ich im Gegenteil sehr zufrieden ...[35]

Barbara Frischmuth meint:

> Das Experiment liegt für mich einfach darin, zu sehen, was dabei herauskommt, wenn Frauen schreiben, wenn sie ihr Geschlecht und den dadurch geprägten Sehakt in die Literatur einbringen.[36]

Das sind bewußte, sorgfältig aber wohl auch vorsichtig formulierte Bekenntnisse. Trotz solcher Zurückhaltung dem Begriff Frauenliteratur gegenüber sieht sich der Suhrkamp Verlag veranlaßt, die weiblichen Schriftsteller seines Programms gesondert gesammelt vorzustellen, — im Namen großer Literatur. Die Literaturfähigkeit der Frau wird also keineswegs in Frage gestellt. Aus Unsicherheit vor einer neuen Klassifizierung weicht man in einen publizistischen Titel ("Im Jahrhundert der Frau") aus.

Fast alle anderen Verlage Deutschlands haben der von Frauen geschaffenen Literatur eine ungewöhnlich große Anzahl von Titeln und Reihen zur Verfügung gestellt. Gleichzeitig entstanden unter direktem Einfluß der Frauenrechtsbewegung eine ganze Anzahl alternativer Kleinverlage. Sie nennen sich "Frauenverlag", "Frauenbuchvertrieb", "Feministischer Buchverlag", "Frauenselbstverlag", "Coming-Out-Verlag", "Sudelbuchverlag", "Courage-Verlag", "Verlag Frauenbuchladen", "Werkstatt schreibender Frauen", "Frauenmedien GmbH" oder "Frauenoffensive". Was sie verbindet, ist die Bekämpfung eines Literaturbetriebs, der im Widerspruch zur

---

35 Interview mit Simone de Beauvoir, DIE ZEIT, 16. September 1977.
36 Barbara Frischmuth in: *Courage*, Juli-Heft 1978.

eigenen Aussage, zum Ideal und zur Ästhetik einer individuellen Verwirklichung steht. So argumentiert Verena Stefan stellvertretend für viele:

> vermarktung steht gegen identitätssuche, personenkult
> gegen gemeinsames handeln, konkurrenz gegen unter-
> stützung, karriere gegen kreativität usw. ...
> die spielregeln der öffentlichkeit, des kulturbetriebes
> verlaufen entgegengesetzt zu dem, was wir in frauengrup-
> pen versuchen zu erarbeiten. [37]

Je näher eine Autorin dem organisierten Feminismus steht, desto wahrscheinlicher wird sie ihre Literatur bei einem alternativen "Frauenverlag" erscheinen lassen. Nicht bestritten werden kann die allgemein minderwertige literarische Qualität solcher Werke, die dem Vergleich mit kommerziell verlegten Autorinnen nicht stand-zuhalten vermögen. Indes liegt das noch nicht im Wesen der Frauen-literatur, auch nicht einer feministisch geprägten, wie das Beispiel Christa Reinig (oder auch Karin Struck) belegt.

Im übrigen gilt zu bedenken, was Irma Hildebrandt allgemein für die qualitative Seite der Feminisierung der literarischen Szene geltend macht:

> Die ist nicht allein und nicht einmal in erster Linie
> unter ästhetischen Gesichtspunkten zu beantworten.
> Man muß sich vielmehr dem Problem stellen, ob nicht
> bereits der anschaulich und glaubwürdig zu Papier ge-
> brachte Befreiungsnotstand und der entsprechende Rol-
> lenhader der im Emanzipationsprozeß stehenden Schrift-
> stellerinnen, wenn man diese Begriffe zur Charakteri-
> sierung der Nöte des weiblichen Geschlechts in unserer
> Zeit heranziehen will, diesen aufgrund der exemplari-
> schen Bedeutung des Themas eine weitreichende Reso-
> nanz und Anerkennung verschaffen. [38]

Es ist bekanntlich zu Zeiten eines (womöglich revolutionären) Umdenkens, das sich im gesamtgesellschaftlichen Prozeß auch literarisch niederschlägt, ein beliebtes Kampfmittel des Konserva-tivismus, emanzipatorische Werke ihrer ästhetischen Minderwertig-

---

37 a.a.O., S. 127.
38 Irma Hildebrandt, *Warum schreiben Frauen?*, Freiburg i. Br. 1980 (Her-derbücherei), S. 12.

keit zu überführen. Immer wieder kommt es in solchen Situationen zur Besinnung auf angeblich zeitlos-ewige Werte "der" Literatur. Andrerseits läßt sich nicht bestreiten, daß eine Befreiungsbewegung, die von breiten Schichten der Bevölkerung getragen wird, häufig dazu beigetragen hat, das traditionelle Literaturkonzept in entscheidender Weise zu wandeln. Die "zeitlosen" Werte der Literatur entstanden schon immer unter konkret gesellschaftshistorischen Bedingungen. Auch Goethe schrieb eine (bürgerliche) Emanzipationsliteratur, die Romantik veränderte ihrerseits "das Wesen" der Literatur, der Naturalismus schockierte durch den immer stärkeren Eindrang des Gesellschaftlichen in die literarische Ästhetik, Bertolt Brecht schließlich entwickelte das umstrittene Konzept einer sozialistischen Literatur. Auch viele Werke der gegenwärtigen Frauenliteratur mögen den ästhetischen Kriterien eines patriarchalischen Literaturbegriffs nicht entsprechen. Das muß nicht für sich allein schon ein Beweis literarischer Minderwertigkeit sein. Gewiß gibt es auch in diesem Bereich Veröffentlichungen bescheidener Talente, deren Leistung nicht künstlich hochstilisiert werden soll. Doch auch solche Arbeiten leisten, wie literarhistorische Parallelen zeigen, einen Beitrag zur Breitenwirkung eines neuen Literaturverständnisses. Es bedarf keiner großen Weitsicht, um der Frauenliteratur einen anhaltenden Einfluß auf das Literaturkonzept der Zukunft vorauszusagen. Die sozialästhetischen Besonderheiten der Frauenliteratur wird man zukünftig genausowenig ignorieren können wie heute etwa das absurde oder das epische Theater. Es werden durch sie grundlegend neue Einsichten vermittelt, die es in dieser (auch stilistischen) Form bislang in der Literatur nicht gegeben hat. Es kann kein dauerhaft neues Literaturverständnis geben ohne ein sie tragendes neues gesellschaftliches Verständnis.

Ein verbindendes Merkmal zahlreicher Werke der Frauenliteratur ist ihr intensiv persönlicher Ausdruck. Irma Hildebrandt kennzeichnet ihn dadurch, "daß das Autobiographische zum Ereignis wird".[39] Die Stufen einer professionellen Literarisierung mögen den Subjektivismus den Fähigkeiten des schriftstellerischen Handwerks gemäß stilistisch erhöhen und dadurch zumindest ästhetisch objektivieren, doch die Eindringlichkeit, Spannung und gelegentlich wohl auch zerrperspektivische Willkür im formalen Ausdruck bleiben der

---

39   a.a.O., S. 19.

eigenen sozialen und erkenntniskritischen Betroffenheit verpflichtet. Diese individuelle Intensität äußert sich bei Amateur-Schriftstellerinnen ungleich deutlicher und kann zuweilen zu peinlichen Auseinandersetzungen führen. Doch es scheint unmöglich, in den literarisch anspruchsvollen Werken beispielsweise Gabriele Wohmanns oder Gertrud Leuteneggers nicht auch den deutlichen Nachdruck einer zuweilen recht vordergründig fiktionalisierten autobiographischen Dimension zu erkennen. Das thematisierte Ich ist also nicht schon von sich aus ein Zeichen literarischer Schwäche; es hat in der patriarchalischen Weltliteratur bekanntlich zu Meisterwerken geführt, und es ist nicht einzusehen, warum es sich bei der Gestaltung des weiblichen Ichs anders verhalten sollte. Neu für die Frauenliteratur wäre allenfalls, was Irma Hildebrandt "eine zusätzliche Motivationsebene" genannt hat:

> ... literarische Antriebskräfte, die aus politisch-sozial-
> kritischen, emanzipatorisch-feministischen und kirchen-
> kritischen oder religiösen Engagements der Autorinnen
> erwachsen.[40]

Die persönliche Aussage, auf welcher Ebene auch immer, befindet sich in der Frauenliteratur (noch) im Zustand der Befreiung aus einer patriarchalischen Gefangenschaft. Das Ich sucht sich in seiner Gestaltung, so wie es sich in seiner Suche gestaltet. Die Ästhetik eines weiblichen Ichs bleibt (einstweilen noch) ungenormt, eine einheitliche Gestaltung hat sich noch nicht vollzogen. Die Geschichte oder Phänomenologie eines "fiktionalen Ichs"[41] der Frauenliteratur läßt sich erst dann schreiben, wenn sich die ästhetisch-literarische Form einer geschlechtsspezifischen Individualität zur allgemeingültigen künstlerischen Norm geprägt hat. Bis dahin ist es irreführend, so zu tun, als gäbe es in der Literatur ein gemeinsames "fiktionales Ich". Eine solche Annahme (die weit verbreitet ist) klammert gerade jene Bereiche individueller Sensibilität aus, die eine geschlechtliche Identität verleihen. Man soll nicht glauben, die Kultur der Frau erfaßt zu haben, indem man ihr ermöglicht, sich einer vorgeschriebenen (patriarchalischen) Ich-Form zu be-

---

40 a.a.O., S. 136.
41 Vgl. dazu Manfred Jurgensen, *Das fiktionale Ich*, Bern 1979. Dazu ergänzend Manfred Jurgensen, *Erzählformen des fiktionalen Ich*, Bern/ München 1980.

dienen, d.h. sich künstlerisch zu verfremden oder gar zu verleugnen.

Marianne Schuller hat schon im Wintersemester 1978/79 ihre grundlegende Kritik zum Verhältnis von Frauen und Literaturwissenschaft an der Universität Marburg vorgetragen. Dabei nimmt sie nicht von ungefähr auf eine Subjekt- und Identitätsbildung durch die Literatur und deren Wirkung auf die Frau Bezug:

> Literaturwissenschaft kann dann als ideologisch bezeichnet werden, wenn sie den literarischen Modus der Subjekt- und Identitätsbildung und das — vor allem in der Ästhetik produzierte — Selbstverständnis der Literatur als eines "Versöhnungsparadigmas" von außerliterarischen Widersprüchen verkennt, indem sie diese Mechanismen durch die Forderung nach identifikatorischer Einfühlung verdoppelt. Im Falle der Frauen — das leuchtet wohl unmittelbar ein — muß der angedeutete Identifikationsmechanismus und Subjekteffekt als besonders fatal erkannt werden.[42]

Daraus ergibt sich die Forderung an eine sinnvolle Literaturwissenschaft eigentlich von selbst: sie wird lernen müssen, die literarästhetische Ausdrucksform geschlechtsspezifisch und das wiederum im sozialhistorischen Kontext eines politischen Verhältnisses zwischen den Geschlechtern zu sehen. Es kann nicht darum gehen, außerliterarische Widersprüche im ästhetischen Effekt zu harmonisieren und diesen Beschönigungsprozeß (literatur)wissenschaftlich zu ideologisieren. Gabriele Dietze legt ihren Finger auf das Dilemma, wenn sie erklärt:

> Wie kann eine Gruppe eigene Gesetze für sich in Anspruch nehmen, die das, was ihre Eigenart ausmacht, nämlich "weiblich" zu sein, gar nicht nach eigenem Gesetz bestimmen kann?[43]

Die Identifikation schließt einen wesenseigenen Prozeß der Identifizierung ein, die Sprache ihre identifizierende Ausdruckslogik,

---

42 Marianne Schuller, Die Nachtseite der Humanwissenschaften, einige Aspekte zum Verhältnis von Frauen und Literaturwissenschaft, in: Gabriele Dietze (Hrsg.), *Die Überwindung der Sprachlosigkeit. Texte aus der Neuen Frauenbewegung*, Darmstadt/Neuwied 1979, S. 34.

43 a.a.O., S. 10.

die Literatur ihre eigenartige Aussageform. Schon aus dem Grund scheint es sinnvoll, vom Phänomen einer Frauenliteratur zu sprechen. Erst aus solchem Verständnis gilt es dann, präzise Fragen wie die folgenden zu stellen: "Woher bezieht eine weibliche Kunst ihre Identität, oder braucht sie das nicht? Ist Kunst dann noch Kunst im vorgeprägten Sinne? Ist 'weiblich' ein Substanzkriterium, eine ontologische Größe?"[44] Es ist bezeichnend, daß eine der gewichtigsten Sammlungen zum Thema Frauenliteratur unter dem Titel *Die Überwindung der Sprachlosigkeit* erschienen ist.[45] Am überzeugendsten hat sich bislang Silvia Bovenschen mit der Frage "Gibt es eine weibliche Ästhetik?" beschäftigt.[46]

Bovenschen erkennt die Besonderheit einer weiblichen Ästhetik in dem "ästhetischen Sensorium" und den "Formen des sinnlichen Erkennens".[47] Beides scheint mir eine Umschreibung der weiblichen Sensibilität allgemein zu sein, also eine neue, andersartige Grundhaltung der sinnlichen Reaktion. Es ist dabei selbstverständlich, daß die von vielen Feministinnen zu Recht verdächtigte Beschränkung auf "weibliche Sinnlichkeit" eine vom männlichen Künstler unterschiedliche Denkfähigkeit einschließt. Silvia Bovenschen weicht verständlicherweise einer systematischen Erfassung "weiblich/sinnlichen Erkennens und Wahrnehmens"[48] aus, denn es handelt sich ja hierbei wie gesagt um eine grundsätzliche, allumfassende Empfindsamkeit, die es in Werken der Frauenliteratur im einzelnen zu konkretisieren gilt. Die neue Sprache der weiblichen Ästhetik läßt sich bei Ingeborg Bachmann, Christa Wolf oder Gertrud Leutenegger nachlesen, doch nicht minder bei anderen Autorinnen, deren Aussageform noch deutlicher Zeichen jenes auch künstlerischen Emanzipationsprozesses reflektiert, der die Überwindung der spezifisch weiblichen Sprachlosigkeit zum Inhalt hat (Christa Reinig, Gabriele Wohmann, Karin Struck, Brigitte Schwaiger). Man kann also nur allgemein wie Silvia Bovenschen erklären: "Der Kunst ist die

---

44 a.a.O., S. 15.
45 a.a.O.
46 Silvia Bovenschen, Über die Frage: Gibt es eine weibliche Ästhetik? in: Gabriele Dietze (Hrsg.), *Die Überwindung der Sprachlosigkeit*, a.a.O., S. 82-115. Vgl. dazu auch: Silvia Bovenschen, *Die imaginierte Weiblichkeit*, Frankfurt 1979.
47 Dietze, a.a.O., S. 112.
48 a.a.O., S. 113.

Feminisierung der Kunst zu wünschen", ohne eine im einzelnen
präskriptive Ästhetik zu postulieren.[49]

Das Verlangen nach "konkreter Systematisierung" aller Eigenschaften einer Frauenliteratur verrät das Ausmaß des Mißverständ-
nisses. Es ist eine allumfassend andere Grundhaltung, die sich künstlerisch auszudrücken beginnt. Die weibliche Sensibilität ist weder
gesellschaftlich noch literarisch vorgegeben, wie so viele Männer
noch immer zu glauben scheinen. Sie äußert (und entwickelt) sich
vielmehr in konkreten Situationen und erscheint als um so persön-
lichere Identität je aufgeklärter die Sozietät sich erweist, in der
die Frau lebt und wirkt. Wo allgemeine Vorurteile "das Weibliche"
bestimmen, ist die Frau ganz sicherlich unterdrückt, d.h. davon
abgehalten, sich individuell zu profilieren. Kennzeichnend für Frauenliteratur scheint mir beispielsweise die Erklärung Maxie Wanders
in ihrer Sammlung *"Guten Morgen, du Schöne":* "Ich halte jedes
Leben für hinreichend interessant, um anderen mitgeteilt zu werden."[50] Hier wird eine grundsätzliche Einstellung deutlich, die sowohl gesellschaftliche als auch literarische Konsequenzen nach sich
zieht. Christa Wolfs Reaktion auf diesen Band finde ich nicht weniger charakteristisch für Haltung und Wesen dessen, was sich Frauenliteratur nennt: "Dies ist ein Buch," bemerkt sie unter der bezeich-
nenden Überschrift "Berührung", "dem jeder sich selbst hinzufügt.
Beim Lesen schon beginnt die Selbstbefragung."[51] Nicht zuletzt
ist Frauenliteratur eine gewandelte Einstellung zum Wesen und zur
Funktion der Literatur überhaupt. Dabei ist es für sie selbstverständlich, daß jedes literarische Werk Ausdruck seiner zeitgeschichtlichen
und sozialpolitischen Konstellationen sein muß. Der gesellschaftliche Charakter der Literatur führt ganz wesentlich zum Selbstverständnis der Frauenliteratur. Christa Wolf spricht von dem "Vor-
gefühl von einer Gemeinschaft, deren Gesetze Anteilnahme, Selbst-
achtung, Vertrauen und Freundlichkeit wären".[52] Auf die programmatisch gewandelte Form- und damit Aussageperspektive der Frauenliteratur bezogen erklärt sie:

---

49 ebd.
50 Maxie Wander, *"Guten Morgen, du Schöne"*, 11Darmstadt/Neuwied 1981,
    Vorbemerkung, S. 8.
51 Christa Wolf, a.a.O., S. 9.
52 ebd.

> Es zeigt sich: Rückhaltlose Subjektivität kann zum Maß
> werden für das, was wir (ungenau, glaube ich) "objek-
> tive Wirklichkeit" nennen — allerdings nur dann, wenn
> das Subjekt nicht auf leere Selbstbespiegelung angewie-
> sen ist, sondern aktiven Umgang mit gesellschaftlichen
> Prozessen hat.[53]

Deutlicher läßt sich der charakteristische Subjektivismus der Frauenliteratur nicht motivieren. Besonders interessant ist, daß auch Christa
Wolf die "Vorformen der Literatur" keineswegs streng von "literarischen Formen" zu trennen gewillt ist. Ihr eigener (in den Augen der
meisten Kritiker noch immer ihr bester) Roman *Nachdenken über
Christa T.* macht sich den allmählichen Literarisierungsprozeß
eines intensiv subjektiven Maßstabs der gesellschaftlichen Wirklichkeit in geradezu paradigmatischer Weise nicht nur formal zunutze.
Auch für Christa Wolf sind

> Vorformen von Literatur, deren Gesetzen nicht unter-
> worfen, der Versuchung zur Selbstzensur nicht ausge-
> setzt, ... besonders geeignet, neue Tatbestände zu do-
> kumentieren. Dabei nähern einzelne Beiträge sich lite-
> rarischen Formen.[54]

Dieser musterhafte Annäherungsprozeß impliziert ein organisches
Wachstum zur hohen Kultur eines individuell-gesellschaftlichen
Ausdrucks. Sozial bedeutet das nicht nur, daß niemand von vornherein von der Literatur ausgeschlossen wird, sondern, ungleich
wichtiger, daß die Erneuerung literarischer Kunst aus der persönlichen Erfahrung jener kommen kann, die zu "Unterprivilegier-
ten, ... Randfiguren ... und Ausgestoßenen" erklärt worden sind.[55]
Die Literatur wird so zur Sprache des Subjekts. Ins Sozialpolitische
übersetzt heißt das:

> Das dem herrschenden Selbstverständnis Unbewußte,
> das Unausgesprochene, Unaussprechliche findet sich
> ... bei den Frauen, die beinahe sprachlos blieben.[56]

Insofern trägt die Ästhetik der Frauenliteratur durchaus auch revolutionäre Züge. Irmtraud Morgner meint über die Frauenbewegung
ganz allgemein:

---

53 a.a.O., S. 11.
54 a.a.O., S. 12.
55 ebd.
56 ebd.

> Ich glaube, sie wird sowohl von den westlichen Län-
> dern als auch von den sozialistischen Ländern unter-
> schätzt. Daß sie von den westlichen Ländern unter-
> schätzt wird, ist vielleicht gar nicht schlecht. Wenn de-
> ren Regierungen begriffen, welches politische Gewicht
> diese Rebellion bekommen kann, würden sie, glaube ich,
> mehr abwürgen.[57]

In der Literatur wie in der Gesellschaft allgemein geht es um die
"Stimme" der Frau. Die Frauenliteratur kann einen wichtigen Beitrag leisten zum "Subjektwerden des Menschen" beiderlei Geschlechts.
Sie betreibt somit Aufklärung im Dienst einer sozialen Humanität,
einer Gesellschaft, die das Individuum zu schätzen und zu schützen
weiß. Aus dem Anderssein der Frauen soll sich eine neue einsich-
tige Gemeinsamkeit der Geschlechter ergeben. Diesen Prozeß sozial
wie künstlerisch zu artikulieren und zu fördern, ist eine wesentliche
Aufgabe der Frauenliteratur. Das neuentdeckte, wiedergefundene
und gestaltete Selbstbewußtsein soll zur Kooperation mit dem
männlichen Lebenspartner, nicht zu einer bloßen Umkehrung patriarchalischer Herrschaftsverhältnisse führen. Die Männerfeindlichkeit
einiger feministischer Kreise muß als das Extrem eines umfassenden
Bewußtseinswandels der Frau verstanden werden. Sie ist für die
Gesamtentwicklung der sozialen Verhältnisse von untergeordneter
Bedeutung. Christa Wolf sieht auch eher eine charakteristische
Nüchternheit, die das neue Selbstbewußtsein weiblicher Individualität ausweisen wird:

> Zum erstenmal in ihrer Geschichte definieren sie — ein
> enormer Fortschritt — ihr Anderssein; zum erstenmal
> entfalten sie nicht nur schöpferische Phantasie: Sie
> haben auch jenen nüchternen Blick entwickelt, den Män-
> ner für eine typisch männliche Eigenschaft hielten.[58]

In der Tat: dem Mann ist ein neuer Partner "erwachsen", dessen
Identität sich im Bereich der Frauenliteratur auf allen Stufen künstlerischen Könnens selbstgestalterisch auszuweisen beginnt. Er muß
nur lesen können — oder wollen.

Abschließend sei noch ein anderer Ansatz zum Phänomen Frauenliteratur erwähnt. Er unterscheidet sich recht dramatisch von

---

57   a.a.O., S. 57.
58   a.a.O., S. 18.

den bisherigen Überlegungen und scheint doch die vorangegangenen Bestimmungen zu ergänzen, ja möglicherweise zu erweitern. Ich spreche von den Bemühungen vor allem der Jungschen Psychologie, die "Elemente des Weiblichen"[59] ihrem Wissenschaftsverständnis gemäß zu erfassen. Sie geht davon aus, daß auch Männer weibliche Züge tragen, ebenso wie Frauen männliche. Die Jung-Analytikerin Irene Claremont de Castillejo unterscheidet "das fokussierte Bewußtsein" und "die ahnende Wahrnehmung"[60], eine Bezeichnung, die bei Erich Neumann in dessen Psychologie des Weiblichen als "das patriarchale und das matriarchale Bewußtsein"[61] fungiert. Die "männliche Kultur" ist für Castillejo "die Frucht unseres fokussierten Bewußtseins".[62] Obgleich die Möglichkeit für beide Bewußtseinsweisen latent in jedem Individuum verhanden ist, glaubt Castillejo die heutige Frau vom patriarchal-fokussierten Bewußtsein unterdrückt. Ihr "Animus", wie Jung das Männliche in der Frau bezeichnet, hat durch Erziehung und gesellschaftliche Umstände zerstörerisch Überhand gewonnen. "Es ist," bemerkt Castillejo, "nicht leicht, das Gewicht einer männlichen Erziehung auf den Schultern zu tragen und an der weiblichen Seele festzuhalten, und es gelingt nicht allen Frauen."[63] Das Dilemma für die zeitgenössische Frau ist offenkundig: "Den Animus braucht sie, wenn sie fokussiertes Bewußtsein braucht, und das braucht sie heute die meiste Zeit."[64] Aus der Perspektive einer solchen Jungschen Kulturkritik an der Frau sieht der Kampf um ihre Gleichstellung wie folgt aus:

> Die Emanzipation der Frau hat dazu geführt, daß die Frauen in die Welt des Mannes eingedrungen sind. Sie leben mit anderen Worten das Leben des Animus. Das wäre völlig in Ordnung, wenn dabei wesentliche weibliche Werte nicht über Bord geworfen würden ...
> Auf der anderen Seite kämpfen heute viele offensichtlich domestizierte Frauen um die Erlaubnis, ein anderes

---

59 "Elemente des Weiblichen", so der Untertitel der Arbeit von Irene Claremont de Castillejo, *Die Töchter der Penelope*, 2Olten/Freiburg i. Br. 1981.
60 a.a.O., S. 13.
61 Erich Neumann, Über den Mond und das matriarchale Bewußtsein, in: *Zur Psychologie des Weiblichen*, Zürich/Olten 1953, S. 100.
62 a.a.O., S. 15.
63 a.a.O., S. 79.
64 ebd.

> Lebensmuster als das akzeptierte biologische leben zu
> dürfen. Ihre männlichen Bestrebungen sind ernsthafte
> Versuche, sich selbst zu verwirklichen. Der Kampf die-
> ser Frauen ist hart, denn noch wissen sie nicht, wer sie
> sind und wofür sie eintreten.[65]

Auch wer einer solchen Darstellung nicht unbedingt folgen kann,
erkennt den Konflikt einer unterschiedlichen Sensibilität, einer
andersgearteten Sprache wieder. Castillejo stellt noch einmal in
Jungscher Formelhaftigkeit den Gegensatz zwischen männlicher
"Anima" und weiblichem "Animus" dar:

> Ein Mann wird durch seine Anima inspiriert. Sie ist für
> ihn die Quelle, aus der er trinkt. Sie hütet die Schätze
> in ihrem Schoß und gibt sie ihm, wenn er für ihre Ge-
> schenke bereit und empfänglich ist. Ihre Ausformung
> ist dann Sache seines männlich unterscheidenden Gei-
> stes. Sie ist seine femme inspiratrice, seine Aufgabe ist
> es, der Inspiration Form zu geben.
> Die Inspiration der Frau hingegen ist nicht der Animus.
> Er hütet keine Schätze. Der Frau ist undeutlich bewußt,
> daß sie selbst mit der Quelle in Berührung steht, so un-
> deutlich, daß sie kaum davon sprechen kann. Sie braucht
> den Animus mit seinem Licht dringend, um die Dinge
> zu beleuchten, die sie zutiefst von Anbeginn an kennt,
> damit sie ihr dunkles Wissen erkennen kann.[66]

Welche Folgen könnte ein solches Verständnis des Männlichen und
des Weiblichen für das Konzept einer Frauenliteratur haben? Zunächst einmal erweitert sich unter dieser Betrachtungsweise das
"Weibliche" in der Literatur allgemein. Über das patriarchale und
matriarchale Bewußtsein heißt es: "Künstler und Dichter haben
beide entwickelt."[67] Es wäre also sehr wohl möglich, daß ein männlicher Dichter "weibliche" Literatur schüfe. Verblüffenderweise
deckt sich diese Überlegung mit Deutungen eines kämpferisch
feministischen Ansatzes. So entdeckt in der von Friederike J. Hassauer und Peter Roos herausgegebenen Sammlung *Ver-Rückte
Rede — Gibt es eine weibliche Ästhetik?* Ruth-Eva Schulz-Seits

---

65 a.a.O., S. 85.
66 a.a.O., S. 87.
67 a.a.O., S. 62.

"Hölderlins verschlüsselten Feminismus"[68], Brigitte Lühl-Wiese Franz Kafkas verlorenes antipatriarchalisches "Paradies jenseits der Logik"[69], Erika Haas dagegen den "männlichen Blick der Anna Seghers".[70] Die Vermutung liegt also nahe, daß sich viele, wenn auch gewiß nicht alle der Jungschen Reflexionen aus dem Archetypischen ins Politische übersetzen liessen. Eine feministische Literaturbetrachtung (und natürlich müßte es solchen Begriffsbestimmungen gemäß möglich sein, die gesamte Literaturgeschichte gesellschaftspolitisch und phänomenologisch umzuschreiben) könnte also im Bereich der Jungschen Psychologie überraschend auf weitläufige Zustimmung stoßen. Freilich dürfte es auch zu kritischen Auseinandersetzungen kommen. Mag sein, "daß die Macht zu fokussieren den Mann zu dem kreativen Geschöpf macht, das er ist"[71], doch kann dem Feminismus nicht geheuer sein, daß das weibliche Bewußtsein über eine Ungebrochenheit verfügt, "die sich jeglicher Analyse und logischen Operationen widersetzt".[72] Zeitgenössische Feministinnen dürften sich jedenfalls für die Auslegung ihrer aufklärerischen Bemühungen durch die folgenden Worte Irene Claremont de Castillejos kaum bedanken: "ahnende Wahrnehmung läßt sich nicht in klare eindeutige Worte fassen".[73] Oder sollte sich auch diese psychoanalytische Tiefsicht in eine gesellschaftspolitische Einsicht übersetzen lassen?

---

68 Ruth-Eva Schulz-Seits, Hölderlins verschlüsselter Feminismus, in: Friederike J. Hassauer/Peter Roos (Hrsg.), *VerRückte Rede — Gibt es eine weibliche Ästhetik?* Notizbuch 2, Berlin 1980, S. 90-105.
69 Brigitte Lühl-Wiese, Franz Kafka oder Das verlorene Paradies jenseits der Logik, in: Hassauer/Roos (Hrsg.), a.a.O., S. 117-134.
70 Erika Haas, Der männliche Blick der Anna Seghers — Das Frauenbild einer kommunistischen Schriftstellerin, in: Hassauer/Roos (Hrsg.), a.a.O., S. 134-150.
71 Castillejo, a.a.O., S. 77.
72 a.a.O., S. 63.
73 ebd.

JOHN MILFULL

JUDEN, FRAUEN, MULATTEN, NEGER
PROBLEME DER EMANZIPATION IN ANNA SEGHERS
KARIBISCHE ERZÄHLUNGEN

Bei den Auseinandersetzungen um die Errichtung eines Frauen-
forschungsinstituts an der Universität Bielefeld im April 1981 kam
es von männlicher Seite zu dem schlimmen Vorwurf, daß "der (weibliche) SEXISMUS, wie er sich ... im Ausschluß von Männern aus
als wissenschaftlich deklarierten Veranstaltungen an der Universität
Bielefeld manifestiert, bemerkenswerte Strukturähnlichkeiten mit
dem RASSISMUS aufweist" (F.-X. Kaufmann).[1] So ungerechtfertigt und primitiv-chauvinistisch diese Polemik erscheinen muß
im Hinblick auf die historische Unterdrückung der Frauenforschung
und auf das Recht der Frauen, "EIGENE FRAGESTELLUNGEN
UND ERKLÄRUNGSMUSTER"[2] zur eigenen Sache zu entwickeln,
so findet der Leser des *Alternative*-Heftes, in dem die Bielefelder
Diskussion dokumentiert wird, dieses Vorurteil auf unangenehme
Weise durch den rasanten Aufsatz von Christa Reinig im gleichen
Heft bekräftigt, die sich nicht scheut, Männer und Frauen als verschiedene Spezies, Völker oder sogar Entwicklungsstufen der Menschheit zu charakterisieren und eine sexuelle *Apartheid* predigt, die
sich auf verworrene historische Analogien (Amazonen, "Mädchen-
völker") stützt, die den berüchtigten Geschichtskonstruktionen
des Rassismus kaum nachstehen. Diese unerfreuliche und vor allem
unproduktive Debatte will ich in diesem Aufsatz nicht fortsetzen,
sondern anhand dreier Erzählungen der wohl prominentesten und
trotz aller Rezeptionsprobleme im Westen bedeutendsten deutschen
Schriftstellerin dieses Jahrhunderts, Anna Seghers, die das Scheitern
der karibischen Revolution zum Ausgangspunkt nehmen, die um-
gekehrte Frage stellen: was kann die Frauenbewegung aus der revolutionären Erfahrung der unterdrückten Völker lernen? Ist der

---

1 *Alternative* 139 (Oktober 1981), S. [210].
2 a.a.O., S. [211].

Separatismus überhaupt eine emanzipatorische Strategie, oder bedeutet er nicht eher von vornherein einen Verzicht auf das Ziel einer "gerechte(n) Neuverteilung der Güter dieser Erde", das auch bei Christa Reinig explizit gefordert wird?

Erika Haas hat Anna Seghers in einem *Notizbuch*-Aufsatz 1980[3] vorgeworfen, der "männliche Blick" dieser kommunistischen Schriftstellerin erlaube es ihr nicht, einen echten Beitrag zum "weiblichen Diskurs" zu leisten, eine Kritik, die Begriffe wie "Realismus" oder "gesellschaftliche Wirklichkeit", die für Seghers von zentraler Bedeutung sind, offensichtlich zum alten Eisen legt. Gefragt wird nicht, ob die Darstellung der Frauen bei Seghers der jeweiligen gesellschaftlichen Wirklichkeit entspricht, sondern ob es ihr gelungen ist, Wertvolles zum Kampf um eine spezifisch weibliche Identität beizutragen. Die so gestellte Frage muß dann emphatisch, wenn auch mit einem leisen Anflug von Trauer über den kleinen Verrat einer Mit-Frau und Linken, verneint werden.

Nun hat Anna Seghers in einer Reihe von Erzählungen und Romanen Probleme der Frauenemanzipation mit viel Teilnahme und Verständnis gestaltet, am unvergeßlichsten wohl in der Beschreibung der Lebenswege von Agathe Schweigert und Marta Emrich in *Die Kraft der Schwachen,* doch war dieser Emanzipierungsprozeß nie gegen die Männer als Erb- bzw. Erzfeind gerichtet; selbst der spätere Renegat Kurt Steiner, der seine Retterin und Geliebte im doppelten Sinne im Stich läßt, nimmt in der Erzählung *Das Schilfrohr* selber die Funktion eines Schilfrohres ein, das Marta ein freieres Atmen ermöglicht, einen Zugang zu anderen, freieren Welten, der ihr auch nach seinem Verrat offen bleibt. Anna Seghers "geknechtete" Frauen finden fast immer durch Verhältnisse mit Männern, ob es Liebhaber, Söhne oder Freunde sind, zu sich selbst; wenn sie sich später auch vom Mann emanzipieren — Agathe Schweigerts Liebe und Treue zu ihrem Sohn verwandelt sich in ein Engagement für die Sache, die er vertreten hat —, sind sie auf die Hilfe, das Verständnis und das Vertrauen der Männer angewiesen, um sich aus den engen Grenzen ihres Rollenverständnisses als kleinbürgerliche Mutter bzw. Bäuerin zu befreien. Von Anfang an hat sich Anna

---

3 Erika Haas, Der männliche Blick der Anna Seghers/Das Frauenbild einer kommunistischen Schriftstellerin, in *Notizbuch* 2 Berlin [-West] 1980, S. 134-148.

Seghers mit der gleichen Teilnahme und Einsicht für die Emanzipation von Proletariern, Negern und Juden, von allen Armen und Unterdrückten eingesetzt; sie hat sich nie auf Frauen "spezialisiert", sondern das Problem der Frauenemanzipation immer im Kontext des Kampfes um eine gerechtere und freiere Gesellschaft gesehen. Über die Probleme und Schwierigkeiten ihrer männlichen Gestalten schreibt sie mit der gleichen Souveränität und Überzeugung wie über Frauen: die neuerdings gängige Erzählhaltung der weiblichen Intellektuellen, die ihre Sichtweise und ihre Fähigkeiten von denen ihrer männlichen "Kollegen" zu unterscheiden versucht, ist ihr fremd geblieben. Sie interessiert sich offensichtlich überhaupt wenig für sogenannte "Intellektuellenprobleme"; selbst die Funktion der Kunst wird meistens anhand von "Sinnbildern" aus der Welt des Handwerks und der Arbeit dargestellt, wie in *Das wirkliche Blau*. Der Kampf der Frauen um Selbstverwirklichung und Emanzipation wird bei ihr als Teil eines langwierigen Kampfes um die Selbstverwirklichung aller gesehen: die Probleme, die Niederlagen, die Strategien dieses Kampfes sind nicht qualitativ anders, sie haben die gleiche Struktur und verlangen die gleiche Lösung, werden von der jeweils konkreten gesellschaftlichen Situation bestimmt und lassen sich nur im Kontext dieses gesamtgesellschaftlichen Prozesses analysieren und verstehen.

Wohl nirgends hat Seghers die Probleme dieses Kampfes um Emanzipation aller Unterdrückten überzeugender und ausführlicher dargestellt als in den drei *Karibischen Erzählungen, Die Hochzeit von Haiti, Wiedereinführung der Sklaverei auf Guadeloupe* und *Das Licht auf dem Galgen*. Das Scheitern der karibischen Revolution, der es im Rahmen des Kolonialismus und der bonapartistischen Reaktion nicht gelingt, die emanzipatorischen Ideale der französischen Revolution in der Wirklichkeit umzusetzen, dient als Mahnung und als Schulbeispiel zugleich für die Notwendigkeit einer revolutionären Strategie, die von den historisch und ökonomisch gegebenen Realitäten einer Gesellschaft ausgeht, die sich nicht von heute auf morgen in eine klassenlose Utopie verwandeln läßt, sondern sich zunächst mit den Problemen der ungleichzeitigen Entwicklung der verschiedensten Gruppen und Klassen auseinandersetzen muß.

In den drei Erzählungen liefert Seghers eine ungewöhnlich differenzierte Analyse dieser Gruppen und Entwicklungsstufen: in jeder Gruppe gibt es Elemente, die sich mit den neuen Tendenzen identi-

fizieren, Konservative, die die alten Zustände herbeisehnen, und eine
mittlere Stufe, die die Gegenwart mitmacht ohne klares Bewußtsein und ohne sich genau zu überlegen, wie es weitergehen soll.
Diese "Bewußtseinsstufen" sind keineswegs mit Klassen, Rassen
oder Geschlechtern identisch: auch die kleinsten Gruppen, z.B.
die Juden oder die "revolutionären" Franzosen, sind durch die
gleiche Vielschichtigkeit gekennzeichnet. Die verschiedenen Richtungen und Motivationen innerhalb der drei "Großgruppen", Weiße,
Mulatten und Neger, lassen sich wie folgt summarisch darstellen:

1) *Weiße*

Unter den *Kolonisten* reicht die Skala von den Reaktionär-Kon-
servativen (die Spanier, die französischen Gutsherren, die ihre
Sklaven für so dumm und "untermenschlich" halten, daß sie den
Aufstand in ihrer Anwesenheit diskutieren) über die "Liberal-
Fortschrittlichen", die aus den Erfahrungen in Haiti gelernt
haben, daß die unmenschliche Behandlung der Sklaven aus ra-
tional-wirtschaftlichen Gründen verbessert werden muß (die
Raleigh-Familie in *Das Licht auf dem Galgen*) zu den gutwillig-
emanzipatorisch Gesinnten, denen aber ihr Status als Sklavenhal-
ter und Gutsbesitzer bzw. Pächter (Swaby) das volle Engagement
für die Emanzipation verbietet. Debuisson, der Verräter aus
Das Licht auf dem Galgen, kann als Übergangsfigur zu der Gruppe
der "revolutionären [Franzosen]" dienen; als verirrter Sohn
einer Gutsbesitzerfamilie identifiziert er sich zunächst mit den
Zielen der Revolution, um bei der Rückkehr nach Jamaika von
seiner Sozialisierung als "Herrenmensch" vereinnahmt zu werden.
Sonst unterscheidet Seghers innerhalb der Gruppe der Revolutionären zwischen zwei Grundtypen: den Bürgerlich-Opportunisti-
schen bzw. Bonapartisten, die die Veränderungen der Revolution ausnützen, um ihre eigene Situation zu verbessern, ohne sich
um den Prozeß der allgemeinen Emanzipation zu kümmern, und
sich folglich schnell genug mit der bonaprtischen Reaktion arrangieren (Hugues), und den getreuen Soldaten der Revolution
(Beauvais, Galloudec, Sasportas), deren voller Einsatz für die
Befreiung der Kolonialvölker schließlich zum solidarischen Opfertod und zum endgültigen Bruch mit der Kolonistenrolle führt.
In *Die Hochzeit von Haiti* spielen außerdem die Juden als Unter-
gruppe in der weißen Gesellschaft eine Sonderrolle; in der Familie
Nathan sind gleich drei Tendenzen vertreten, die konservativ-

separatistische des Vaters, die die traditionelle Außenseiterrolle der Juden bejaht, die bürgerlich-assimilatorische der Mutter, von Miriam and Mendez, die aus dieser Rolle ausbrechen wollen, und die Identifizierung mit den Zielen der Revolution bei Michael und implizit bei Mali, die die kurze Symbiose mit Toussaint und den Schwarzen zum Sinn und Inhalt des Lebens macht, um sie dann in eine leere und sinnlose Existenz zu entlassen. Dem Juden Michael, der "derselben Aussaat" wie Toussaint entstammt, gelingt als einzigem unter den weißen Haitianern der Brückenschlag zu den Schwarzen, nicht zuletzt, weil seine eigene Diskriminierung ihm den Zugang zu den Gedanken der allgemeinen Emanzipation erleichtert.

2) *Mulatten*

Im Kontext der karibischen Revolution nehmen die Mulatten als Gruppe die Rolle der Bourgeoisie in der europäischen ein; sie machen gemeinsame Sache mit den Schwarzen, solange es ihren eigenen Interessen als diskriminierte Gruppe dient, um sie dann im Stich zu lassen, sobald ihnen der soziale Aufstieg sicher erscheint. Ihr Verhalten entspricht also dem Verrat der französischen Bourgeoisie an der unteren Klasse, der auch für Seghers seinen symbolischen Höhepunkt im 18. Brumaire erreicht. Doch auch unter den Mulatten gibt es Revolutionäre, die das "Schutz- und Trutzbündnis" mit den Kolonialherren zurückweisen, am unvergeßlichsten wohl der Kommandant Berenger, der als Zeichen seines ungebrochenen Widerstands sein eigenes Fort in die Luft sprengt. Auch Robert Cocroft, selbst in der eigenen Familie isoliert, bleibt der Revolution treu.

3) *Schwarze*

Als unterster Gruppe in der karibischen Gesellschaft ist den Negern jeder Zugang zu Besitz und Bildung versperrt: nur den Außerordentlichen, und auch nur in Ausnahmefällen, durch die Hilfe humaner Kolonisten, gelingt es, die Kenntnisse zu erwerben, die der Kampf um die Gleichberechtigung der Schwarzen erfordert. Der schwarze Separatismus eines Cuffee ist von vornherein zum Scheitern bestimmt, weil er die Strukturen der kolonialistischen Ausbeutung nicht durchschaut und folglich nicht in der Lage ist, das Überleben und die Weiterentwicklung der schwarzen Revolution zu sichern. Der anarchistische Opportunismus dieser 'Revolte' wird mit der Geduld und Kompromißbereitschaft Toussaints kontrastiert, dem es als einzigem vorübergehend gelingt, die Anfänge einer befreiten Gesellschaft in Haiti aufzubauen. Bei aller Sympathie für den Aufstand der Schwarzen gegen ihre Peiniger macht Seghers deutlich, daß der Weg zur echten Emanzipation notgedrungen durch ein Stadium der Kooperation mit den dazu bereiten Elementen der weißen Gesellschaft führen muß, daß die ökonomischen Realitäten der von Europa ausgebeuteten und jederzeit erpreßbaren karibischen Kolonien keinen Sprung in die Selbständigkeit erlauben, sondern von den Schwarzen einen langwierigen Lernprozeß verlangen, bevor sie über sich selbst bestimmen können. Dieser Prozeß hat sich nicht nur gegen die "Separatisten" durchzusetzen, sondern auch gegen die "Unmündigen", bei denen die schwierige Phase des Aufbaus Sehnsüchte nach der "Sicherheit" und den kleinen "Privilegien" des Sklaventums erweckt (so Christophe und Ismael in *Wiedereinführung der Sklaverei in Guadeloupe*).

Warum scheitert die Revolution?

Das Scheitern der Karibischen Revolution führt Anna Seghers auf interne wie externe Gründe zurück: obwohl im Zeitalter des Kolonialismus die externen Gründe ausschlaggebend sind, d.h. die karibische Befreiungsbewegung hat kaum Chancen, sich gegen die ökonomische und politische Vormacht der Europäer zu behaupten, erst recht nach dem Sieg der Reaktion in Frankreich unter Bonaparte, geht es Seghers in erster Linie darum, anhand einer Analyse der internen Probleme und Widersprüche der schwarzen Revolution auf eine "richtige" revolutionäre Strategie hinzuweisen, der es in einer historisch günstigeren Ausgangssituation gelingen könnte, den Prozeß der allgemeinen Emanzipation über die Schwierigkeiten der Anfangsphase hinaus voranzutreiben. Man kann davon ausgehen, daß Seghers Modell einer realistischen revolutionären Strategie von Anfang an zwei "Zielgruppen" anvisierte: es sollte sowohl als Warnung davor dienen, die Schwierigkeiten des sozialistischen Aufbaus in der DDR zu verharmlosen und im Sinne eines utopischen Linksradikalismus den Kommunismus gleich einführen zu wollen, als auch aus den Erfahrungen und Einsichten der Emigrationszeit in Mexiko einen *Blueprint* für die weitere Entwicklung der Befreiungsbewegung in der dritten Welt liefern, einer Sache, für die sich Seghers auch in den Jahren nach ihrer Rückkehr in die DDR voll engagiert hat. Die Ähnlichkeiten mit dem 'Mugabe-Modell' in Zimbabwe sind nicht zu übersehen: vor allem in den beiden früheren Erzählungen, aber auch in dem Verhältnis Bedford/Sasportas in *Das Licht auf dem Galgen,* bringt Seghers ihre Überzeugung klar zum Ausdruck, daß die schwarze Revolution in ihrer Anfangsphase auf die Hilfe und Kooperation nicht nur der "revolutionären" Weißen angewiesen ist, sondern aller gesellschaftlichen Schichten, die wenigstens vorübergehend bereit sind, an dem Aufbau einer überlebensfähigen und wenigstens teilweise gerechteren Gesellschaft mitzuarbeiten. Trotz des persönlichen Untergangs Toussaints und des darauffolgenden Dahinsiechens der haitischen Revolution, die die Selbständigkeit nur um den Preis rettet, daß Haiti, früher eine der reichsten Kolonien, bis heute zu einer armseligen Randexistenz verdammt wird, von der Außenwelt isoliert und den Machenschaften der Duvaliers und ihren Vorgängern ausgeliefert, macht Seghers aus ihrer Bejahung der Strategie dieses Mugabe-Vorgängers aus dem achtzehnten Jahrhundert keinen Hehl: seine Bereitschaft und seine Fähigkeit, um der langfristigen Perspektiven der Revolution willen Kompromisse einzugehen, bei allem Festhalten an den Zielen der Emanzipation mit allen dazu bereiten Gruppen zusammenzuarbeiten, machen ihn zum Vorbild eines pragmatischen schwarzen Revolutionären, der die Einsicht Janos Kadars ("Wer nicht gegen uns ist, ist für uns") schon vorweggenommen hat. Beispielhaft ist auch die Zusammenarbeit von Beauvais, Berenger und Jean Rohan in *Wiedereinführung der Sklaverei in Guadeloupe,* die als revolutionäre Vertreter der drei Gruppen (Weiße, Mulatten, Schwarze) vor dem unvermeidlichen Zusammenbruch der Revolution noch versuchen, die Fehler der opportunistischen Politik Hugues' zu überwinden (bezeichnenderweise war es eine Bemerkung Aimé Césaires über Hugues, die den ersten Anstoß zu der Erzählung geliefert hat).[4] In der Solidarität des Weißen Beauvais und des Mulatten Berenger, die den Ausweg aus der Katastrophe ablehnen, der sich ihnen als Europäer bzw. Assimilanten anbietet, und sich von ihren Privilegien trennen, um mit den Schwarzen gemeinsam zu sterben, ist Seghers wohl das überzeugendste Bild dieser Kooperation gelungen: in der ungleich schwierigeren Situation der Befreiungsbewegung in Jamaika ist sie nur in Ansätzen vorhanden, in der Zusammenarbeit zwischen

---

4 Vgl. *Anna Seghers/Materialienbuch*, hrsg. von Peter Roos und Friederike J. Hassauer-Roos, Darmstadt und Neuwied 1977, S. 168.

Sasportas, Bedford und Cocroft, der der Verrat Debuissons ein
jähes Ende setzt.

Anders als die Verfechter des *Black Power* oder der *négritude* geht
Seghers davon aus, daß die Schwarzen durch ihre historische Aus-
geschlossenheit von Wirtschaftsleben und Bildungssystem notwen-
digerweise auf die Hilfe der progressiven Weißen und Mulatten angewiesen sind; wie Toussaint und Jean Rohan müssen sie zunächst
von den "Herren" lernen, bevor sie imstande sein können, die Freiheit nicht nur als Geschenk der Europäer anzunehmen, sondern
zu verteidigen und auszubauen; auch der Verrat an der Revolution
durch die Europäer selbst und die Rückkehr zu einer etwas raffini-
teren Form der kolonialistischen Ausbeutung ändert nichts an dieser Lage. Es handelt sich hier bei Seghers weniger um einen konventionellen Eurozentrismus, als um die Überzeugung, daß der revolutionäre Auftrag der allgemeinen Emanzipation, der aus Europa
hervorging, auch gegen die Deformationen, denen er in Europa
ausgesetzt war, verteidigt werden muß. Die letzte der drei Erzählungen, *Das Licht auf dem Galgen,* die sicherlich zum Teil als Reaktion auf die Enthüllungen Chruschtchows am XX. Parteitag zu verstehen ist, unterstreicht die Notwendigkeit, diesem Auftrag auch
in der scheinbar hoffnungslosesten Situation treu zu bleiben; Heiner
Müllers neues Stück *Der Auftrag,* das bekanntlich Motive aus den
Karibischen Erzählungen aufnimmt, kann als verzweifeltes Post-
skriptum zu Seghers "schwierigem Optimismus" verstanden werden,
indem es nicht nur den völligen Verlust der revolutionären Perspektive in Europa beklagt, am deutlichsten in der Traumszene im Auf-
zug, sondern auch, im Sinne des Vorworts Jean-Paul Sartres zu
Fanons *Die Verdammten dieser Erde,* einen unüberbrückbaren
Abgrund zwischen den Europäern und der dritten Welt konstatiert.
Daß Seghers trotz allem an ihrem "Auftrag" festhält, zeigt sich am
deutlichsten in der nochmaligen Hinwendung zu dieser Thematik
in *Drei Frauen aus Haiti.*

Die Frauen
Mit vielleicht der einzigen Ausnahme der Negerin Manon in *Wie-
dereinführung der Sklaverei in Guadeloupe,* die ihre Einsicht in die
Notwendigkeiten des emanzipatorischen Prozesses nicht nur durch
Taten, sondern auch in Worten ausdrücken kann, scheinen die
Frauengestalten in den drei Erzählungen auf den ersten Blick die
These von Erika Haas voll zu rechtfertigen, Seghers sei es nicht

gelungen, zum "weiblichen Diskurs" beizutragen, und zwar mit der einleuchtenden Begründung, daß sie sich vor allem durch Sprachlosigkeit auszeichnen. Selbst die entschlossensten Mitkämpferinnen der Revolution, die Schwarze Margot aus *Die Hochzeit von Haiti,* die Michael Nathans Dienste für die Revolution gewinnt und deren Zusammenleben mit ihm ein weiteres Bild für die mögliche Überwindung der Klassen- und Rassenunterschiede abgibt, und die Sklavin Ann, die in *Das Licht auf dem Galgen* zur Botin und Geliebten Sasportas' wird und ihr Leben für seine und ihre Sache "ohne Erstaunen" und fast ohne Frage opfert, bleiben im Grunde stumm. Ihr Einverständnis mit der Revolution und ihrem Geliebten artikuliert sich nicht, sie sind nicht auf Sprache angewiesen, sondern handeln aus einer sprach- und fraglosen Übereinstimmung mit dem Prozeß, an dem sie teilnehmen. Dieses sprachlose Sich-Verstehen, das auch die tiefe Verwandtschaft zwischen Michael Nathan und seiner Schwester Mali kennzeichnet (die sich auch sonst in physiognomischer Ähnlichkeit ausdrückt), wird aber von Seghers deutlich höher bewertet als das Sich-Durch-Sprache-Verständigen-Müssen, es bildet auch das Muster für das Verhältnis zwischen Michael und Toussaint bzw. zwischen Beauvais, Berenger und Rohan; die 'echten' Revolutionäre, ob männlich oder weiblich, sind wortkarg im Umgang miteinander, das Einverständnis kann vorausgesetzt werden, die Kommunikation beschränkt sich auf die Vermittlung von Nachrichten, Aufträgen und kleinen Freundlichkeiten; kein 'großes Gerede' ist nötig, keine philosophischen Aussprachen über Sinn und Ziel der Revolution.

Hier ist es vielleicht nützlich, das Verhältnis zwischen Michael und Margot mit dem zwischen Gustav und Toni in Kleists Erzählung *Die Verlobung in St. Domingo* zu vergleichen, zu der *Die Hochzeit von Haiti* offensichtlich als 'Gegen-Erzählung' konzipiert worden ist. Die Mestize Toni, deren etwas gelbliche Hautfarbe nur aufzufallen braucht, wenn sie sich verdächtig benimmt, schwingt sich durch ihre Liebe zu Gustav, aber vor allem durch den Eindruck seiner verworrenen philosophischen Ausführungen über Moral und Gerechtigkeit, auf die Höhe des europäischen moralischen Empfindens hinauf, sie darf sogar ihren Lehrer überflügeln und als Trostpreis für den supermoralischen Opfertod an seiner Seite in der freiheitsliebenden Schweiz bestattet werden. Bei aller allgemeinaufklärerischen Sympathie für das Los der unterdrückten Kolonial-

völker, die Peter Horn in einem Aufsatz[5] fast überbetont, gelingt
es Kleist nicht, sich von der eurozentrischen Perspektive zu befreien; eine moralisch empfindende Farbige wird automatisch zur
Honorareuropäerin, sie verliert sogar ihre 'Farbe' und wird zur
Doppelgängerin der verlorenen Marianne, die als Verkörperung der
Ideale der französischen Revolution ihren Gustav vor deren un-
liebsamen Konsequenzen im Terror rettet. Daß Gustav am Ende die
eigenen Werte verrät, macht diesen "Erziehungsroman" nur noch pi-
kanter: die Männer produzieren die Idealbilder, die Frauen opfern
sich dafür. Ein Homburg hat Angst vor dem Tode, eine Natalie nie.

Ganz anders bei Seghers. Das völlig Undramatische, fast Unterkühl-
te in der Darstellung der Beziehung zwischen Michael und Margot
kommt nicht nur der Wirklichkeit näher — Margot 'überspringt'
keine Entwicklungsstufen, auch als Geliebte Michaels läßt sie sich
geduldig von der schwarzen Haushälterin schikanieren, sie beweist
ihre Ebenbürtigkeit nicht durch "moralische Reden" — es entstammt
auch der völlig anderen Perspektive Seghers, für die individuelle
Selbstverwirklichung und persönliches Glück mit dem Engagement
für die Sache untrennbar verbunden sind. Margot wehrt sich nicht
gegen die Behandlung durch Angela, nicht nur, weil sie sich mit
Michael einig weiß, sondern auch, weil ihre Sozialisation als Schwarze
sie Ausdauer und Opferbereitschaft gelehrt hat. Sie übersieht die
kleinen Widrigkeiten, weil ihr das "Große" wichtiger ist, das Zu-
sammensein mit Michael und das "Fenster zur Zukunft" (Müller),
das sich darin öffnet.

Spätestens hier könnte man fragen, ob nicht die Werte, die Seghers
in ihren Erzählungen und Romanen immer wieder betont, Ausdauer, Geduld, Opferbereitschaft, 'Treue' im weitesten Sinn, eben
nicht einen "männlichen Blick" bezeugen, sondern in vielem den
typischen Werten der weiblichen Sozialisation entsprechen. Trotz
aller Betonung der Notwendigkeit einer richtigen revolutionären
Strategie hat Seghers im Grunde nichts als Verachtung für 'Taktiker'
und 'Opportunisten', die sich, durch persönliches Machtstreben und
Privilegiensucht verführt, nur zu schnell mit einer veränderten Wirklichkeit abfinden und ihren "Auftrag" vergessen. Aber hat diese
"kommunistische Schriftstellerin", indem sie die "weiblichen Tugen-

---

5 Peter Horn, Hatte Kleist Rassenvorurteile?, jetzt in P.H., *Heinrich von
Kleists Erzählungen*, Königstein 1978, S. 134-147.

den" in das Idealbild des Kommunisten integriert, die Sache der Frauen verraten? Kann man nicht gerade umgekehrt argumentieren, daß es die männlichen Kommunisten sind, die im Dienste der 'Taktik' diese nicht zu verachtenden 'Tugenden' verraten haben? Schließlich sind die Werte, die Marx im Proletariat gesehen hat, nicht so sehr anders: es waren die Erfahrungen der Ausbeutung, des Leidens und vor allem der Arbeit, die diese Klasse befähigen sollten, die Herrschaft einer humaneren Gesellschaft zu übernehmen. Überhaupt könnte man meinen, daß die 'Tugenden', die die bürgerliche Gesellschaft Frauen und Proletariern abverlangt hat, trotz ihres ideologischen Charakters zu Grundwerten einer zukünftigen gerechteren Gesellschaftsordnung umfunktioniert werden müssen. Den Brechtschen Trugschluß, in einer befreiten Gesellschaft wären solche 'Tugenden' nicht mehr nötig, hat die Geschichte nicht nur längst widerlegt, er entspricht auch einem männlich-chauvinistischen, libertären Persönlichkeitsbild, von dem der Stückeschreiber sich selber nie ganz befreit hat; die "fröhliche wechselseitige Ausbeutung" (Peter Weiss) der Geschlechter, die mit zunehmendem Alter die Raubzüge Baals bei ihm verdrängt hat, ist kein Bild der 'freien Liebe', sondern Relikt aus der Bohème. Die Frage 'wer wen?', die er so gern zum Grundproblem der Klassengesellschaft erklärte, muß auch in der Beziehung zwischen Mann und Frau gestellt werden.

Zum Schluß vielleicht ein paar offene Fragen: läuft die Frauenbewegung nicht Gefahr, in der Auflehnung gegen die Männerherrschaft ihre eigenen (besseren) Werte, auch wenn diese als Produkt der Ausbeutung entstanden sind, zu verleugnen? Muß sie sich nicht, wie die Farbigen in der karibischen Revolution, vor zwei "Abweichungen" in Acht nehmen, dem Separatismus, der durch die Absage an Kooperation und Kompromiß einen gesamtgesellschaftlichen Emanzipationsprozeß abblockt, und dem Opportunismus, der die Werte des Gegners übernimmt? Sonst geht vielleicht im Kehraus der europäischen Gesellschaft nicht nur die "vergrabene Weisheit" (Müller) des Proletariats verloren, sondern auch die 'fraulichen' Werte, die die Männer in ihren besseren Augenblicken immer als Idealbild des gesellschaftlichen Lebens projiziert haben, ohne den Mut aufzubringen, sie zu *leben*.

ERIKA TUNNER

ILSE AICHINGER
DER GANG ÜBER DIE GRÜNE GRENZE

Ilse Aichinger ist ein Grenzgänger.

Sie weiß, daß Grenzen gesichert und bewacht sind, daß man Ausweise oder Nachweise braucht, um Grenzen zu überschreiten, daß man an Grenzen zurückgehalten oder über Grenzen abgeschoben werden kann.

Sie weiß, daß Grenzen deutlich gezogen oder fließend verlaufen können, daß wir sie setzen oder verwischen, daß wir sie wahren oder aufheben.

Deshalb geht Ilse Aichinger immer über die grüne Grenze.

Wer stets in Grenz-Orten und in Grenz-Situationen lebt, lebt grenzen-los.

Ein Paradox? Nicht mehr als die Geschichte vom Stein, der so weit flog, so weit, wenngleich er doch kein Federkleid hatte.[1] Aber was ist schon so Seltsames dabei? Kann einem ein Stein nicht auch vom Herzen fallen, und gibt es nicht so manches, was einen Stein erbarmen könnte?

Ilse Aichinger ist in Wien geboren, an einem 1. November – Monatsanfang, Feiertag, Allerheiligen, Grenztag. Es war im Jahre 1921. Wenn man schon in die Welt hineingeht, wenn man sich schon über die „Grenze" wagt, dann am besten nicht allein, dann am besten gleich mit einer Zwillingsschwester.

Diese Zwillingsschwester, Helga, lebt heute in London.

Sie ist Malerin.

Die Mutter: eine jüdische Ärztin.

---

1   Vgl. Christian Morgenstern:

Problem
Es flog ein Stein so weit, so weit –
und hatte doch kein Federkleid!
Es war ihm ja zu gönnen.
Indessen rechte Seltsamkeit,
daß Steine fliegen können!

(in: *Der Gingganz*)

Der Vater: ein "arischer" Lehrer.

Eine kurze Ehe, ein langer Abschied.

Ilse Aichinger wächst bei der Mutter auf und kann sie davor bewahren, deportiert zu werden: Jüdinnen, deren Kinder einen ari-
schen Vater haben, brauchen den gelben Stern nicht zu tragen. Bis
zur Großjährigkeit der Kinder. Im Jahre 1942 wird Ilse Aichinger
einundzwanzig: die Grenze. Man muß über die grüne Grenze gehen,
niemand merkt es, wie ein Jahr dazu kommt und ein zweites, drit-
tes. Die Mutter bleibt. Die Großmutter freilich bleibt nicht. In eben
demselben Jahre 1942 wird sie von der Gestapo abgeholt. Sie kehrt
erst wieder im Werke der Enkelin. Für Tote gilt kein Grenzübertritts-
verbot, der Tod scheidet nicht.

Nach ihrem Abitur, 1939, beginnt Ilse Aichinger ein Medizin-
studium, das sie nach fünf Semestern abbrechen muß. Die entscheidenden Erlebnisse heißen: Antisemitismus, Verfolgung, Krieg. Ilse
Aichinger lernt die Angst. Nicht nur die Angst in dem Sinne, wie
Menschen die Angst gewöhnlich verstehen, nämlich als Angst vor
etwas Äußerlichem, vor dem, was außerhalb des Menschen liegt,
sondern die Angst im Sinne Kierkegaards, die Angst, die der Mensch
selbst hervorbringt, die Angst, "die alle Täuschungen der Endlich-
keiten" aufdeckt[2], die Angst, deren Korrelativ nicht die große Hoffnung sein kann, sondern nur "die größere Hoffnung". "Wer aber
sich recht ängstigen lernte, der hat das Höchste gelernt".[3]

1948 erscheint Ilse Aichingers erster und einziger Roman, *Die
größere Hoffnung*. Er stellt ein Ereignis dar, er bedeutet den Anfang von etwas Neuem in der österreichischen Nachkriegsliteratur.
"Es begann mit Ilse Aichinger", stellte Hans Weigel fest.[4]

Der Name Ilse Aichinger war damals noch nicht sehr bekannt
und nicht mehr ganz unbekannt: er lag in der Grenzzone. Ilse Aichinger war 1945 in die literarische Welt eingetreten mit der Erzählung
Das vierte Tor, eine Vorstufe zu einem Kapitel aus *Die größere*

---

2   Vgl. Sören Kierkegaard, *Der Begriff Angst* (1844) deutsch von Lieselotte
    Richter, Reinbek bei Hamburg 1963, S. 141.
3   *Ibid.*
4   Hans Weigel, *Es begann mit Ilse Aichinger. Fragmentarische Erinnerungen
    an die Wiedergeburtsstunden der österreichischen Literatur nach 1945*, als
    Rede gehalten 1948, veröffentlicht 1966 in: *Protokolle*; 1967 in: *Auffor-
    derung zum Mißtrauen. Literatur, Bildende Kunst, Musik in Österreich
    nach 1945*, hrsg. von O. Breicha und G. Fritsch, Salzburg 1967, S. 25-
    31.

Hoffnung. Ihren ersten großen Erfolg kannte sie ein Jahr später, mit dem Aufsatz *Aufruf zum Mißtrauen*: symptomatisch für die Kontinuität ihres Denkens und ihres Schreibens, ist er gleichzeitig eine Aufforderung, an die immer wieder erinnert werden sollte, wenn man Menschen einteilt in Gerechte und Ungerechte, wenn man Verdächtigungen an die Stelle von Argumenten setzt, wenn man von Prinzipien redet und eigene Vorteile meint, wenn man horcht, aber nicht hört. Er sollte uns immer wieder mißtrauisch machen, wenn wir den Zweifel nach Hause geschickt haben und die Wahrheit in den Händen zu halten meinen:

> Sie sollen nicht Ihrem Bruder mißtrauen, nicht
> Amerika, nicht Rußland und nicht Gott.
> *Sich selbst sollen Sie mißtrauen!*
>
> Ja? Haben Sie richtig verstanden? Uns selbst müssen
> wir mißtrauen. Der Klarheit unserer Absichten, der
> Tiefe unserer Gedanken, der Güte unserer Taten! (...)
> Werden wir mißtrauisch gegen uns selbst, um
> vertrauenswürdiger zu sein!

Die größere Hoffnung ist eine Geschichte ohne großen Aufwand, und dennoch ist es eine nicht eben einfache Geschichte. Die Hauptgestalt ist das Mädchen Ellen, ein Kind noch. Sie ist Halbjüdin, hat zwei "falsche" Großeltern und zwei "richtige" (wobei freilich die "falschen", jüdischen, als die "richtigen" erkannt werden). Grenzgebiet also, Grenzdasein. Der arische Vater hat die Familie verlassen. Ellen versucht, für sich ein Visum zu bekommen, um die jüdische Mutter in die Emigration begleiten zu können, in das Land, wo die Freiheitsstatue steht — die große Hoffnung. Doch da niemand für Ellen bürgt, muß sie bei ihrer jüdischen Großmutter zurückbleiben, die große Hoffnung wird zunichte. Von Anfang an aber wird auf eine größere Hoffnung angespielt, die im Laufe der Geschichte von Ellen errungen wird, und die mehr mit der inneren Freiheit zu tun hat als mit der äußeren. "Rund um das Kap der Guten Hoffnung wurde das Meer dunkel", heißt der erste Satz des Romans, der auf das Scheitern der "großen Hoffnung" verweist, die zusammenhängt mit dem Aufbruch in ein anderes Land, mit der Rettung des Lebens im Hic et Nunc. Mit dem Satz "Über den umkämpften Brücken stand der Morgenstern" schließt der Roman, doch ist hier die apokalyptische Szene nicht nur ein Bild des Untergangs: hell und hoffnungsfreudig wie der Morgenstern

leuchtet am Ende auch die "größere Hoffnung" auf, die auf den
Aufbruch des Geistes verweist, auf die Erlösung des Lebens durch
einen Frieden, den man mitten im Krieg finden kann.

Ellens Geschichte zwischen der großen Hoffnung und der größeren Hoffnung ist kein geradliniges Geschehen, das in einer eindeu-
tigen Erzählperspektive wiedergegeben wird. Ereignisse, Bilder,
Träume, Reden, innere Monologe reihen sich aneinander, schieben
sich ineinander, eine Folge von dynamischen, statischen, zeitlosen
Szenen entsteht. Es ist keine dreidimensionale, sondern eine viel-
dimensionale Welt, die Ilse Aichinger mit Meisterschaft evoziert,
weil sie sich selbst mit Leichtigkeit und Natürlichkeit darin bewegt.
Nicht umsonst ist gerade die Brücke eines der Leitmotive in Ilse
Aichingers Werk: ist die Brücke doch zugleich Grenze und Verbindung — steht man auf ihr, so befindet man sich zwischen Luft
und Wasser, ist weder auf dem einen noch auf dem anderen Ufer,
kann aber hinübergehen und herübergehen von einem Bereich zum
andern, von einer Ungewißheit in die andere:

> So wird niemand wissen
> von unseren Atemstößen,
> als wir über die Brücke liefen,
> und was hinter uns liegt,
> erfahren sie nicht (...)

heißt es in dem Gedicht *Ende des Ungeschriebenen* aus dem Jahre
1959.[5]

Grüne Esel können auf Brücken auftauchen und "Luft zum
Atmen" bedeuten: *Mein grüner Esel* lautet der Titel einer 1960
entstandenen Erzählung Ilse Aichingers. Sie führt eine Thematik
fort, die schon in *Die größere Hoffnung* bestimmend ist: die Thematik von Wissen und Nichtwissen, wobei ein Wissen gemeint ist,
das auf Nutzen und Verwendbarkeit zielt, ausgehend von "den
Kategorien einer auf Effizienz und Ökonomie gerichteten Aufklärung"[6], wobei ein Nichtwissen gemeint ist, das identisch ist
mit Einsicht in Dinge, die sich jedem Zugriff des Fragens, das Wissen

---

5   In: *Verschenkter Rat*, Frankfurt 1978, S. 20.
6   In: Peter Horst Neumann, *Versuch über die Dialektik von Wissen und
    Nicht-Wissen in der modernen Literatur. Als Beispiel eine Erzählung von
    Ilse Aichinger* (i.e. die Analyse der Geschichte Mein Grüner Esel), in: *Kunst
    heute. Kulturhistorische Vorlesungen der Universität Bern* 1973, S. 103.

will, entziehen, in Dinge, "die auf einen Sinn zuhalten, ohne ihn
je zu erreichen".[7] Grundlegend für die Analyse dieser Thematik
ist der Aufsatz von Peter Horst Neumann, *Versuch über die Dialektik
von Wissen und Nicht-Wissen in der modernen Literatur. Als Beispiel eine Erzählung von Ilse Aichinger* (1973), auf den wir uns hier
beziehen. Peter Horst Neumann erwähnt analoge Bestrebungen bei
Kafka, Beckett, Hildesheimer, Eich, und schließt seine Ausführungen
mit den Worten: "An die Stelle von Anpassung setzen sie ihre Mo-
delle der Verweigerung".[8]

Ilse Aichinger kennt zu gut das Anpassungsverlangen der Menschen im politischen, im sozialen, im geistigen Bereich, um nicht
auch dessen Mechanismen und dessen Gefahren zu kennen, um nicht
auf die ihr eigene Weise davor zu warnen: nicht belehrend, nicht
anklagend, nicht nachtragend — und schon gar nicht lauthals. Die
Zimmerlautstärke ihrer Rede ruft um so eindringlicher zur Verweigerung auf. Daß die Menschen das Schreien besser vernehmen
als das Flüstern, ist wohl wahr: doch ist das Bellen nicht jedermanns
Sache, und wer kräftig mit den Wölfen heult, klappert im geheimen
oft mit den Zähnen. In *Die größere Hoffnung* steht im Schatten
des Geschehens allmächtig und groß "die Geheime Polizei", die
über Ordnung und Sicherheit im Staat entscheidet und über Leben
und Tod der Staatsbürger. Unter Kontrolle stehen öffentliches und
privates Leben; wenn der Ansager im Radio seine Meldungen be-
endet, so fügt er hinzu: "Wer fremde Sender hört, ist ein Verräter,
wer fremde Sender hört, verdient den Tod." "Man hörte es bis in
das allerletzte Stockwerk", heißt der Text weiter, "es war deutlich
zu verstehen. Gleich darauf setzte Musik ein, schnell und fröhlich,
als gäbe es nichts Lustigeres auf der Welt: wer fremde Sender hört,
verdient den Tod".[9] Doch ist diesem unleugbaren Wissen eben jenes
Nichtwissen entgegengesetzt, das es ermöglicht, den Aufruf zur
äußeren Anpassung in einen Aufruf zur geheimen Verweigerung zu
verwandeln: "Die Geheime Polizei hat Angst", sagt Georg, einer
von Ellens Spielkameraden. "Klar", heißt es darauf, "die Geheime
Polizei *ist* Angst, lebendige Angst — weiter nichts. (...) Habt Mit-

---

7   *Ibid.*
8   *Ibid.*, S. 104.
9   Wir zitieren nach der Ed. Fischer no. 1432 (1977), S. 62.

leid mit der Geheimen Polizei. Sie haben schon wieder Angst vor
dem König der Juden."[10]

Obwohl Ilse Aichingers Roman Erlebtes aus der Zeit des Dritten Reichs verarbeitet, also Dokument ist, ist er in mindestens
ebenso hohem Maße poetische Fiktion, was seine künstlerische
Faszination ausmacht, und darüber hinaus, auf seltsame Weise
"science fiction", etwa, um nur ein Beispiel zu nehmen, im Sinne
des George Orwell, *1984* (sofern man dieses Werk, das nur ein
knappes Jahr später erschien als *Die größere Hoffnung,* überhaupt
noch in diese Kategorie einordnen will), was wiederum den beun-
ruhigenden Charakter des Romans ausmacht — man sollte ihn nicht
nur mit Einschränkung auf die Zeit des Nationalsozialismus lesen.
In Orwells Einheitsstaat gibt es die ganz geheime Geheime Polizei,
die Gedankenpolizei, und zu gescheite Menschen werden eines
Tages "vaporisiert", wie der Sprachwissenschaftler Syme, der zu
klar sieht und zu offen spricht. Deshalb wird jeder zur Gleichschal-
tung angehalten und zur "Strenggläubigkeit", sprich: zum Nicht-
mehr-Denken, um zu existieren. Bei Ilse Aichinger hört sich das
so an:

> Wer keine Uniform trägt, der bleibt allein, wer allein
> bleibt, denkt nach, und wer nachdenkt, der stirbt.[11]

Da wie dort trägt jeder ein Messer, um uns besser ... zu behüten.
Doch man sorge sich nicht und lasse Musik einsetzen, die schnelle
und fröhliche, als gäbe es nichts Lustigeres auf der Welt. Was kann
schon geschehen, wenn du im Schutze des Großen Bruders stehst?
Big Brother is watching you!

Immer wieder zeigt Ilse Aichinger die Bedrohung durch die
Diktatur, die durchaus nicht nur durch die Geheime Polizei zum
Ausdruck gebracht werden muß. Sie kann auch das weitaus harm-
losere Gesicht eines Zoodirektors annehmen, wie etwa in dem 1954
entstandenen Dialog *Belvedere.*[12]

> Alle Augenblicke sind hier vereinigt zu einem Augen-
> blick der Bedrohung, der so intensiv ist, daß er in der
> sogenannten Realität nicht vorkommt, weil er zu real ist,

---

10 *Ibid.,* S. 85 und S. 86.
11 *Ibid.,* S. 58.
12 In: *Zu keiner Stunde,* Frankfurt 1957, S. 28-37.

lautet Ilse Aichingers eigener Kommentar.[13]

Der Direktor des städtischen Zoos quartiert eine Herde rotäugiger sonst weißer ägyptischer Stiere im Park und Museum eines Galerierdirektors ein. Das blendende Weiß der Stiere verursacht eine allmähliche Erblindung der Menschen, ein Vorteil, der nicht weiter hervorgehoben zu werden braucht, wird der Mensch doch manipulierbarer, je "blinder" er ist. Allein die Rotäugigkeit der Tiere ist der Grund dafür, daß sie die Komplementärfarbe Grün nicht ertragen können, die Farbe der Hoffung. Es versteht sich somit, daß die Farbe Grün ersetzt werden muß durch die Farben Rot, Schwarz, Blau oder Gelb, was auch immer, man wird sich zu arrangieren wissen.

Man weiß sich zu arrangieren. Kaum ist der Zoodirektor gegangen, so tritt der Galeriedirektor ans Fenster und sagt, in den Himmel schauend: "werde grün!"

Blau bleibt der Himmel, und der konkrete Nutzen des Widerstands ist damit infrage gestellt, nicht aber der Sinn des Widerstands, jener Sinn, der sich dem Zugriff des Fragens, das Wissen will, entzieht.

In den Jahren 1947/48 fährt Ilse Aichinger nach England, um ihre Zwillingsschwester Helga zu besuchen. Es ist die erste Reise ins Ausland — freilich, wo ist Ilse Aichinger nicht Außer-Lande. Ein Stück Erde, ringsum Wasser, man ist abgegrenzt vom europäischen Kontinent. Ilse Aichinger fühlt sich wohl. Inseln sind ihr vertraut.

1948 begegnet sie Inge Scholl, der Schwester von Sophie und Hans, die 1943 wegen ihrer Zugehörigkeit zur Widerstandsgruppe "Die weiße Rose" hingerichtet worden waren: eine Verweigerung, keine Anpassung — beglichen mit dem Leben. Ilse Aichinger liest ihre Briefe, ihr Schicksal verdichtet sich für sie zu einem Prosatext in Dialogform für den Hessischen Rundfunk (1958).

> Die Sprache, in diesem Fall die deutsche Sprache,
> [– *heißt es in diesem Text* – E.T.] ist ein gutes Meßgerät.
> Und vergleichen wir die Sprache dieser Worte mit dem
> gehässigen, unreinen und in sich selbst zerfaserten

---

13 Der Text ist wiedergegeben bei Carine Kleiber, in ihrer noch unveröffentlichten Arbeit *Poétisation de la réalité et recherche de la surréalité: l'oeuvre d'Ilse Aichinger* (Thèse de 3e cycle, Université de Lille III, 1980), S. 340.

> Deutsch des Anklageberichtes, so wissen wir, auf wel-
> cher Seite das wirkliche Deutschland stand.[14]

Schon die Kinder in *Die größere Hoffnung* fragten sich, ob sie nicht das Deutsche verlernen wollten, aber es kommt "die zwölfte Stunde", und sie haben immer noch "kein einziges Wort verlernt" von jenem Deutsch, das ein gutes "Meßgerät" ist.[15] Ein gutes Meßgerät in diesem Sinne ist das Deutsche geblieben, ein gutes Meßgerät in diesem Sinne ist jede Sprache. Je aufmerksamer wir messen mit diesem Gerät, desto aufmerksamer werden wir selbst. Ilse Aichingers Warnung vor dem Mißbrauch der Sprache, vor der Sprachlenkung, ist durchaus nicht nur ästhetischer Natur, durchaus nicht elitäres Sprechen aus dem Elfenbeinturm. Es zeugt von einem eminent politischen Widerstand, geht doch das Verschwinden von Bezeichnungen einher mit dem Verschwinden von Begriffen und umgekehrt. Ist die Vorstellung so ganz abwegig, daß es den Begriff "geistig frei" nicht mehr geben könnte, was, konsequenterweise, die Bezeichnung überflüssig machen würde? Was würde das "Meßgerät Sprache" verraten, wenn wir das Wort "frei" tatsächlich nur noch in Sätzen wie "Dieser Hund ist frei von Flöhen" oder "Dieses Feld ist frei von Unkraut" anzuwenden vermöchten?[16]

Mit Inge Scholl baut Ilse Aichinger in Ulm die Volkshochschule auf. Sie bleibt nicht lange. 1949 übernimmt sie ein Lektorat beim Fischer-Verlag. Sie bleibt nicht lange. Es drängt sie zurück an ihren Schreibtisch. Sie wird Mitglied der "Gruppe 47": bei der Tagung in Bad Dürkheim, im Jahre 1951, begegnet sie Günter Eich, zwei Jahre später ist sie mit ihm verheiratet. Knappe zwanzig Jahre haben sie zusammen, dem Kalender nach: Günter Eich stirbt am 20. Dezember 1972. Können wir allem Abschied voran sein, als läge er schon hinter uns? Liegt er jemals hinter uns? Ilse Aichinger nimmt nicht Abschied: sie bleibt den Toten auf der Spur, und die Toten haben "eine gute Art, dazubleiben".[17]

---

14 Der Text bei Carine Kleiber, *op. cit.*, S. 24. Vgl. auch *ibid.*, S. 575-591.
15 *Die größere Hoffnung*, S. 62.
16 Vgl. George Orwell, *1984*, in der Übersetzung von Kurt Wagenseil, Berlin 1981, S. 274.
17 Vgl. Jürgen Serke, *Ilse Aichinger*, in: *Frauen schreiben*, Hamburg 1979, S. 97: "'Wer die Toten vergißt', hat Ilse Aichinger geschrieben, 'bringt sie noch einmal um. Man muß den Toten auf der Spur bleiben. Ich hab' die Verbindung zu meiner Großmutter. Sie hat eine gute Art, dazubleiben. Dazubleiben, wie auch Günter."

Schon *Die größere Hoffnung* ist mehr eine lange poetische Er-
zählung als ein Roman. Die lyrische Kurzprosa, der Dialog, das
Gedicht sind die eigentlich adäquaten Ausdrucksmittel für Ilse
Aichinger. 1948 schreibt sie die *Spiegelgeschichte*, die, 1952 erschienen, heute noch ihre bekannteste Erzählung darstellt: Eine
junge Frau stirbt an den Folgen einer Abtreibung. Während ihrer
Agonie rück-erlebt sie, spiegelverkehrt, einzelne Episoden ihres
Lebens, bis zur Stunde ihrer Geburt, die zusammenfällt mit dem
Eintritt der Todesstunde. Gleichzeitig ist die Agonie aber auch mit
einem Vor-Erleben verbunden, über den Tod hinaus, in den Sarg
und in das Grab hinein, zur Beerdigung hinüber. Der Todeskampf
verwischt die Grenzen. Sachliche Stimmen (der Ärzte? der Kranken-
schwestern?) kommentieren das Sterben:

> 'Die Fieberträume lassen nach', sagt eine Stimme
> hinter dir, 'der Todeskampf beginnt' —
> 'Es dauert nicht mehr lange', sagen die hinter dir,
> 'es geht zu Ende' —
> 'Es ist zu Ende', sagen die hinter dir, 'sie ist tot'.

"Hinter dir" stehen sie, hinter der "Grenze", nicht nur räumlich,
auch zeitlich, auch in der Unbeirrbarkeit, mit der sie zwischen Hier
und Dort unterscheiden. "Ach die! Was wissen die?" heißt es. Und
dann: "Was wissen sie? Beginnt nicht jetzt erst alles?" Und schließlich und abschließend: "Still! Laß sie reden."
    Selbst wenn der Mund sich schließt, bleibt die Frage offen.[18]
Waren die Parzen nicht ursprünglich römische Geburtsgöttinnen,
bevor sie (fälschlich) mit den griechischen Moiren identifiziert wurden? Ilse Aichinger webt ihre Texte aus Lebens- und Todesfäden,
Bilderteppiche entstehen, die von einer Wirklichkeit erzählen, von
der wir wissen, daß es sie s o nicht gibt, es ist eine Wirklichkeit der
magischen Grenzaufhebungen, eine Wirklichkeit von halluzinatori-
schem Charakter: ein Junge lacht mit weißen Zähnen auf einem
Plakat, halbnackt, die Arme hochgeworfen, jung und schön in weißer
Gischt laufend, wie sollte er sterben können, wenn nicht das kleine
Mädchen käme, das ihm zeigt, wie man in den Tod tanzt? (*Das Pla-*
kat, entstanden 1948). In einem Witz ist von einem jungen Leutnant

---

18 Der Ausspruch ist nachzulesen bei Stanislaw Jerzy Lec, *Letzte unfrisierte*
    Gedanken (1968), München 1969, S. 6.

die Rede, und alsogleich ist er da, geboren aus dem Wort, aber wie kommt er wieder weg, wäre es nicht besser gewesen, der Witz wäre verschwiegen worden und hätte den jungen Leutnant in Frieden gelassen? Wenn das Wort am Anfang war und gleich zur Tat wurde — wie sieht es dann mit dem Ende aus? Am Ende, wenn die Nacht hereinbricht, steht man an der Kirchhofsmauer, an einem Grenzort jedenfalls (es kann auch ein Galgen sein, oder ein Fächer, oder, warum nicht, der Mond), und fragt sich, ob es möglich ist, daß man hier für immer so allein gelassen wird ... (*Der junge Leutnant*, entstanden 1955). Man kann auch seinen Namen einfach (einfach?) aufessen, wie Ajax (*Ajax*, entstanden 1967), und was ist man schon ohne Namen, eine Papphülle ist man, eine leere Papphülle, umgefallen, lächerlich zugeschnitten, da kann nicht einmal ein Polizist zu Hilfe eilen.

Die Grenzübergänge von Leben zu Tod sind ein Thema, das Ilse Aichinger bis in ihre jüngsten Erzählungen hinein variiert, die unter dem Titel *Schlechte Wörter* 1976 erschienen sind. Auch die Aufrufe zum Mißtrauen sind nicht verschwunden: mißtrauen wir dem allzu Bekannten, das uns vielleicht nur so allzu bekannt vorkommt und "in Wirklichkeit" doch ganz anders ist:

> Die Balkone in den Heimatländern sind *anders*.
> Sie sind besser befestigt, man tritt rascher hinaus.
> Aber man sollte sich vorsehen, weil die Balkone
> der Heimatländer *anders* sind.
> (*Zweifel an Balkonen*).

Mißtrauen ist auch angezeigt gegenüber den "Gekaderten", den Eingefügten und Angepaßten, selbst wenn sie "Liebhaber der Westsäulen" sind wie die Außenseiter auch (*Die Liebhaber der Westsäulen*). Gemeinsam ist ihnen eben nur, daß sie die Westsäulen im Kopf haben, was sie trennt, ist ihre Meinung vom Schnee: während der Schnee die Außenseiter nicht störte, wenn er nicht auf den Westsäulen läge, stört der Schnee die "Gekaderten" im allgemeinen, "auch wenn sie das Gegenteil behaupten" (!), nur auf den Westsäulen stört er sie nicht ...

Auch das Thema der Angst bleibt als Konstante in Ilse Aichingers Werk, doch verlagert es sich einerseits stärker auf das Problem der schöpferischen Arbeit (so in *Die Rampenmaler* und in *Gare maritime*), andererseits verknüpft es sich mit dem Thema des Wahnsinns, wie etwa in *Flecken*, *Privas*, *Dover* oder *Albany*. *Albany* beginnt mit den Worten "raving mad" und entwickelt ein seltsames

Wort-Delirium, Kaskaden von Assoziationen, die, oberflächlich betrachtet, an die "écriture automatique" der Surrealisten erinnern,
insgeheim aber von einer überlegten und überlegenen Präzision sind:
ist dies schon Tollheit, hat es doch — Methode ... Die scheinbare
Willkür hat Gesetzmäßigkeit: "wenn der erste Satz steht, kann nur
e i n Satz der nächste sein."[19]

Im Gegensatz zu Günter Eich gibt es bei Ilse Aichinger keinen
eigentlichen Bruch in ihrem künstlerischen Schaffen[20], wohl aber
eine Art von zugleich ernster und lässiger Entwicklung. Meisterschaft war schon erreicht in Erzählungen wie *Die geöffnete Order*
(entstanden 1950) oder *Der Gefesselte* (entstanden 1951): sie sind
nicht verschlüsselt, doch sie sind verschlossen und haben die voll-
endete Grazie der Erzählungen Kleists. Die Entwicklung liegt auf
einer anderen Ebene: in den bislang letzten kleinen Prosagedichten
gibt es Erheiterungseffekte, gibt es "ästhetischen Lustgewinn", der
in den Frühwerken nur selten anzutreffen ist. Freilich haben die
meisten dieser Geschichten keinen direkten Bezug zur Zeit, soziologisch sind sie also unerheblich, und in jedem Falle für einen Ge-
brauchswert der Kunst ohne Belang. Keineswegs aber sind es bei-
läufige Geschichten. So wie Ilse Aichingers Dialoge und die erwei-
terte Form davon, die Hörspiele, keine beiläufigen Dialoge und keine
beiläufigen Hörspiele sind.

1953 schreibt Ilse Aichinger ihr erstes Hörspiel: *Knöpfe*. Wie der
erste Roman, *Die größere Hoffnung*, ist das Werk gleich mehr Er-
füllung als Versprechen. So wie es Kinder gibt mit lebensalten Augen,
so haben Ilse Aichingers Texte, in welcher literarischen Gattung auch
immer abgefaßt, von Anfang an die Reife des erfahrenen Schriftstellers.

Knöpfe ist ein spannendes Hörspiel, spannend wie eine Krimi-
nalgeschichte: Ann arbeitet mit ihren Freundinnen Rosie und Jean
in einer Knopffabrik. Die Szene beginnt nach Feierabend, mit einem

---

19 Vgl. Carine Kleibers Interview mit Ilse Aichinger, vom 24. August 1979, in:
    op. cit., S. 397.
20 Zu Günter Eich vgl. die materialreiche und zugleich sehr persönliche Stu-
    die von Peter Horst Neumann, *Die Rettung der Poesie im Unsinn. Der
    Anarchist Günter Eich*, Stuttgart 1981, die neben den Ausführungen von
    Heinz F. Schafroth (*Günter Eich*, Autorenbücher 1, München 1976), die
    einsichtsvollste Gesamtdarstellung des Eichschen Werkes ist.

Gespräch zwischen Ann und ihrem Freund John. Das Thema des Gesprächs ist ein mysteriöses "Es".

> John: Hast du *es* heute wieder gehört, Ann?
> Ann: Ja, wie immer. Kurz bevor ich wegging.
> John: Und die andern? Hören die *es* auch?
> Ann: Jean sagt, man gewöhnte sich so daran, daß
> man *es* zuletzt nicht mehr hört ...

Zuerst haben alle Angst vor diesem Es, aber die Angst scheint sich mit der Zeit zu verlieren. "Es" ist hinter der Wand, und Rosie meint, "Es" hinge vielleicht mit der Herstellung der Knöpfe zusammen. Jedenfalls darf man nach dem "Es" nicht fragen, und schon gar nicht darf man sich darüber beschweren.

Sonderbar genug ist dieses Es, das man hört oder nicht mehr hört, das also offenbar ein Geräusch ist, und sonderbar genug ist allerdings auch die Herstellung der Knöpfe. Es sind schöne Knöpfe, Schmuckknöpfe, sie glänzen wie andere Knöpfe nicht glänzen, sie erinnern an Fruchtfleisch, wenn man sie zwischen die Finger preßt. Sie erhalten alle einen Namen, einen Mädchennamen, und wenn ein neuer Knopf herauskommt, verschwindet regelmäßig eine der Arbeiterinnen, deren Namen der neue Knopf dann trägt. Man versteht, daß solche Knöpfe auch überaus teuer sind. Und man versteht auch, daß ihre Herstellung geheim gehalten wird. So verschwindet Jean, und ein Knopf kommt auf den Markt, der Jean heißt. Die Knopfvertreter Bill und Jack hatten ihre Hand im Spiel, und das seltsame Geräusch hatte Jeans allmähliches, fragloses Verschwinden angekündigt.

Auch Ann fühlt sich bedroht. Aber Ann beginnt zu fragen, und fragen ist unbequem, für Bill vor allem; doch Fragen macht mutig, durch Fragen gibt man Schein-Sicherheit und Schein-Geborgenheit auf, durch Verweigern nur wird man gerettet. Ann verläßt die Fabrik, und auch John lehnt ein verlockendes Angebot Bills ab. Als Ann und John allein und ungeschützt ins *Freie* treten, regnet es, und die Nacht bricht herein. Aber "es sieht nach einer *klaren* Nacht aus", und sie fürchten sich nicht mehr.

Eine parabelhafte Ausdeutung der "Hoffnungslosigkeit, Verlorenheit und Angst, die viele Menschen der imperialistischen Gesellschaft empfinden"?[21] Eine parabelhafte Ausdeutung der Hoff-

---

21 Vgl. Günter Albrecht et alii, *Lexikon deutschsprachiger Schriftsteller*, Leipzig 1967 und 1968, S. 14.

nungslosigkeit, Verlorenheit und Angst, gewiß. Der soziale Aspekt
ist nur ein Teilaspekt.[22] Lebensangst und Selbstentfremdung des
Menschen gibt es in jeder Gesellschaft, in jedem System, wer wüßte
es besser als die Grenzgänger.

Auf *Knöpfe* folgen die Hörspiele *Besuch im Pfarrhaus* (1961),
Nachmittag in Ostende (1968), *Die Schwestern Jouet* und *Auckland*
(1969). Doch ist das Hörspiel eine Gattung, von der sich Ilse Aichinger relativ rasch wieder distanziert, die erwähnten Titel finden sich
bezeichnenderweise in ihrer "lyrischen Kurzprosa" wieder. In einem
schmalen Band aus dem Jahre 1957 veröffentlicht sie achtzehn kurze
Dialoge unter dem Titel: *Zu keiner Stunde*. Jeder dieser Kurz-Dialoge
ist ein absurdes (?) Dramolett in nuce; die Personen, genannt und
benannt, sind kaum profiliert, bleiben oft in Zwischenzonen, Grenz-
Zonen, können Zwischenrufer sein oder Zwerge, können sich in
Tauben verwandeln oder aus Gräbern auferstehen, ohne daß ihnen
etwas von ihrer Glaubwürdigkeit genommen wird. Aber auch die
Kurz-Dialoge gibt Ilse Aichinger wieder auf. Die einzige Gattung,
auf die sie immer wieder zurückgreift, auf die sie gewissermaßen zu-
rückschwimmt, als hätte sie Fischflossen am Leibe ist: das Gedicht.

Gedichte hat sie immer geschrieben. Sie sind eine andere Form
ihrer Prosa-Gedichte, ihrer Lyrik-Dialoge. Was Lyrik, was Nicht-
Lyrik ist, ist ja ohnehin schon seit längerem nicht mehr "selbstverständlich". Ilse Aichingers Gedichte folgen denselben Gesetzen
wie ihre lyrische Kurzprosa: ein Gedicht muß stimmen, und es
stimmt, wenn es "wahr" ist, und es ist "wahr", wenn es Sprache hat,
und es hat Sprache, wenn es unabänderlich ist ...[23]. Kurz sind die Sätze,
manchmal unvollendet, selten gereimt. Verszeilen reihen sich aneinander mit der merkwürdigen aber unwiderruflichen Logik der Träume,
die freilich auch ohne Träume dieselbe unwiderrufliche Logik wäre:

> Denn was tät ich,
> wenn die Jäger nicht wären, meine
> 　　　Träume,
> die am Morgen
> auf der Rückseite der Gebirg
> niedersteigen, im Schatten.
> (*Gebirgsrand*)

---

22 Dies erkennt auch Helmut Preuß, *Die poetische Darstellung der Arbeitswelt
    im Hörspiel "Knöpfe" von Ilse Aichinger* in: *Sprachpädagogik, Literatur-
    pädagogik*, Frankfurt/M. 1969, S. 181.
23 Vgl. Carine Kleibers Gespräch mit Ilse Aichinger, vom 24. August 1979, in:
    Carine Kleiber, *op. cit.*, S. 396.

So lautet das erste Gedicht des bislang einzigen Bandes, in welchem
Ilse Aichinger ihre zwischen 1958 und 1978 entstandenen, verstreut
oder nicht veröffentlichten Gedichte zusammengefaßt hat; und das
letzte darin:

> Und hätt ich keine Träume,
> so wär ich doch kein anderer,
> ich wär derselbe ohne Träume,
> wer rief mich heim?
> (*In einem*)

Der Band trägt den Titel *Verschenkter Rat* und ist 1978 erschienen.
Guter Rat ist teuer, so teuer, daß man ihn nur verschenken kann.
Rat verschenken wiederum kann man zu jeder Stunde und so hat
Ilse Aichinger auch bei der Anordnung der Gedichte ihre Entste-
hungszeit unberücksichtigt gelassen.

Das Gedicht, das dem Band den Titel gibt, ist ein Triptychon. Es
ist der Rat, wachsam zu bleiben, zu hören, zu prüfen, zu fragen, immer
wieder, nach dem Wahrheitsgehalt der Aussagen, nach den Zusammenhängen, den rechten und den unrechten, den sinnigen und den un-
sinnigen.

> Hör gut hin, Kleiner,
> es gibt Weißblech, sagen sie,
> es gibt die Welt,
> prüfe, ob sie nicht lügen.

Es ist müßig, nach einem "Generalthema" in diesen Gedichten zu
suchen, und es ist ebenso müßig, eine "Generalinterpretation" dieser Gedichte zu ver-suchen. Sie übersetzen alltägliche Vorfälle der
gegenständlichen Welt in ein Konjunktiv-Erlebnis, und lassen so das
Alltagsereignis — zum Beispiel den Empfang lästiger Briefe — zu
einem poetischen Traumbild gerinnen (*Briefwechsel*). Sie gehen
von einem vertrauten Ort aus, der für idyllisch gilt, und decken
dessen geheime Bedrohungen auf (*Attersee; Ortsende*). Sie entstehen aus der Faszination eines Namens, der schwerelos erscheint
wie die Flügel eines Schmetterlings (*Faltername*). Sie halten eine
Vision fest (*Hochzeitszug*). Sie bewegen sich in jenen Grenzregionen,
in denen Ilse Aichinger Luftwurzeln gefaßt hat.

Die Gedichte gehen mit sich zu Rate. Schaffen Sie Rat?

> *Die Übergänge*
> *will ich dir zeigen*
> *und die Stätten,*
> *um kurz zu rasten.*
> (*Florestan*)

Gegenüber dem Frühwerk macht sich eine stärkere Resignation bemerkbar, Bilanz wird gezogen (*Mir*; *Kleine Summe*), die Bilanz dessen, was man hätte tun können: "Ich wollte ..." Berichten, wiederholen, beschreiben wollte ich. "Was tat ich?"

> ... kein Leuchtzeichen entdeckt
> zwischen mir und mir selber,
> nur eines auf Befragung zugegeben:
> es wird jetzt dunkel.

Entdecke, handle, bevor es dunkel wird. Das Dunkel ist nicht Licht genug. – Aber wenn wir nur das Dunkel hätten? Das Dunkel jener Träume, die "am Morgen auf der Rückseite der Gebirge niedersteigen, im Schatten"?

Das vielleicht dunkelste Gedicht des Bandes, das eine seltsam zynische Umkehrung der einstigen Aufforderung zur Verweigerung darstellt, wird als *Zeitlicher Rat* ausgegeben:

> Zum ersten
> muß du glauben,
> daß es Tag wird,
> wenn die Sonne steigt.
> Wenn du es aber nicht glaubst,
> sage ja.
> Zum zweiten
> mußt du glauben
> und mit allen deinen Kräften,
> daß es Nacht wird,
> wenn der Mond aufgeht.
> Wenn du es aber nicht glaubst,
> sage ja
> oder nicke willfährig mit dem Kopf,
> das nehmen sie auch.

Freilich: viele sagen ja, und doch ist da kein Einverständnis ... Auch Ilse Aichingers Ja-Sager bleibt im Herzen ein Nein-Sager; aber: ist, wem zu raten ist, auch zu helfen? Nicht umsonst sind die Fragezeichen so zahlreich in Ilse Aichingers Gedichten. Gewißheit erlangt man nirgends, weil Gewißheit nirgends   i s t . Schon in *Die größere Hoffnung* hieß es:

> Man darf nicht Gewißheit verlangen (...), das tun die
> Großen, das tun sie fast alle, aber deshalb stirbt man.

Weil man Gewißheit verlangt. Soviel ihr fragt, es wird
immer ungewiß bleiben, immer, hört ihr?[24]

Wie bei Günter Eich hält sich bei Ilse Aichinger das theoretische
Bedürfnis sehr in Grenzen: es gibt kaum theoretische Äußerungen
von ihr und wenn, dann nur in der ihr eigenen poetischen Sprache.
Die beiden wichtigsten Texte in dieser Hinsicht sind: *Meine Sprache
und ich* (1968) und *Schlechte Wörter* (1973). "Meine Sprache ist
eine, die zu Fremdwörtern neigt. Ich suche sie mir aus, ich hole sie
von weit her", behauptet Ilse Aichinger. Fremdwörter: Wörter aus
der Fremde. Wörter, die man über die grüne Grenze schafft. "Manchmal tauchen Zöllner auf. Ihre Ausweise? Wir passieren, sie lassen
uns passieren. Meine Sprache hat nichts gesagt, aber dafür ich, ich
habe diensteifrig genickt (...)". So ist man nicht weiter verdächtig.
Oder doch? "Meine Sprache ist ihnen verdächtig, nicht ich." Dabei
ist es keine redselige Sprache, und schon gar nicht eine, mit der
man ins Gerede kommt. Auch kann man das seinige dazutun und
"hin und wieder einen Satz einflechten, der sie unverdächtig macht"
(die Ja-Sager-Sätze zum Beispiel). Denn sie läßt nicht so einfach mit
sich reden, und reden machen will sie auch nicht von sich, auf keinen Fall. Weder gestern noch heute. Eine "kleine" Sprache, wie
Ilse Aichinger sagt, sie reiche nicht weit, "rund um, rund um mich
herum". Keine armselige Sprache, wohl aber eine bedürfnislose.
Eine immer bedürfnislosere. Was nicht heißt: eine zweckbestimmte
Sprache, eine Sprache, die dazu dient, einfache Gedanken und
konkrete Dinge auszudrücken, eine Sprache ohne Doppelsinn und
Bedeutungsschattierungen. "Schlechte Wörter" heißt nur, daß die
sogenannten "besseren" Wörter nicht mehr gebraucht werden,
sprich: die nicht angreifbaren Wörter. "Den Untergang vor sich her
schleifen" ist angreifbar, denn man schleift nichts vor sich her,
man schleift nur etwas nach, und Untergänge schleift man weder
vor noch nach, zumindest nicht im Sprachgebrauch, der auf den
besseren Wörtern basiert, auf jenen besseren Wörtern, die Gewiß-
heiten ausdrücken, die keine sind, und die keine Möglichkeit mehr
haben für jene Grenzfälle, in denen es sich nur mehr um eine Möglichkeit handelt.

---

24 In: *Die größere Hoffnung*, S. 76-77.

> Wult wäre besser als Welt. Weniger brauchbar, weniger
> geschickt. Arde wäre besser als Erde. Aber jetzt ist es
> so. Normandie heißt Normandie. Das Übrige auch.
> Alles ist eingestellt. Aufeinander, wie man sagt,

so beginnt die Erzählung *Dover*.

Man könnte sich auch fragen, ob nicht Wörter wie "leben" und "sterben" angreifbare Wörter sind, man könnte sich fragen, ob einem dafür nicht bessere Bezeichnungen mit schlechteren Wörtern einfielen, weniger brauchbare allerdings, weniger geschickte. Am besten jedoch, man mischt sich nicht ein, oder man mischt sich nur unauffällig hinein:

> So läßt es sich leben und so läßt es sich sterben und
> wem das nicht ungenau genug ist, der kann es in dieser
> Richtung ruhig weiter versuchen. Ihm sind keine
> Grenzen gesetzt —

mit diesen Worten enden Ilse Aichingers Betrachtungen über die "schlechten Wörter", die zu den besten der deutschen Gegenwartssprache, die zu den besten der deutschen Sprache gehören. Ilse Aichingers Sprache ist ein Meßgerät, ein genaues Meßgerät für die feinsten Werte. Auch ist es eine preisgekrönte Sprache, von 1955 an bis heute. So zahlreich sind die Preise, daß sie geradezu einen Ausweis bilden und einen Nachweis. Er bürgt für Qualität, selbst und gerade bei den "Gekaderten". Da braucht man keine Angst mehr zu haben.

Aber die Angst verlernt man nicht. Eines Tages stehen "sie" wieder "hinter dir". Sie, die dir das Ja abverlangen zum Tag und zur Nacht. Sie, die wissen, daß die Welt nicht Wult heißt und die Erde nicht Arde. Sie, die keine Zweifel haben an Balkonen, sie, die feststehen auf den Balkonen der Heimatländer. Sie, die keine Meßgeräte brauchen.
Und da bist du, allein, und gehst über die grüne Grenze. Eines Tages werden sie ihr "Halt"! rufen, und hast du auch einen Ausweis, so wird dein Ausweis nichts nachweisen für sie.

Wer weiß.

INGEBORG DREWITZ

ICH ÜBER MICH

Vor einem Spiegel stehen und die Umrisse des Kopfes auf ein Blatt
zeichnen, die Neigung des Halses, den Winkel zwischen Schultern
und Bildfläche bestimmen, schroff oder leicht angeschrägt, die Augen
entdecken und doch nicht entdecken können beim Hinsehen, wohl
die Höhlungen der Augen, die Farbfasern der Iris, das Faltennetz
oder die Schatten an der Nasenwurzel, die Buchtung der Schläfen-
mulden, die weichen oder schroffen Kanten der Stirn, die Wangen-
knochen, die Spannung zum Kinn hin, die Linien, die den Mund
bestimmen, das Spiel der Lippen deuten, scheint einfach, gemessen an dem Versuch, sich im eigenen, im schriftstellerischen Werk
zu finden, vor dem beobachtend zu stehen, nicht möglich ist, das
in Bildern, Handlungsabläufen, Strukturen, in Rhythmen vorbei-
wirbelt, strömt, zuweilen stockt, zuweilen rast.

Wo bin ich da, dieses Ich vor dem Spiegel, das zu erkennen ist bis
auf die Augen, die betrachtend starr sind, das zu deuten so leicht
erscheint, immer wieder, in wechselnder Gestik, in wechselnden
Farben, in den verschiedenen Lebensaltern und Stimmungen?

Die Mode der biographischen Deutung von Literatur hat den Blick
verstellt für die Schaffensprozesse, für das Sich-im-Text-verbergen
und immer neu sehen, weil Schreiben eine andere als die visuelle
Vergewisserung ist, weil Sprache, anders als das Material Farbe,
unmittelbar kommunikativ (auch in der täglichen Kommunikation
verschliffen) ist, weil Schreiben aber auch im Spekulativen, im
Versuch, Denken noch mitteilbar zu machen, fast an die Grenzen
der Mitteilung geraten kann. Weil das weiße Papier nicht nur das
Erlebnis der Freiheit schenkt, sondern auch abweist, ja, schockiert.

Vor 15, 16 Jahren notierte ich einmal: Ich kann in alle Leben
schlüpfen, nur mein eigenes bleibt mir fremd. Jahre später hätte ich das
so nicht mehr ausgesprochen, denn ich war dabei, mir auf die Spur
zu kommen, doch ich erfuhr arbeitend, daß die Spur neben mir
herlief, sich zuweilen entfernte, zuweilen über mich wegkroch,
ja, mich umrundete, dabei auch in die Haut schnitt, daß ich fast
meinte, diese Spur habe mich gefangen, festgehalten. Heute weiß

ich, daß mich diese Spur nicht mehr hält. Und ich weiß noch immer nicht, wer ich bin.

Ich kann von den Arbeitsantrieben schreiben, von den Verletzungen, die ich schreibend zu ertragen versuchte. Ich kann kaum von den Glücksmomenten schreiben, wenn die Sprache für Vibrationen, für Lichteinfälle, für Schmerz und Schweigen durchlässig wurde. Ich kann kaum von der Bangigkeit schreiben, die die Arbeit an einem Satz, einem Wort zur Qual machen kann. Denn das hieße be-schreiben, was Schreiben ist, und das kann nicht gelingen, ohne sich und andere zu täuschen.

Eine Früherfahrung, die ich nicht vergessen kann: die ersten geschriebenen Wörter aus der ersten Fiebel abgeschrieben: Baum, Haus, Wolke. Der heiße Schrecken, der mich durchfuhr, als bannten die Wörter, was mich beunruhigte: die Bilder, das Schöne (auch Häßliche), das Andere, das Draußen.

Die Empfindlichkeit war also wohl vorgegeben, quälte das Kind, das mutmaßlich ein Kind war, das seine Mutter durch Widerborstigkeit sehr strapazierte. Unerklärlich warum. Unerklärlich der Lebensrausch, die Wildheit und das Schuldgefühl, die Verzweiflung, wieder wehe getan zu haben.

Empfindlichkeit als Voraussetzung für Betroffensein.

Parallel dazu ein unersättlicher Wissensdurst.

Mit diesem "Handwerkszeug" das Schreiben zum Beruf machen — gegen alle Vernunft und ökonomischen Bedingungen an.

(Die biographischen Gegebenheiten muß ich nicht beschreiben, die sind anderswo nachlesbar).

Schreiben also von den Erfahrungen der Zeit, der erste Vertrag 1945, 22 Jahre alt. Ja, und jetzt hätte ich Werkanalysen zu geben, was ich nicht kann, denn die eigenen Werke lassen sich nicht analysieren, ohne Teile der eigenen Haut herauszuschneiden.

Die Sinnsuche als Hauptthema, an Künstlerleben nachgezeichnet (Kleist, Beethoven, Annette von Droste-Hülshoff, Robert Schumann), an den vom Krieg und Nachkrieg betroffenen Leben, in einer groß angelegten Science-Fiction-Satire über das Ende der Menschheit (Prometheus II.), in einem Stationen-Stück, das die Schöpfung anfragt (Unio mystica, ein Spuk?). Die Schreibende ist eben 25 Jahre alt, die Lebensbedingungen sind hart (Nachkrieg in Berlin), das erste Kind ist geboren. Die Währungsreform stoppt den großen Aufflug, die Verlagsverträge werden hinfällig, bleibt die kleine Theatergruppe, bleibt die Sinnsuche, wird das zweite

Kind geboren, bleiben die 2 Arbeitsstunden am Tag, wenn die Kinder schlafen. Und lastet von Tag zu Tag mehr das Wissen um das Entsetzen, die Schuld der Deutschen (und sie ist doch Deutsche, hat überlebt). In einem Atem wird das KZ-Drama "Alle Tore waren bewacht" heruntergeschrieben (51), noch ohne verfügbare Dokumente, nur vom Schmerz fast erdrückt. Danach ist der Kopf, das Fühlen freier. Wieder die Sinnsuche, ein Mosesdrama, ein Judas-Drama, auch das unmittelbare Leiden an der deutschen Teilung. Die Dramen werden abstrakter, die Themen kreisen um Tyrannei und Widerstand und Erleiden und Liebe. Erotik und Tod. Die Mutter ist gestorben, immer die nächste in den Krisen der Jugend. Nein, so läßt sich nicht über das Schreiben schreiben. Ich — aber war ich das? Klafften nicht Leben und Schreiben auseinander? Die Mutter, die junge Frau, die ein Kind gebar, das nicht leben sollte, die über Schularbeiten sah, die Haushalt und die Sorgen der zwei Großväter teilte, die Freude hatte, als endlich die Wohnung zu gestalten war, die mit den Kindern bastelte, mit dem Mann rodeln ging abends, wenn die Kinder schliefen, die wie wild tanzte — und schlaflos nachdachte, gejagt von Bildern. Was sind denn die Themen dieser Jahre? die Einsamkeit des Menschen; die Fremdheit zwischen Mensch und Mensch, und der Schmerz; die Zerstörung der Menschen durch Verführbarkeit und Gewalt; der Verzicht als Opfer der Liebe; immer wieder das Paar und der Freiheitswunsch; und immer wieder die Frage nach der Schuld, dem Schuldigwerden, der Verdrängung und dem Nicht-entkommen-können in Erzählungen, in Hörspielen.

Die zwei Spuren, Schreiben und Leben sind äußerlich so weit voneinander, daß die Niederlagen der Autorin und die bescheidenen Erfolge der Autorin überhaupt nicht ins tägliche Leben hineingreifen. Ich stell mir mein Gesicht vor damals, die Augen müssen immer wie fremd ausgesehen haben. Und doch sind die Fotos anders, das Lächeln vor der Kamera. Weiß ich aber wie's mich jedesmal durchfuhr, wenn wieder ein Hörspiel angenommen war, also das andere, das schreibende Ich doch existierte. Preise, Uraufführungen, ich hinter der Bühne, das war ich nicht, das war die ganz andere. Das war die Haut, das waren die Fingerspitzen, für die die Lust an den Sprache gewordenen Bildern alles war.

Nur einmal in diesen 50er Jahren fielen Leben und Schreiben fast zusammen, als der erste Roman (*Der Anstoß*) erschien und das vierte Kind geboren wurde, fast auf den Tag gleichzeitig. Identität

oder Zufall? Es war ja der Roman, in dem die Autorin die Glanz-
welt der 50er Jahre kritisierte, die Oberflächlichkeit, die Vergeß-
lichkeit 10 Jahre nach dem Erwachen in der Niemandswelt, die
Mitleidlosigkeit. Und in dem sie die Stadt, ihre Stadt Berlin zum
ersten Mal mit großer Präzision und poetischer Sprachkraft be-
schrieb. (Noch heute kann ich zu diesen Kursivtexten nichts hinzufügen, nicht von ihnen wegstreichen, auch wenn sich Faktisches
geändert hat).

Wie nun die 60er Jahre darstellen, begreifen? Sind Jahrzehnte eigentlich Zäsuren? Hörspielarbeit, Erzählungen fügen sich zueinander,
die Fingerspitzengenauigkeit für Menschen, die scheitern, versagen,
versagt haben blieb, wurde für die banales Brutalität noch empfind-
licher (*Der Hund,* Erzählung). Immer drängender aber der Wunsch,
die nicht geschriebene Nachkriegsgeschichte zu schreiben, zum ersten
Mal in Prosa im 1959 beendeten Roman *Das Karussell.* Diese Jahre,
in denen Berlin kaputt ging. Als der Roman endlich verlegt wurde (62) war es für das Jahr, in dem er endete − 1953 − zu spät
(oder zu früh) und der Verlag zu ungeschickt − die Schwächen der
Struktur des Romans hätten ausgebessert werden können. Beim
Wiederlesen erscheint mir das Buch interessant, weil es die Stalin-
Diktatur und die Hitler-Diktatur näher zusammenrückt, als wir es
heute gewohnt sind, und weil es den Atem der Nachkriegsjahre ein-
fängt, den stockenden Atem nicht ausspart, die deutsche Teilung
als Schicksal, als Qual benennt.

Wären nun die historischen Arbeiten über die Berliner Salons, die
Bettine von Arnim-Biographie zu nennen, wäre die Arbeit im Schutz-
verband deutscher Schriftsteller als Vorsitzende zu skizzieren, der
Versuch, die weißen Flecken auf der literarischen Landkante, die
die Gruppe 47 übriggelassen hatte, zu erschließen; Emigrationsliteratur, Literatur des Widerstands, Literatur anderswo in Europa.
Was bedeuten die angespannten Jahre, was bedeutet mein Protest
gegen die bestehenden Schriftstellerorganisationen, die die sozialen
Defizite dieses Berufes nicht überwinden konnten? Was bedeutet
die Gründung des Verbandes deutscher Schriftsteller, gemeinsam
mit Dieter Lattmann vorbereitet?

Wieder waren es zwei auseinanderklaffende Leben. Ich schrieb
den Roman "Oktoberlicht", ich schrieb die Biographie "Bettine von
Arnim − Romantik Revolution Utopie", ich steckte in der Jugend-
(Studenten)Revolte und in der Familie. Ich − aber jetzt sage ich
schon ich, so als näherte sich die eine der anderen Identität. Ich

schrieb auch zum ersten Mal Ich im "Oktoberlicht" und ich lernte mich wiedererkennen in Bettine von Arnims doppelter, dreifacher Identität.

Wiedererkennen. Wirken. Ich will die Verbandsarbeit hier nicht darstellen. Darüber habe ich mich in Reden und Aufsätzen geäußert, die in "Kurz vor 1984" gesammelt abgedruckt sind. In meiner literarischen Arbeit findet sich davon nichts wieder. Dennoch wäre ich ohne diese Arbeit in der Öffentlichkeit vielleicht nicht so vielfaserig in die Entwicklung der 70er Jahre eingewurzelt. Oder doch? Waren meine Kinder nicht erwachsen geworden? Wer war ich? Die Mutter, der die Kinder wie selbstverständlich wehetaten oder sie doch wie selbstverständlich hinnahmen — auch annahmen? Die Freundin und (wenn möglich) Helfende für so viele Schriftsteller? Die (weil öffentliche) Person, die politisch zu reagieren, zu handeln, zu entwerfen hatte? Oder die, die die Romane, die Erzählungen, die Essays, Hörspiele und Filme schrieb?

Ich war wohl die Dritte und die eine und die andere, im Mutter-Tochterverhältnis schwer verletzt, in der Öffentlichkeit wie in einer Glasglocke, im Schreiben nackt. In die Bücher dieser 70er Jahre ist viel Erinnerung, Betroffenheit aus meinem Leben eingegangen, also auch Geschichte, wie ich sie erlebt habe. Aber mit der biographischen Elle werden die Bücher zu kurz gemessen. Denn die Strukturierung eines Romans, einer Erzählung, eines Hörspiels, eines Dramas ist für mich immer wichtig gewesen, um den Innenraum der einzelnen Menschen, denen ich mich anzunähern versuche, abzutasten und sie von daher, also aus sich selber, zu erkennen.

Ich kann in alle Leben schlüpfen, nur mein eigenes bleibt mir fremd. Darf ich den Satz so noch stehen lassen? Weiß ich denn jetzt, was mein eigenes Leben ist, wer ich bin? Ein Mensch in hundert Situationen, die die anderen sehen, oder ein Mensch, der mit sich im Reinen ist, und ein festes Ziel hat?

Beides trifft nicht zu. Beides geht an jemandem, der schreibt, weil er anders nicht leben kann, vorüber.

Ich muß von den Erkundungen da und dort und hier sprechen, die mich beunruhigen, mir aber zuweilen einen Glücksschauder über die Haut jagen, als dürfte ich nun endlich meine 3 Leben in eines fügen, ohne auf die politische, soziale, erotische Sensibilität zu verzichten, ohne die Reflexionsfähigkeit und die Phantasie voneinander abzuschneiden. Aber ob ich das durchhalten kann, ob mir mein Leben die Zeit und Kraft noch gönnt, weiß ich nicht.

Und ob ich dann sagen kann: Mein Leben! Meine Identität? wer weiß das. Vielleicht ist es nicht wichtig (weil Identität doch nur das Erscheinungsbild meint).

Mich einzuordnen, gelingt mir schwer. Surrealismus? Die Stücke der frühen 50er Jahre ließen sich da hinzuordnen. Realismus? Was ist das eigentlich? Ich habe Realität festzuhalten versucht und ihre Transparenz, ihre Schwingungen, Realität, wo sie uns Lebenden ins Gehirn hackt, uns stört, verformt. Poesie? Ich habe die Poesie aus der Realität geschlagen. Psychologie? Ich habe Menschen nachgebildet, vielleicht entworfen, vielleicht verfehlt, ihr Zusammenprall mit der Außenwelt war mir wichtig, ihre Zerrissenheit zwischen Anonymität und Ich-Anspruch.

Ich habe Strukturen probiert: Das Geflecht der Rollenprosa, in den Romanen "Das Karussell" und "Das Hochhaus"; die aus einer Mitte sich ausbreitende Handlung, in "Der Anstoß"; die spiralige Einkreisung, in "Wer verteidigt Katrin Lambert?"; den Stationen-Roman, in "Gestern war heute — hundert Jahre Gegenwart"; die Tagebuchform mit Beobachterposition und subjektiver Aussage, in "Das Eis auf der Elbe"; die Kontrastierung von Zeitebenen, die sich aufeinanderzuneigen, in "Oktoberlicht oder ein Tag im Herbst". Ich habe den Inneren Monolog genutzt, der im Dialog wie die sichtbare Spitze des Eisberges auftauchen kann; ich habe mich in die Personen eingefühlt, um mit ihren Augen zu sehen, mit ihren Ohren zu hören, mit ihrer Biographie zu leben. Ich habe in den historisch biographischen Arbeiten über die Schultern der Bettine, der Rahel, der Henriette Herz und anderer gesehen. Meine eigenen Reflexionen habe ich in die Planungen und die Anlage der literarischen Arbeiten eingebracht, zuweilen denen, die mir besonders nahe waren, in den Mund oder ins Denken gelegt; und im Essay habe ich die eigenen Reflexionen unmittelbar entwickelt.

So weiß ich, wenn ich vorm Spiegel stehe und wie ein Maler zu sehen versuche, nicht, ob ich die Katrin Lambert sehe oder die Bettine von Arnim, bin. Die Rahel, die Henriette Herz, Peters verlassene Mutter, die Verkäuferin oder Susannes hilflos verletzte und verletzende Mutter?

Oder Gabriele, wie sie den Jahrzehnten ausgesetzt ist oder ihre Tochter Renate, oder die andere, sanftere Tochter Claudia? Oder die Namenlose im "Oktoberlicht", im "Eis auf der Elbe"? Oder die Frauen in der KZ-Baracke? Oder die in den Erzählungen, den Hörspielen — oder mich? Und weiß doch, welche Erfahrung, welche

Vision, welche Trauer, welche Angst, welche Einsicht ich in die und die und jene hineingearbeitet habe.

Ich kann in alle Leben schlüpfen — kann ich das? sind sie nicht alle Faszetten von mir? Habe ich nicht da und dort ein Bild, eine Erfahrung, eine Erschütterung aufgeschrieben?

Andere, außenstehende werden Bildvorlieben, Satzmelodien und einen Frauentypus erkennen und wiedererkennen in meinen Büchern, werden Erfahrungen (historische Betroffenheit, erotische Bildwahl) benennen können. Werden vielleicht auch die Dreispaltung 'des Lebens für mehr als ein Jahrzehnt begründen, die Doppelung feministisch begründen. Ob sie mich entdecken? Mich vorm Spiegel? Ich bin nicht einmal neugierig.

Gewiß würde ich da und dort gern den Rotstift nehmen (Ausgabe letzter Hand, so etwas gibt es nicht mehr), aber zurücknehmen muß ich (bis jetzt) keine der Erzählungen, Spiele, Szenen, Romane, Essays, auch wenn ich sie mit 20, 30 Jahren mehr Erfahrung und Wissen ergänzen könnte.

Mein Nachdenken, meine Empfindlichkeit sind noch immer die des fast zerstörten und mühsam um seine Identität kämpfenden Menschen, obwohl ich die Identität nicht einmal genau benennen könnte und will.

Wer ich bin, wer ich war, die Schulter schräg zur Spiegelfläche, die Augen, so aufmerksam und darum nicht transparent, bleibt für mich unbeantwortet. Vielleicht halte ich deshalb so wenig von dem schroffen Cogito ergo sum oder der primitiveren Forderung nach Selbstverwirklichung. Wer weiß denn, wer er ist? Müßte er/sie sich da nicht zusehen?

(Wer meine Arbeiten analysiert, mag das absurd finden, mag Zwänge, Verhaltungen herausfinden. Ich aber kann nicht anders, als so nüchtern notieren, wie diese Lebens- und Arbeitsjahre der Ingeborg Drewitz sich zueinander verhalten haben.)

Bio—Bibliographie

Geboren 1923 in Berlin-Moabit
Abitur 1941, Arbeitsdienst, Kriegshilfsdienst (eingezogen), Studium und Fabrik-
arbeit
Heirat mit Bernhard Drewitz 1946 in Berlin-Schöneberg
Dorit geb. 1948
Jutta geb. 1950
Maren geb. 1958

Anfangs dramatische Arbeiten und Zusammenarbeit mit einer der vielen kleinen
Theatergruppen im Nachkriegsberlin.
1950 1. Preis der Wolfgang Borchert-Bühne Berlin
1952 Carl Zuckmayer-Preis (aus dem Goethepreis für zehn junge dt. Autoren)
1955 Jochen Klepper-Plakette
1963 Ernst Reuter-Preis
1970 Georg Mackensen-Preis
1980 Ida-Delmel Preis
1980 Carl v. Ossietzky Medaille
1981 Prof. e.h.
1981 Gerrit Engelke Preis.
Ab 1965 Vorsitzende des Schutzverbandes deutscher Schriftsteller Berlin.
1969 Mitbegründerin des Verbandes deutscher Schriftsteller VS.
Bis 1980 stellvertretende Bundesvorsitzende, dann Amtsniederlegung.
Seit 1964 Mitglied des PEN-Zentrums der Bundesrepublik Deutschland.
Seit 1966 im Präsidium des PEN-Zentrums der Bundesrepublik Deutschland.
Seit 1974 im Gründungspräsidium der Neuen Gesellschaft für Literatur NGL e.V.
Berlin, Amtsniederlegung 1980.
In den frühen 60er Jahren Vorsitzende der GEDOK Berlin.
Bis 1977 zur Amtsniederlegung Bundesfachbeirätin für Literatur der GEDOK.
Abschiedsgabe: die Ausstellung "Frauen in der deutschsprachigen Literatur seit
1945"; bisher in 8 Städten der Bundesrepublik und in den Goetheinstituten in
Italien gezeigt.

Publikationen

Frühe *Dramen* bis 1955
1951 "Alle Tore waren bewacht", erstes Drama deutscherseits über die KZ's;
Urlesung 1953, Uraufführung 1955 Berlin
1953/54 "Die Stadt ohne Brücke", Uraufführung 1955 Krefeld
1953/54 "Der Mann, der Gott gehaßt hat", UA Radio Bremen 1954

Hörspiele (Auswahl):
Flamingos (58)
Die Kette (61)

Das Labyrinth (62)
Der Tanz (65)
Div. experimentelle Kurzhörspiele in den 70er Jahren.

Filme:
Ayse und Aysan sind Kreuzberger Gören (Thema Türkenkinder in Berlin) 1975
Pappa spielt mit meiner Eisenbahn (Jugendfilm, Thema Arbeitslosigkeit) 1977
Das Hochhaus (Drewitz/Hartwig) 1980
In Arbeit: Das doppelte Pensum, 13 Filme zur Situation der Frauen in der Arbeitswelt.

Bücher:
1955 "Und hatte keinen Menschen" (Erz.) Berlin, Witten
1958 "Der Anstoß" (R.) Bremen
1962 "Das Karussell" (R.) Göttingen
1963 "Im Zeichen der Wölfe" (Erz.) Göttingen
1965 und 1979 "Berliner Salons — Literatur und Gesellschaft zwischen Aufklärung und Industriezeitalter" (Ess.) Berlin
1968 "Adam Kuckhoff, ein deutscher Schriftsteller und Widerstandskämpfer" (Ess.) Berlin
1968 "Die fremde Braut" (Erz.) München
1969 "Oktoberlicht" (R.) München; 1981 Neuauflage "Oktoberlicht oder 1 Tag im Herbst", Düsseldorf
1969 und 1978 TB München, Nachauflagen. "Bettine von Arnim — Romantik Revolution Utopie" (Biogr.) Köln/Düsseldorf
1970 "Städte 1945 — Bekenntnisse, Berichte" (Herausg. und Mitarb.) Köln/Düsseldorf
1972 "Die Literatur und ihre Medien" (Herausg. und Mitarb.; Essays) Köln/Düsseldorf
1973 "Wuppertal — Portrait der Stadt" (Ess.) Wuppertal
1974 "vernünftiger schreiben", Materialien des Kongresses zur Rechtschreibereform, den Ingeborg Drewitz geplant und mitvorbereitet hat. Herausg. zusammen mit Ernst Reuter, Frankfurt TB
1974 "Wer verteidigt Katrin Lambert?" (R.) Stuttgart
1976 "Wer verteidigt Katrin Lambert?" (R.) Frankfurt, Fischer TB, Nachaufl.
1978 "Wer verteidigt Katrin Lambert?" (R.) Düsseldorf (Neuauflage)
1975 "Das Hochhaus" (R.) Stuttgart
1978 "Das Hochhaus" (R.) Düsseldorf (Neuauflage)
1979 "Das Hochhaus" (R.) TB, Nachauflagen
1976 "Der eine der andere" (Erz.) Stuttgart
1978 "Der eine der andere" (Erz.) Düsseldorf (Neuauflage), TB 1981
1977 "Hörspiele" Bremen Fischerhuds
1978 "Die Samtvorhänge..." (Drewitz-Render) Siebenstern TB Gütersloh
1978 "Gestern war heute — hundert Jahre Gegenwart" (R.) Düsseldorf
1979 und 1980 Neuauflagen "Gestern war heute — hundert Jahre Gegenwart"
1980 "Gestern war heute — hundert Jahre Gegenwart" TB, Neuauflagen
1979 "Hoffnungsgeschichten" (Herausg.) Gütersloh

1979 "Schatten im Kalk — Lyrik und Prosa aus dem Knast" (Herausg.) Stuttgart
1979 "Mit Sätzen Mauern eindrücken" — Briefwechsel mit einem Strafgefange-
nen (Drewitz/Buchacker) Düsseldorf
1979 "Märkische Sagen" (Herausg. und Einführung) Köln/Düsseldorf
1980 "Mut zur Meinung", Herausg. und Mitarbeit zusammen mit W. Eiders
Frankfurt TB
1980 "Strauß ohne Kreide" (Herausg.) Rowohlt TB Reinbek
1980 "Zeitverdichtung, Kritiken, Essays, Portraits" Wien, München, Zürich
1981 "Die zerstörte Kontinuität, Kritiken, Essays zur Emigrationsliteratur";
Wien, München, Zürich
1981 "Kurz vor 1984" "Polit. Reden u. Aufsätze" Stuttgart
1982 "Das Eis auf der Elbe" (R.)

———

Ingeborg Drewitz arbeitet in vielen Zeitschriften des In- und Auslandes mit,
in allen Sendestationen der Bundesrepublik sowie des europäischen Auslandes.
Sie hat ca. 400 literarische Veranstaltungen ehrenamtlich organisiert, u.a. latein-
amerikanische, türkische, portugiesische, spanische, griechische Literatur vorge-
stellt, hat 1977 den "Ersten Kongreß Europäischer Schriftstellerorganisationen"
nach Berlin einberufen und die erste europäische Statistik zur Situation europäischer Schriftsteller erarbeitet. Sie hat mehrere Male Lehraufträge an der FU
wahrgenommen, als Studienleiterin an der Ev. Akademie Berlin mitgearbeitet
und auf Einladung der Goetheinstitute in vielen Ländern und an dortigen Universitäten gelesen.

KURT BARTSCH

"SCHICHTWECHSEL"?

Zur Opposition von feminin-emotionalen Ansprüchen und maskulin-rationalem Realitätsdenken bei Ingeborg Bachmann

Die Beurteilung von Ingeborg Bachmanns Werk in der Literaturkritik ist vielfach geprägt (zumindest mitbestimmt) durch das Bild,
das man sich von der Autorin macht. Beispielhaft Aufschluß darüber kann die Besprechung der vierbändigen Bachmann-Werkaus-
gabe[1] durch Peter Horst Neumann geben, in der der Rezensent
offen seine eigene Position (und die nicht offengelegte vieler anderer
Kritiker) analysiert, indem er den Ursachen für seine Befangenheit
gegenüber dem Werk von Bachmann, insbesonders gegenüber dem
erzählerischen, nachspürt. Neben zwei ästhetischen Gründen, die
der Lyrik den Vorrang vor der Prosa einräumen, führt er ebensoviele
biographische an, die er "die *personale Botschaft* des Werkes"
nennt: "Sie beeinflussen unsere Beziehung zu den Texten auf eine
schwer zu kontrollierende Weise: die *Weiblichkeit* der Dichterin
und ihr *Sterben*"[2]. Die Geschmacklosigkeit einer Diskussion des
letztgenannten Grundes möchte ich mir ersparen; wohl aber scheint
es mir angebracht, in einem Band über Frauenliteratur auf die Irritation durch die Weiblichkeit einzugehen. Neumann fühlt sich
durch den schon in der Erzählung *Undine geht* angeblich voll zum
Ausdruck kommenden "Männerhaß"[3] der Dichterin und
durch den "beharrlichen Appell an geschlechtsspezifisches Einverständnis"[4] im Roman *Malina* beunruhigt und außerstande, ein

---

1   Ingeborg Bachmann: *Werke.* Bd 1-4. von Christine Koschel, Inge von
    Weidenbaum und Clemens Münster. München, Zürich 1978. Nach dieser
    Ausgabe wird im folgenden im Text zitiert. Römische Ziffern bezeichnen
    Band-, arabische Ziffern Seitenangaben.
2   Peter Horst Neumann: Vier Gründe einer Befangenheit. Über Ingeborg
    Bachmann. In: *Merkur* 32 (1978), S. 1130.
3   Ebda.
4   Ebda, S. 1135.

unbefangenes ästhetisches Urteil zu fällen. Diese rein emotionale Reaktion, die selbst das ist, was sie ihrem kritisierten Objekt vorwirft, nämlich ein "Appell an geschlechtsspezifisches Einverständnis", konnte selbstverständlich in einer Zeit feministischer Emanzipationsbestrebungen so nicht unwidersprochen bleiben. Gisela Lindemann konstatiert an Neumanns Wertung eine typische "Vermischung der inhaltlichen Reaktion mit ästhetischer Kritik" und gibt zu bedenken, daß man damit im "*Vorfeld* literarischer Beurteilungen" verharre.[5] Einige Monate vor Neumanns Kritik erschien ein Aufsatz von Ursula Püschel, der sich wie eine vorweggenommene Reaktion auf Neumann liest, der ja aber nur offen und ehrlich ausspricht, was die Werturteile auch anderer bestimmt. Püschel lenkt die Aufmerksamkeit auf die frauenfeindliche Haltung der Bachmann-Kritik, die sich in ihren Urteilen sogar durch private Verhältnisse der Autorin beeinflussen lasse.[6] Und Püschels Resümee, daß die "Gesellschaft [...] für die Kundschafterin, die ihre heimlichen Todesarten bekanntmachte, viele Tode bereit"-hielt[7], signalisiert ein neues Bemühen, dem zeitkritischen und zeitantizipatorischen Aspekt von Bachmanns Werken gerecht zu werden[8], sie als Vertreterin der in den siebziger Jahren wiederentdeckten Subjektivität und der aktuellen Frauenliteratur zu verstehen. Allerdings muß gewarnt werden vor einer vorschnellen Einordnung der Autorin. So wenig Bachmann zu der Groschenheft-Frauenliteratur mit trivialem Erfolgsschema gehört, so wenig ist sie auch einem kämpferischen Feminismus zuzuzählen, der die Solidarisierung der Frauen und ihr Eingreifen in gesellschaftspolitische Auseinandersetzungen anstrebt. Bachmann befindet sich mit ihrem Werk aber sicherlich im Vorfeld jener Frauenliteratur der siebziger Jahre, die das Verhältnis der Geschlechter zueinander aus weiblicher Perspektive problematisiert, sich auf die Suche nach einem neuen Selbstverständnis der Frau und nach neuen Ausdrucksmöglichkeiten begeben hat.

Schon im Hörspiel *Der gute Gott von Manhattan* (1958) thematisiert Bachmann den Widerspruch zwischen *feminin emotionalen*

5　Gisela Lindemann: Ton des Verratenseins. Zur Werkausgabe der Ingeborg Bachmann. In: *Neue Rundschau* 90 (1979), S. 271.
6　Ursula Püschel: 'Exilierte und Verlorene'. Ingeborg Bachmann und Paul Celan in der BRD II. In: *Kürbiskern* (1978), H. 1, S. 108.
7　Ebda.
8　Vgl. ebda, S. 112.

Ansprüchen und *männlich rationalem* Realitätsdenken. Und hier
bereits führt die Autorin an dem Liebespaar Jennifer und Jan geradezu *modellhaft* das Mißlingen einer (in der deutschen Literatur spätestens seit Herder und der Romantik geforderten) Integration von
Gefühl und Verstand. Während Jan nach einem ekstatischen Liebes-
erlebnis in den (um es mit einer Formulierung des ebenfalls die
genannte Integration anstrebenden Robert Musil zu sagen) "gegebenen sozialen Zustand" des Alltags zurückkehrt, will Jennifer dem
"anderen Zustand" (I, 317)[9], der Utopie eines Lebens in absoluter,
realitätsnegierender Liebe Dauer verleihen und erleidet einen typischen "Bachmann-Tod": in einem mehr oder weniger (im Fall des
Guten Gotts wohl weniger) überzeugenden Bild wird die Abtötung
eines Persönlichkeitsanspruchs ausgedrückt, die nicht so sehr als
physische als vielmehr als psychische Auslöschung zu verstehen
ist. Die Figur des guten Gotts von Manhattan, Inkarnation des
Realitätsprinzips und Anwalt der Gesellschaft und ihrer individuali-
tätsbeschränkenden Anforderungen, läßt die Ekstatikerin Jennifer, die "den Boden [der Realität] unter den Füßen" (I, 312) verloren hat, durch seine Helfer, die Eichhörnchen des Central Park
von New York, mit einer Bombe in die Luft sprengen. Brutal unterdrückt die Gesellschaft individuelle, tendenziell anarchische Bestrebungen (wie den absoluten Liebesanspruch), um der Gefährdung der gegebenen Ordnung, des Nützlichkeits- und Profitdenkens
vorzubeugen.

Die modellhafte Opposition von männlich-rational und weib-
lich-emotional, das Mißlingen einer Integration von Verstand und
Gefühl sowie die Finalisierung, Rückkehr in die gegebenen sozialen

---

9   Zu Bachmanns Orientierung an Musil vgl. ihre beiden Essays über den
     Autor (IV, 24-28, 80-102). Die Musil-Rezeption und -Wirkung bei Bach-
     mann habe ich in zwei Studien genauer verfolgt: Ingeborg Bachmanns
     Wittgenstein- und Musil-Rezeption. In: *Akten des VI. Internationalen
     Germanisten-Kongresses Basel 1980*. Bern 1980, S. 527-532; "Ein nach
     vorn geöffnetes Reich von unbekannten Grenzen". Zur Bedeutung Musils
     für Ingeborg Bachmanns Literaturauffassung. In: *Robert Musil. Untersu-
     chungen*. Hrsg. von Uwe Baur und Elisabeth Castex. Königstein i.T. 1980,
     S. 162-169. Zu den Musil-Bezügen in *Der gute Gott von Manhattan* vgl.
     außerdem meine Studie über die Hörspiele von Ingeborg Bachmann. In:
     *Die andere Welt. Aspekte der österreichischen Literatur des 19. und 20.
     Jahrhunderts*. Hrsg. von K.B., Dietmar Goltschnigg u.a. Bern, München
     1979, S. 311-334.

Zwänge oder Abtötung, prägen sowohl die Hörspiele als auch die
erzählende Prosa von Ingeborg Bachmann, und da nicht nur die
ausgesprochenen Frauengeschichten. Auf zwei von diesen, auf
Ein Schritt nach Gomorrha und *Undine geht* aus Bachmanns erstem
Erzählband *Das dreißigste Jahr* (1961), und auf den Roman *Malina*
werde ich mich im folgenden aus umfangmäßigen Gründen be-
schränken.

Die Erzählung *Ein Schritt nach Gomorrha* thematisiert das
Dilemma heterosexueller Verbindungen — "Mann und Frau. Wenn
dies einmal zu Ende geht!" (II, 202). Die Hauptperson der Erzählung, Charlotte, spielt eine lesbische Beziehung zu dem Mädchen
Mara als Möglichkeit des Auswegs durch, allerdings nur in einem
(von Mara ausgelösten) Gedankenexperiment und nicht realiter.
Durch Mara wird Charlotte die Ehe als bedrückend-unterdrückende
Institution bewußt. Sie hat aber das von der patriarchalischen Gesellschaft entworfene Bild der Frau so weit verinnerlicht, daß sie
aus einem Gefühl der Minderwertigkeit heraus selbst die "Unterwerfung" unter den Mann betrieben hat (vgl. II, 202). Für ihre
individuelle Rollengestaltung und für die Verwirklichung ihrer
femininen Persönlichkeitsansprüche ist so nur ein minimaler Freiraum gelassen:

> Obgleich er ihre Selbständigkeit und ihre Arbeit [als
> Pianistin] liebte, ihre Fortschritte ihn erfreuten, er sie
> tröstete, wenn sie zwischen der Arbeit und der Hausar-
> beit nicht zurechtkam und ihr vieles erließ, soviel
> man sich eben erlassen konnte in einer Gemeinschaft,
> wußte sie, daß er nicht geschaffen war, ihr ein Recht
> auf ein eigenes Unglück, eine andere Einsamkeit einzu-
> räumen.
> (II, 201)

Diese Textstelle bedarf keiner weiteren Erläuterung. Charlotte ist
Beispiel dafür, daß die Frau in der Männergesellschaft sich nicht
selbst definieren darf, daß sie nicht nur aus dem öffentlichen Diskurs ausgeschlossen, sondern bis in ihre Gefühlswelt hinein fremdbestimmt ist. In verschiedenen Texten klagt Bachmann über die
gesellschaftliche Normierung der Mann-Frau-Beziehungen und
spielt Möglichkeiten der Überwindung durch. Der Protagonist des
Dreißigsten Jahrs hofft, daß "die Welt nicht mehr weiterginge zwischen Mann und Frau" (II, 113) und der Vater in der Erzählung
Alles will "austreten aus dem Geschlecht" (II, 153), das heißt aus

sexuellen Beziehungen als gesellschaftlich in bestimmter Weise vor-
programmierten Interaktionen. Charlotte wird bewußt, daß ihr
Mann Franz

> längst die Ehe als einen Zustand erkannt [hat], der stär-
> ker ist als die Individuen, die in ihn eintreten, und der
> darum auch ihrer beider Gemeinsamkeit stärker prägte,
> als sie die Ehe hätten prägen oder gar verändern kön-
> nen. Wie immer eine Ehe auch geführt wird – sie kann
> nicht willkürlich geführt werden, nicht erfinderisch,
> kann keine Neuerung, Änderung vertragen, weil Ehe
> eingehen schon heißt, in ihre Form eingehen".
> (II, 203)

Charlotte selbst versucht, wie der Titel der Erzählung signalisiert,
einen Schritt nach Gomorrha, das heißt in eine andere als von der
bürgerlichen Wertordnung her vorgezeichnete und vorgeschriebene
Richtung zu gehen, aber eben nur *einen* Schritt, also nicht konsequent. Mit dem Mädchen Mara bricht eine Herausforderung in
Charlottes Leben ein, auf die nicht mit konventionellen Verhaltensweisen reagiert werden kann. Charlotte spielt einen Rollenwechsel
durch, indem sie vorübergehend von der "gewohnten Ordnung
des Erlebens"[10] abweicht und sich den Gedanken an eine Utopie
eines Lebens in absoluter Liebe, eben einer lesbischen Beziehung
zu Mara, hingibt. Mara, die den Anspruch auf totale, realitätsne-
gierende Liebe verkörpert, ist dabei als Projektionsgestalt von Charlotte zu verstehen.[11] Solche Projektionsfiguren oder auch Doppel-
gängergestalten begegnen allenthalben im Werk von Bachmann,
im *Dreißigsten Jahr* (im gleichaltrigen Autofahrer), in *Alles* (im
Sohn Fipps) oder in der Doppelgängergestalt Malina im gleichna-
migen Roman.

---

10 Als solch transitorische Abweichungen charakterisiert Bachmann die mysti-
   schen Erfahrungen Ulrichs im *Mann ohne Eigenschaften* von Robert Musil.
   (Vgl. IV, 26)
11 Beatrice Angst-Hürlimann bezeichnet Mara als Personifikation der "unein-
   gestandenen Wünsche" von Charlotte, Ritta Jo Horsley sieht in dem Mädchen ebenfalls keine selbständige Persönlichkeit ("Mara herself does not
   become a fully realized character"), sondern eine Art "feminine" Komplementärgestalt. Vgl. B.A.-H.: *Im Widerspiel des Unmöglichen mit dem
   Möglichen. Zum Problem der Sprache bei Ingeborg Bachmann.* Zürich
   1971, S. 53 und R.J.H.: Ingeborg Bachmanns "Ein Schritt nach Gomorrha":
   A Feminist Appreciation and Critique. In: *Amsterdamer Beiträge zur Neueren Germanistik* 10 (1980), S. 280 und 280f.

In der vorübergehenden Aufhebung der gesellschaftlichen Rollenzwänge erlebt Charlotte die bürgerlichen Werte als Scheinwerte. Das gesellschaftliche Ganze verliert für sie an Verbindlichkeit:

> Ich bin in kein Bild hineingeboren, dachte Charlotte.
> Darum ist mir nach Abbruch zumute. Drum wünsche
> ich ein Gegenbild, und ich wünsche, es selbst zu errich-
> ten. Noch keinen Namen. Noch nicht. Erst den Sprung
> tun, alles überspringen, den Austritt vollziehen, [...]
> Das Reich erhoffen. Nicht das Reich der Männer und
> nicht das der Weiber.
> (II, 211ff.)

Die Zerstörungen an der von Charlottes Mann eingerichteten Wohnung durch Mara und Charlottes Todesphantasien — "Tot war der Mann Franz [...]" (II, 212) — signalisieren die Hoffnung auf einen "Schichtwechsel" (II, 211), auf ein Ende der alten patriarchalischen Ordnung und auf den Beginn einer neuen, die neue Erkenntnismöglichkeiten (vgl. II, 204) und einen "größeren Spielraum" für ein befriedigenderes Gefühlsleben (vgl. II, 206) böte: "Es sollte zu gelten anfangen, was sie [Charlotte] dachte und meinte, und nicht mehr gelten sollte, was man sie angehalten hatte zu denken und was man ihr erlaubt hatte zu leben" (II, 200). Könnte Charlotte diesen Zustand an Autonomie gewinnen, würde sie zwar die konventionelle Rolle der Frau ablegen, aber — ihrer Phantasie zufolge — lediglich einen Rollenwechsel, die Umkehrung des *Herr*-schaftsverhältnisses vollziehen, denn sie selbst würde in die dominierende Rolle des Mannes schlüpfen und Mara als ihr "Geschöpf" ansehen und behandeln (II, 205). Dies wird auch manifest an dem rollendeterminierten Sprachverhalten. Charlotte, die "die Sprache der Männer" als "Mordversuch an der Wirklichkeit" (II, 208) und in bezug auf Frauen als "schlimm genug" und "bezweifelbar" bezeichnet (II, 208), findet die "Sprache der Frauen", infolge ihrer unterdrückten Rolle, aber "noch schlimmer, unwürdiger". Die Sprachohnmacht der Frauen in der Männergesellschaft müßte durch eine neue, die weibliche Identitätsfindung ermöglichende Sprache überwunden werden, die dann zwischen Charlotte und Mara zu gelten hätte. Damit formuliert Bachmann vor, was Verena Stefan in ihrem Buch *Häutungen*, einem Schlüsseltext der Frauenbewegung, anprangert: "Beim schreiben dieses buches [...] bin ich wort um wort und begriff um begriff an der vorhandenen sprache angeeckt [...] Die sprache versagt, sobald ich über neue erfahrungen berichten will."[12]

Sprachgebrauch und sexuelle Beziehungen werden von Bachmann als Interaktionen verstanden, die von der konventionellen Normierung durch die Gesellschaft zu befreien wären. Die Verwirklichung ihrer Autonomiebestrebungen in einer lesbischen Beziehung beziehungsweise in einem neuen Sprachgebrauch ließen Charlotte iin die Position der Außerseiterin geraten.[13] Sie geht jedoch, wie schon erwähnt, nur *einen* Schritt nach Gomorrha und kehrt zurück in die gegebene soziale Ordnung. Wie in anderen Erzählungen entläßt Bachmann den Leser auch hier mit einem Bild der Trauer über die als notwenig angesehene Aufgabe eines Persönlichkeitsanspruchs: "Sie [Charlotte und Mara] waren beide tot und hatten etwas getötet" (II, 213). "Im Widerspiel" von absolutem Freiheitsbzw. Liebesanspruch und sozialem Konformitätsdruck, "im Widerspiel des Unmöglichen mit dem Möglichen", wie Bachmann es auch bezeichnet (IV, 276), wird das Wunschverhalten durch Sachverhalte, durch Anforderungen der Gesellschaft, korrigiert. Der Ausbruchsversuch wird nur vorübergehend in der Phantasie (sowie in der Poesie) möglich, er scheitert an der Faktizität. Bachmann gestaltet also das Dilemma des Zusammenlebens der Geschlechter in der patriarchalischen bürgerlichen Gesellschaft, sie steht mitten drin, ohne Bewußtsein von einem Ausweg.

Die Besonderheit der Erzählung *Undine geht,* der zweiten Frauengeschichte aus Bachmanns erster Prosasammlung *Das dreißigste Jahr,* liegt darin, daß die Titelgestalt des Textes quasi aus einer "anderen Welt" spricht. Dies bewirkt eine spezifische Problematisierung einerseits des Erzählens, das aufgelöst ist in einen (an)klagenden Prosamonolog, sowie andererseits der sprachlichen Gestaltung, in der die Autorin an die Grenzen der Ausdrucksmöglichkeiten geht. In lyrisch-bildhafter Sprache wird dies versucht.

Der Anspruch auf Verwirklichung von totaler Liebe hat Undine die Grenze des Menschlichen überschreiten lassen. Wie Gregor Samsa in Franz Kafkas Erzählung *Die Verwandlung* oder auch die Zikaden in Bachmanns glichnamigem Hörspiel ist Undine ein nicht mehr menschliches, sprachloses Wesen (vgl. II, 260), weil sie durch den

---

12 Verena Stefan: *Häutungen.* München 1975, S. 3.
13 Vgl. Hans Mayer: *Aussenseiter.* (4.-6. Tsd.) Frankfurt a.M. 1975, S. 34 ff.

Austritt aus allen sozialen Konnexen die Selbstverwirklichung
gesucht hat. Bachmanns Undine ist insofern wie die romantische
Undine ein seelenloses Wesen, als sie aus der menschlichen Gesellschaft ausgeschlossen wird. Eine dauerhafte Beziehung zu einer
Undine würde auch die Männer, die von Undine kollektiv mit dem
Namen "Hans" belegt werden, aus ihren sozialen Beziehungen reißen.
Zwar sehnen sich die Männer nach dieser "anderen Welt" und fühlt
sich Undine von ihnen gerufen, aber sie kann mit ihren Ansprüchen
nicht in den Alltag integriert werden. Die Männer können innerhalb ihrer normierten Alltagspraxis nicht das Wagnis einer absoluten
Liebe eingehen. Albert Holschuh deutet den Bereich der Undine,
das Wasser, als U-topia[14], den nicht oder noch nicht existenten Ort,
an dem diese alternative Existenzweise realisiert wäre. So kommt
es nur hin und wieder zu einem Hineinreichen dieses anderen Wirk-
lichkeitsbereichs in den Alltag, zu "Lichtungen" (II, 253)[15].

Wie in der Erzählung *Ein Schritt nach Gomorrha* gestaltet Bachmann auch in *Undine geht* das Auseinanderklaffen von subjektiven
Ansprüchen und gesellschaftlichen Anforderungen. Wer die Faktizität nicht anerkennt, wird in eine Außenseiterposition gedrängt,
bildlich erfaßt durch die Verwandlung (bei Kafka) in einen Käfer,
(bei Bachmann) in eine Zikade oder eben in eine Undine. Deren
Ausbrechen aus der üblichen, den männlichen Erwartungen entsprechenden Rolle wird von der Gesellschaft mit der Aberkennung
des Mensch-Seins (daher Undine wie Käfer oder Zikade) und totaler
Vereinzelung geahndet. Wie Hans Mayer in seinem *Aussenseiter*-
Buch darlegt, wird die Frau, die sich der "Humanisierung", wie
sie in der bürgerlichen Gesellschaft "durch den [...] Mann" versucht wird, widersetzt, sich also nicht in jene Rolle der sich Unter-
ordnenden fügt — wie sie in *Ein Schritt nach Gomorrha* verächtlich
beschrieben wird — als "dämonische und bürgerlich ungebändigte
'Natur'", deren "radikales Anderssein" als bedrohlich empfun-
den wird[16], in eine Außenseiterrolle abgeschoben. Die Undine-

---

14 Albert Holschuh, *Utopismus im Werk Ingeborg Bachmanns: Eine the-
matische Untersuchung.* Diss. Princeton 1964, S. 238.
15 Zum Heidegger-Bezug mit dem Begriff "Lichtung" vgl. ebda, S. 243 f.
Zu Bachmanns Distanzierung von Heidegger ihre Doktorarbeit: *Die kritische Aufnahme der Existentialphilosophie Martin Heideggers.* Diss. Wien
1949, bes. S. 114-116.
16 Mayer, *Aussenseiter*, S. 33.

Dichtungen und die ihr thematisch verwandte Literatur haben immer von der Perspektive des Mannes aus das "Weiblich-Unheimliche", dem Menschlichkeit abgesprochen und Verderblichkeit für den Mann nachgesagt wird, zu bannen versucht: "Die Bürgerwelt war seit ihren Anfängen im Zeitalter von Humanismus, Renaissance und Reformation fast süchtig nach Evozierung des weiblichen Außenseitertums."[17] Bachmann nun thematisiert aus weiblicher Perspektive den Schmerz und die Trauer der in das Abseits gedrängten Frau, die sich nicht den Männervorstellungen anpaßt, sondern auf ihren absoluten Gefühlsansprüchen beharrt: daher wohl auch die Irritation bei männlichen Kritikern.

Undines Monolog klingt in der Klage über den Abschied von den Männern aus. Dieses Abschiednehmen steht aber, worauf von Gerstenlauer schon nachdrücklich hingewiesen wird[18], in einer spannungsvollen Relation zu dem, wenn auch nur mehr schwach wahrnehmbaren Ruf "Komm" (II, 263), der aus der Männerwelt nach wie vor zu ihr dringt. Die Utopie der absoluten Liebe kann zwar nicht verwirklicht werden, wohl aber bleibt innerhalb der eingeschränkten Möglichkeiten der Alltagspraxis die Sehnsucht nach diesem anderen Wirklichkeitsbereich aufrecht. *Undine geht* ist als eine Aufforderung zu verstehen, Richtung zu nehmen auf das utopische Ziel der Harmonisierung des Verstandesbereiches, innerhalb dessen es die Männergesellschaft sehr weit gebracht hat, mit dem Gefühlsbereich, dem die Männer in ihrem Leben nur wenig Raum zugestehen, so sehr sie sich aus der Enge des bloß Rationalen auch hinaussehnen und aus ihr ausbrechen wollen.

Peter Horst Neumann, der eingangs meiner Ausführungen bereits zitiert wurde, konstatiert an diesem Bachmann-Text einen Fall von "gnadenloser Selbstentäußerung" und "Verfallenheit ans Geschlecht, ans eigene wie an das andere"[19] und sieht, die Dichterin mit Undine identifizierend, hier den "Männerhaß" der Bachmann voll zum Ausdruck kommen. Neumann fühlt sich durch den "beharrlichen Appell an geschlechtsspezifisches Einverständnis" irritiert. Dieser Vorwurf ist aber, wie schon gesagt, an den Kritiker

---

17 Ebda, S. 34.
18 Wolfgang Gerstenlauer, Undines Wiederkehr: Fouqué – Giraudoux – Ingeborg Bachmann. In: *Die neueren Sprachen* 69 = N.F. 19 (1970), S. 527.
19 Neumann, *Vier Gründe*, S. 1134.

zurückzurichten, der den zweifellos von Enttäuschung über und Anklage gegen die Männer, aber ebenso von Sehnsucht nach ihnen, nach Verwirklichung eines spannungsvolleren und befriedigenderen Gefühlslebens mit ihnen getragenen Prosa-Monolog *Undine geht* bloß als Ausdruck von "Männerhaß" abqualifiziert. Mit der Frauenbewegung der siebziger Jahre teilt Bachmann ganz ohne Zweifel die Enttäuschung und die Unzufriedenheit über das Zusammenleben der Geschlechter in einer von der männlichen Ratio bestimmten Leistungs- und Konsumgesellschaft. Im Gegensatz zum kämpferischen Feminismus wird aber kein endgültig verdammendes Urteil über die Männer ausgesprochen. Undine beklagt die Beschränktheit der "männlichen" Existenzweise, die nur die "Hälfte der Welt" (II, 261) ausmacht, innerhalb derer die Männer aber lobenswerte Erfolge erzielen. *Undine geht* ist so Klage darüber, daß die *andere "Hälfte der Welt"* nicht realisiert wird, Klage über emotionales Defizit im zwischenmenschlichen Zusammenleben.

Die Thematik der Geschlechterbeziehung führt Bachmann in dem ein Jahrzehnt nach der Sammlung *Das dreißigste Jahr* erschienenen Roman *Malina* (1971) weiter. Dieser umfangreichste unter den von Bachmann veröffentlichten Texten ist eine Art Psychogramm einer Schriftstellerin, die unter kindheitlichen Traumata leidet und verzweifelt versucht, *sich selbst zur Sprache zu bringen,* durch Sprache, in der Sprache ihr *Selbst* zu finden. Wie Charlotte und Undine will sie sich in einem Leben in Liebe verwirklichen, muß jedoch ihre femininen Persönlichkeitsansprüche zugunsten der maskulinen aufgeben und geht schließlich in ihrem männlichen alter ego Malina auf. Der Roman endet mit der lapidaren Feststellung: "Es war Mord" (III, 337), Mord am weiblichen Ich. Die Struktur des gesamten Romans ist von dem Bemühen der Ich-Erzählerin bestimmt, sich durch Aufarbeitung ihrer persönlichen Vergangenheit, durch Erinnerung zur Sprache zu bringen und so eine eigenständige weibliche Identität zu finden. Die Erzählung nimmt folgerichtig in einem kurzen Vorspann zu den drei Kapiteln des Romans ihren Ausgang von der Erklärung, vor Malina "etwas zu klären" (III, 23) zu haben: "Ich muß erzählen. Ich werde erzählen. Es gibt nichts mehr, was mich in meiner Erinnerung stört." Und die zu leistende Erinnerungsarbeit präzisierend: "Wenn meine Erinnerung aber nur die gewöhnlichen Erinnerungen meinte, Zurückliegendes, Abgelebtes, Verlassenes, dann bin ich noch weit, sehr weit von der verschwiegenen Erinnerung, in der mich nichts mehr stören darf."

Es ist also ins Unbewußte Verdrängtes, doch gegenwärtig Virulen-
tes, das erinnert werden muß: eine quasi psychoanalytische Situation ist somit gegeben. Am Ende des von mir als Vorspann bezeich-
neten ersten Romanabschnitts erweist sich die Zuversicht des Ichs
als trügerisch: "Ich will nicht erzählen, es stört mich alles in meiner
Erinnerung". Der rationale, maskuline Ich-Teil Malina wendet
gegen diesen Widerstand ein: "Noch stört es dich. Noch. Es stört
dich aber eine andre Erinnerung." (II, 27) Darauf folgt das Kapitel
"Glücklich mit Ivan". In der Liebe zu diesem Durchschnittsmann
mit "einer geregelten Arbeit" (III, 11) sucht die Ich-Erzählerin Befreiung von ihren Obsessionen. Ivan ist die Projektionsgestalt der
Hoffnungen der Ich-Erzählerin auf ein erfülltes Gefühlsleben. Er
bewirkt, daß sich vorübergehend "das Schizoid der Welt, ihr wahn-
sinniger, sich weitender Spalt" (III, 31) schließt und sich die psychischen Zustände bessern. Im Ich kommt so etwas wie ein Identi-
tätsgefühl auf ("Endlich gehe ich auch in meinem Fleisch herum,
mit dem Körper, der mir durch eine Verachtung fremd geworden
ist, ich fühle, wie alles sich wendet inwendig, wie die Muskeln sich
aus der steten Verkrampfung lösen" – III, 36) und macht sich insgesamt eine optimistische Stimmung breit, die die Erzählerin –
einem Postulat Ivans Folge leistend – Abstand von finsteren und
traurigen literarischen Projekten nehmen (III, 54)[20] und den Plan
eines "schönen Buches" (III, 55) reifen läßt, das die Verletzungen
und Widerwärtigkeiten des zwischenmenschlichen Zusammenlebens
hinwegschreibt. Im Mythos von der Prinzessin von Kagran will sie
ihre Liebe zu Ivan begründen. Allerdings ist die Utopie eines Zu-
stands grenzenloser Freiheit und Liebe nur literarisch, in Form
einer anamnestischen Legende (vgl. III, 62-70, 121f., 136, 138,
140f., 151f., 166), entworfen. Die Hoffnungen auf Ivan müssen
sich zwangsläufig zerschlagen, denn er drängt die Ich-Erzählerin
in die konventionelle Frauenrolle, er ignoriert Malina, d.h. den
rationalen Ich-Teil. Dies wird besonders in den Überlegenheits-
äußerungen Ivans beim Schachspiel deutlich. Seine Hinweise auf
die Immobilität der Dame der Ich-Erzählerin (III, 46) müssen auf
diese selbst bezogen werden (vgl. auch III, 49: "Aber weitermachen,

---

20 Zu den literarischen Selbstbezügen Bachmanns mit Titeln wie "Todesarten"
    oder "Die ägyptische Finsternis" vgl. Manfred Jurgensen: *Ingeborg Bach-*
    mann. Die neue Sprache. Bern, Frankfurt a.M., Las Vegas 1981, S. 70f.
    passim.

ohne mich auch ins Spiel zu bringen? [...]"). Sie hat in der Beziehung zu Ivan keine Möglichkeit einer Entfaltung außerhalb der konventionellen Rolle der Frau, die definiert ist durch Hausfrauen- und Mutterpflichten sowie sexuelle Verfügbarkeit.

Die Erinnerung an ein Vorleben als Prinzessin von Kagran und die damit verbundene Hoffnung für ihr gegenwärtiges Leben mit Ivan schiebt sich vor die "verschwiegene Erinnerung" der Ich-Erzählerin an reale Verletzungen. Es ist dies die andere, noch störende Erinnerung, von der Malina spricht. Mit der Entfremdung von Ivan wird im zweiten Kapitel des Romans, das mit dem Titel "Der dritte Mann" überschrieben ist — gemeint ist der "Vater" des Ichs — der Blick frei auf die "verschwiegene Erinnerung". Die Aufzeichnungen dieses Kapitels werden als Traum der letzten Nacht deklariert. Es herrscht auch tatsächlich Traumlogik, durch die die normalen Größenordnungen der Realität verzerrt erscheinen, durch die aber auch erst die aus dem wachen Bewußtsein verdrängten Inhalte erkennbar werden. Der Vater der Ich-Erzählerin fungiert, ähnlich dem guten Gott von Manhattan, nur wesentlich bedrückender, als Personifikation aller gesellschaftlichen Zwänge, die den Sozialisationsprozeß und die Identitätsbildung des Ichs gestört haben: die Erzählerin fühlt sich ständig von ihm bedroht, vergewaltigt und getötet — insgesamt werden acht verschiedene Todesarten durchgespielt. Der Vater ist eine Über-Ich-Figuration, die als die Normansprüche der Gesellschaft vertretende psychische Instanz übermächtig wird und die Selbstfindung des Ichs verhindert. Die Erzählerin korrigiert auch am Schluß des Kapitels: "Es ist nicht mein Vater. Es ist mein Mörder." (III, 235) Damit wird ihr selbst klar, daß es sich bei der Traumgestalt Vater nicht um ihren realen Vater, sondern um ein Vater-Bild handelt, in dem sich die ichbedrohenden gesellschaftlichen Kräfte verdichten.[21] Das Kapitel endet mit der Einsicht des Ichs in die Auffassung Malinas, "daß man hier eben nicht stirbt, hier wird man ermordet" und mit der resignativen Feststellung: "Es ist immer Krieg. Hier ist immer Gewalt. Hier ist immer Kampf. Es ist der ewige Krieg." (III, 236) Die auf Ivan projizierten Hoffnungen der Ich-Erzählerin sind somit erstickt.

---

21 Psychoanalytischer Auffassung zufolge fungiert der Vater bekanntlich deshalb als Über-Ich-Personifikation, weil er der erste im Leben eines Menschen ist, der Ansprüche der Gesellschaft gegen die individuellen Triebbedürfnisse vertritt.

In verschiedenen Texten hat Bachmann das individuelle Leiden, insbesonders der Frauen, an dem sprachlich und in den zwischenmenschlichen Beziehungen sich manifestierenden Alltagsfaschismus thematisiert. Im Romanfragment *Der Fall Franza*, geplant als Teil des Roman-Zyklus *Todesarten*, den *Malina* als eine Art Ouvertüre eröffnen sollte, wird die titelgebende Hauptgestalt von ihrem Mann, einem berühmten Seelenarzt, zum psychologischen Fall, zum bloßen Objekt verdinglicht und fühlt sich ebenso "ermordet" wie die Ich-Erzählerin in *Malina*, ohne daß daraus ein Fall für den Staatsanwalt würde. Explizit wird hier der Begriff "Faschismus" auf "privates Verhalten" (III, 403), das des Psychiaters, angewandt. Bachmann hat ihre Ansicht in dem Enwurf zu einer Vorrede für das Romanfragment dargelegt. Demzufolge sind nach dem Ende der nationalsozialistischen Herrschaft die Verbrechen "nicht aus der Welt verschwunden", sie werden "täglich in unserer Umgebung, in unsrer Nachbarschaft begangen" (III, 342). Aber es sind unblutige Verbrechen, die auf "inwendigen" Schauplätzen stattfinden und nicht weniger schrecklich als die blutigen sind. Bachmann will diesen "Todesarten" nachspüren. Schon im Gedicht *Alle Tage* von 1952 klagt die Autorin über den zum Alltag gewordenen Kalten Krieg, und in der Erzählung *Unter Mördern und Irren* gestaltet sie das Umschlagen latent aggressiven Verhaltens in offen aggressives, fortwirkend kriegerisch-militantes, faschistischtödliches.

Die Ich-Erzählerin in *Malina* erstrebt die Integration von männlich und weiblich, von Verstand und Gefühl (vgl. III, 248), kann aber die divergierenden Faktoren (vgl. III, 126) in ihrem psychischen Haushalt nicht zusammenhalten. Der männliche Doppelgänger Malina gewinnt die Oberhand und tötet die weiblichen Ansprüche — er fordert die Erzählerin auf, ihre Projektionsgestalt Ivan und dessen Kinder zu töten, d.h. aus ihrem Leben zu streichen (vgl. III, 305 bzw. 315). Es ist aber kein bewußter Wechsel der Ich-Erzählerin in eine andere Rolle wie etwa in Bertolt Brechts Drama *Der gute Mensch von Sezuan*, wo die gute Shen Te zeitweise in die selbst zurechtgelegte Rolle des hartherzigen, gefühlskalten Geschäftsmanns Shui Ta schlüpfen muß, um die materielle Basis für ihre Existenz und ihr Gutsein sichern zu können. In *Malina* geht es nicht nur um einen ökonomischen Aspekt, wenngleich dieser möglicherweise als Anspielung auf den *Guten Menschen von Sezuan* —

angetönt ist[22]. Hier geht es um das grundsätzliche Problem der
Behauptung der Frau in der männlich dominierten Gesellschaft
und den Verlust der Weiblichkeit, wenn die Frau Ansprüche über
die von den Männern definierte Rolle hinaus erhebt. Bachmann
spielt bei der literarischen Gestaltung dieser Problematik auf den alten Mythos vom Hermaphroditen, von der ursprünglichen Einigkeit
der beiden Geschlechter, von ihrer späteren Trennung und der
Mann und Frau nun ständig begleitenden Sehnsucht nach Wieder-
vereinigung.[23] Hierin schließt Bachmann an Musil an, der Ulrich
und dessen Zwillingsschwester Agathe im "anderen Zustand" "die
heimliche Wollust des Hermaphroditen, welcher sich, in zwei selbständige Wesen getrennt wiederfindet"[24], genießen läßt. Über das
Verhältnis zu Ivan bzw. zu Malina sagt die Ich-Erzählerin: "Ivan
und ich: die konvergierende Welt. Malina und ich, weil wir eins
sind: die divergierende Welt" (III, 126). Die Auslegung dieser Äuße-
rung ist nicht ganz einfach: Denn Malina ist zweifelsohne der maskuline Teil der gespaltenen Persönlichkeit, aber ist er auch der
verlorene der ursprünglich zweigeschlechtlichen, hermaphroditischen
Identität? Wenn das so wäre, würde es im Widerspruch stehen zu
der Feststellung, daß das Ich und Ivan konvergieren. Ivan ist die
ersehnte Komplementärgestalt. Was aber ist dann Malina? Am
Schluß des zweiten Kapitels heißt es von der das Ich bedrohenden
Gestalt, die zuerst mit dem Vater identifiziert wird: "Es ist mein
Mörder". Am Schluß des Romans wird der Mord eindeutig Malina
zugeschrieben. In der Verbindung mit ihrer Projektionsgestalt Ivan
hätte die Erzählerin sich verwirklichen können, doch hätte das die
Auslöschung von Malina bedeutet, von dem sie in ihrer Ivan-Zeit

---

22 Malina muß nämlich die finanziellen Voraussetzungen schaffen, damit
    die Ich-Erzählerin nicht nur angenehm und sorgenfrei leben kann, sondern
    auch um "zudringlichen oder verlorenen und gestrandeten Leuten, die ich
    [Erzählerin] nicht kenne, Fahrkarten oder Geld oder Kleider geben zu
    können" (III, 111), also ähnlich karitativ zu wirken wie Shen Te. Brecht-
    Bezüge sind bei Bachmann keineswegs außergewöhnlich. Der Titel "Todes-
    arten" bezieht sich offensichtlich auf den Text *Viele Arten zu töten* aus
    Brechts *Me-ti Buch der Wendungen.*
23 Vgl. dazu Holger Pausch: *Ingeborg Bachmann.* Berlin 1975. (= Köpfe des
    XX. Jahrhunderts. 81.) S. 86-88 sowie Dietmar Goltschnigg: Zur literari-
    schen Musil-Rezeption der Gegenwart. In: *Die andere Welt* (= Anm. 9),
    S. 281 f.
24 Robert Musil: *Der Mann ohne Eigenschaften.* (47.-52. Tsd.) Hamburg
    1967, S. 903.

sagt: "Nie habe ich Malina so wenig brauchen können" (III, 126).
Um aber die Selbstbehauptung gegen die Widerwärtigkeiten der
Gesellschaft zu gewährleisten, werden Ivan und die auf ihn projizierten femininen Wünsche von Malina getilgt, der offensichtlich
das rationale Über-Ich figuriert, also jene von Sigmund Freud neben
dem Ich und dem Es als dritte angenommene psychische Instanz,
die als Ausdruck der Verinnerlichung der über die Familie, in der
patriarchalischen bürgerlichen Gesellschaft insbesondere über den
Vater (daher eine männliche Gestalt!), vermittelten Normansprüche
gilt und deren Funktion als kritisch-kontrollierende Selbstbeobachtung, Ich-Ideal und Gewissen umschreibbar ist. Nun, Malina fungiert
als kritisch-kontrollierende Instanz der Selbstbeobachtung, *"unter"*
die sich das Ich "von Anfang an" (III, 17) gestellt fühlt, als eine
gesellschaftlich vermittelte Instanz, die die weibliche Identitätsbildung verhindert.

Im Zusammenhang mit der Erzählung *Ein Schritt nach Gomorrha*
und mit einem Hinweis auf Verena Stefan wurde schon aufmerksam
gemacht auf die Thematisierung der Notwendigkeit, die Sprachohnmacht der Frau zu überwinden und einen neuen Sprachgebrauch
zu begründen. Eben dies unternimmt die Erzählerin in ihrer Beziehung zu Ivan, scheitert jedoch in ihrem Bemühen insofern, als sich
die (teilweise zudem nur fernmündliche) Kommunikation mit dem
geliebten Mann erschöpft in "törichten Satzanfängen, Halbsätzen,
Satzenden, von der Gloriole gegenseitiger Nachsicht umgeben, und
die meisten Sätze sind [...] unter den Telefonsätzen zu finden"
(III, 38), während sie "über Gefühle [...] noch keinen einzigen
Satz" (III, 48) haben. Vergeblich wartet die Ich-Erzählerin auf einen
Satz von Ivan, der sie "versichert in der Welt". Verzweifelt fragt
sie: "Genügt ein Satz denn, jemand zu versichern, um den es geschehen ist? Es müßte eine Versicherung geben, die nicht von dieser
Welt ist." (III, 74) Das erinnert an Ludwig Wittgensteins Auffassung, daß der Sinn der Welt nicht in ihr liegen und daher auch sprachlich, d.h. mit der Sprache der Logik bzw. der Naturwissenschaften
nicht erfaßt werden könne.[25] Jedenfalls gelingt es der Erzählerin
in *Malina* nicht, die "schlechte Sprache", die "Gaunersprache"
(*Das dreißigste Jahr* — II, 121) auf ein "Utopia der Sprache" hin

---

25 Ludwig Wittgenstein: *Tractatus logico-philosophicus*. Frankfurt a.M. 1968.
(= edition suhrkamp. 12.) Satz 6. 41.

zu transzendieren, wie Bachmann es in den Frankfurter Vorlesungen als Ziel des Dichters umschreibt. Ein neuer, auch femininen Ansprüchen gerecht werdender Sprachgebrauch kann von der Erzählerin nicht begründet werden, somit mißlingt ihr auch die weibliche Identitätsbildung. Sie vermag sich gegen die männliche Vorherrschaft im öffentlichen Diskurs nicht durchzusetzen. Da für Bachmann eine regressive Festlegung der Frau auf die konventionelle Rolle nicht in Frage kommt, löst sie das Dilemma durch Verzicht auf die weibliche Identität und Orientierung an maskulinen Identifikationsmustern. Diese Lösung, in den Augen der meisten Frauen sicher *keine* Lösung, erscheint bei der Bachmann ambivalent: einerseits sieht sie in der Übernahme eines männlichen Konzepts den Gewinn einer Perspektive, der das Weiterschreiben ermöglicht[26], andererseits entläßt sie den Leser mit der Anklage: "Es war Mord".

---

26 Vgl. dazu Toni Kienlechner: Interview mit Ingeborg Bachmann. In: *Die Brücke* 1 (1975), H. 1, S. 104 und Hans Mayer: Malina oder Der Große Gott von Wien. In: *Die Weltwoche* (Zürich) vom 30.4.1971, S. 35.

PETER HORN

CHRISTA REINIG UND "DAS WEIBLICHE ICH"

1976 sagte Christa Reinig in einer Notiz "Das weibliche Ich"[1] :

> Literatur ist hartes Männergeschäft von dreitausend
> Jahren her. Das muß jede Autorin erfahren, wenn sie
> das Wort 'Ich' gebraucht. Von da aus geht es plötz-
> lich nicht recht weiter. Die Formen und Formeln der
> Dichtersprache sind nicht geschaffen, daß ein weibliches
> Ich sich darin artikulieren kann.

Männliche Denkformen "sitzen in *allen* Bereichen von Sprache"[2],
bis jetzt "haben die Frauen noch nicht das Wort ergriffen, sie haben
nicht geschrieben und haben sich ihre Sprachen, im Plural, noch
nicht geschaffen."[3] Hélène Cixous argumentiert, daß der Logozen-
trismus des männlichen Diskurses (und es gibt bisher keinen anderen), den Phallozentrismus zu legitimieren habe; ein Angriff auf
diesen Phallozentrismus würde bedeuten:

> Alle Geschichten wären dann anders zu erzählen, die
> Zukunft unberechenbar, die historischen Kräfte würden
> sich wandeln, werden sich wandeln, ihre Hände, ihre Kör-
> per, ein anderes noch undenkbares Denken wird die Ge-
> schichte umgestalten.[4]

In ihrem autobiographischen Roman, *Die himmlische und die irdische Geometrie* (1975) und in ihrem Roman *Entmannung. Die
Geschichte Ottos und seiner vier Frauen* (1976) gelingt es Christa
Reinig, Geschichten in dieser geforderten Art "anders" zu erzählen,
zumindest eine mögliche Spielart des feministischen Erzählens sichtbar zu machen.

---

1 Christa Reinig, "Das weibliche Ich", in: *Alternative 108/109* (1976), S. 119.
2 Gudrun Brug, Saskia Hoffmann-Steltzer, "Fragen an Verena Stefan", in:
Alternative 108/109 (1976), S. 121.
3 Hélène Cixous, Catherine Clément, "Die Frau als Herrin", in: *Alternative
108/109* (1976), S. 128.
4 Hélène Cixous, "Schreiben, Feminität, Veränderung", in: *Alternative
108/109* (1976), S. 136.

Christa Reinigs eigene Entwicklung als Schriftstellerin zeigt,
daß das Finden solcher neuen Denkformen nicht leicht ist und ihr
auch nicht leicht gemacht wurde. Am Anfang stehen Gedichte,
denen man ihre Lehrmeister, Rilke und Bobrowski, aber auch den
frühen Brecht, nur allzusehr anmerkt (*Die Steine von Finisterre*,
1960; *Gedichte*, 1963). So z.B. das Gedicht *Verwandlung*, in dem
es heißt:

> Ich wandle unter meinen händen
> den tisch den teller und das brot
> bis sie sich mir entgegenwenden
> und sich verwandeln in den tod

oder "Die Ballade vom blutigem Bomme", die sich in ihrer drasti-
schen Lebendigkeit auf Brechtschen Bänkelsang zurückführen läßt.
Auch ihre frühen Erzählungen, z.B. "Ein Fischerdorf", die Geschichte eines männerlosen Dorfes, stehen stark unter dem Einfluß von Anna Seghers. Noch die Titelgeschichte ihres Erzählbandes,
"Drei Schiffe" (1965, 1959 zum ersten Mal in den *Akzenten* abgedruckt), ergeht sich in Exotischem, mit der damals modischen
Mischung aus Expressionismus und nihilistischer Verzweiflung.

Um so überraschender ist dann der nun wirklich ganz eigene
Ton des autobiographischen Romans. Es scheint, als setzte sich
überall die vom "Tastorgan" noch unkorrigierte "linsengetreue"
Abbildung der Welt durch, der "das Oberste zu unterst und das
Unterste zu oberst" erscheint.[5] Was beiden Romanen ihre fast
überscharf gezeichnete Realität gibt, ist das Fehlen eines Ordnungs-
systems, das Dinge und Erlebnisse in "Das Nichtige und das Wichtige" einteilt;[6] wie Doris Dankwart hat sie zwar "einige Prinzipien"
(E5), aber sie "sind dezentralisiert und hängen untereinander nicht
zusammen" (ES). Doris ist "z.B. Monarchistin", sie ist auch Kapi-
talistin, Sozialistin und Antifaschistin. Eben diese theoretische Inkohärenz erlaubt ihr, Erfahrungen so aufzuschreiben, wie sie sich
ihr darstellen: es gibt keinen theoretischen Filter, der bestimmte
Aussagen, weil sie nicht ins System passen, von vornherein ausblen-
det; eben diese theoretische Inkohärenz erlaubt ihr aber auch nicht,

5 Christa Reinig, *Die himmlische und die irdische Geometrie*, München 1978.
   (zitiert als G)
6 Christa Reinig, *Entmannung. Die Geschichte Ottos und seiner vier Frauen*,
   Darmstadt 1977. (zitiert als E)

Gegebenheiten so darzustellen, daß Lösungsmöglichkeiten sichtbar werden. Unter der Vielzahl der bunt zusammengewürfelten Weltanschauungen, die vom Vegetariertum und Buddhismus, über eine esoterische Auslegung der isländischen Sagas und der Weltraumfahrertheorien von Dänikens bis zum I-Ging und der Astrologie reichen, nimmt eine biologistische Konzeption des Verhältnisses von Mann und Frau und eine etwas vage Auffassung psychologischer Terminologie (Phallozentrismus) die Funktion eines Kristallisationspunktes ein, der die pluralistischen Weltkonzeptionen zwar nicht zu einer verbindet, aber ihnen doch immerhin einen Bezugspunkt gibt. Allerdings wird diese Theorie von einem Mann, Herrn Professor Doktor Otto Kyra formuliert, dessen Schicksal und dessen Verwandlung zum verweiblichten Mann aber im Mittelpunkt der Romanhandlung steht, und dessen Theorie von Doris und Menni – zwei der vier im Titel genannten Frauen Ottos – zumindest teilweise als Handlungsanleitung übernommen wird. Nach dieser Theorie beginnt der Mann seine Laufbahn als "Krüppel mit einem oder mehreren Kümmer-Chromosomen, sogenannten Ypsilonen. Der Fachausdruck dafür ist 'Abart'". (E17) Dieses abartige Wesen, von der männlichen, herrschenden Ideologie zur "Krone der Schöpfung" hochstilisiert, ein "leichtverletzliches, hochempfindliches Geschöpf, das, um zu überleben, aggressiv sein muß", ist in Wirklichkeit ein "Sexualschmarotzer, der sich eine fremde biologische Art als Haustier hält wie Ameisen sich Blattläuse halten." (E18) Als Lösungsmöglichkeit schlägt Otto vor, die Frauen sollten einen Virus erfinden, der selektiv das männliche Y-Chromosom angreift; das weibliche X-Chromosom ist unangreifbar, da die Männer auch eines haben; die andere Alternative, die Christa Reinig anzubieten hat, ist die Axt. Daß die Axt im Haus den Scheidungsrichter spart, ist ein durchaus gegen die Frau gerichteter Witz – ihn in dieser Weise umzudrehen, noch keine Erkenntnis. Berechtigt ist ohne Zweifel die Kritik an der sexistischen Justiz, wie sie anhand der Schlagzeilen zum Ihns-Prozeß dargestellt wird; doch der Gattenmord der beiden Frauen ist ebensowenig wie Doris' gegen Otto gerichteter Beilschlag das "letzte, höchste Wahrheitsantlitz" der Frau.

Mit einem gewissen Recht könnte nun allerdings die Autorin dem Interpreten vorwerfen, er sei, da "Männchen-Tier", überhaupt nicht kompetent. Zwischen den zwei biologischen Spezies sei ein Informationsaustausch unmöglich:

> Ich, Christa Reinig, vermag zweierlei: einmal mit Män-
> nern munter über belanglose Dinge plaudern, zum andern,
> sie mit Drohworten zur Ordnung zwingen. Eines kann
> ich nicht: ich kann mit Männern keinen Informations-
> austausch haben. Das kann keine Frau. Weil Männer
> nicht auf den Wortinhalt einer weiblichen Rede reagieren.
> Sie reagieren lediglich auf den Emotionsausstoß der
> weiblichen Stimme.
> (E78).

Der Interpret, auch durch diese Drohung nicht ganz eingeschüch-
tert, beharrt allerdings darauf, die Ursache der Verständnisschwierig-
keiten anderswo zu suchen: in der Absage an den rationalen Diskurs
überhaupt, in der Weigerung, sich bestimmten nachprüfbaren Kriterien der Logik und der empirischen Falsifikation zu unterwerfen.

Die Auflehnung gegen einen solchen Diskurs, der eben nur
ideologisch seine Allgemeingültigkeit behauptet, in Wirklichkeit
aber ein Herrschaftsdiskurs ist, einmal der Diskurs der Wenigen und
Wissenden gegen die Vielen, zum andern ein fast ausschließlich
männlicher Diskurs, den die Frau nur aufnehmen kann, wenn sie
ihre gesellschaftlich stereotype Rolle (weiblich, fraulich) durchbricht
— eine Auflehnung gegen diesen Diskurs ist verständlich. Schon die
Romantiker haben gegen die systematische Rationalität der Aufklärung geltend gemacht, daß dieser Diskurs unter die Funktionali-
tät des zentralisierenden, absolutistischen Staates subsumiert werden
kann und gegen ihn die Bastion der Subjektivität und des Irrationalen ausgebaut. Der 'objektive' Diskurs, "der kein dingfest zu machen-
des Subjekt der Aussage hat, der vielmehr, wenn nicht im Namen,
so doch kraft eines Universalwissens spricht",[7] ist zwar einem scheinbar für alle gleich geltenden Gesetz unterworfen, das diesem Diskurs seine Kohärenz garantiert, ist jedoch gerade deswegen Herrschaftsdiskurs, weil er bestimmte Aussagen von vornherein gar nicht zuläßt.

Die Auflehnung gegen einen solchen Diskurs prägt Christa
Reinigs Protest gegen die Strukturen des Sozialismus in der DDR
in ihrem Roman *Die himmlische und die irdische Geometrie.*

Daß gerade Christa Reinig, Arbeiterkind und aus den allerärmsten
Verhältnissen, sich gegen die im Arbeiter- und Bauernstaat verwirk-
lichte Ordnung auflehnt, kann nur den verwundern, der die Arbeiter
als "das Proletariat" zwar zum Subjekt der Revolution macht,

---

7 Hélène Cixous, Catherine Clément (Anm. 3), S. 128.

dann aber eben diese Arbeiter aus dem demokratischen Verfahren und dem rationalen Diskurs ausschließt. Wo der Unterricht im Marxismus zur öden Pflichtübung verkümmert, mit dessen Hilfe marxistische Musterknaben und -mädchen Karriere machen, wo andererseits Begabung, Phantasie und Kreativität in ein Akademikerproletariat ohne Zukunftsaussichten führt, wo die Langeweile des grauen kommunistischen Alltags so zunimmt, daß man eine Choleraepidemie als willkommene Ablenkung begrüßt, dort darf man sich nicht wundern, daß selbst eine Tochter aus einem klassenbewußten, proletarischen Haus, in dem das Familien-Maschinengewehr von revolutionärer Aktion zu revolutionärer Aktion versteckt gehalten wurde, sich schließlich fragt, was das denn für ein Sozialismus sei. Sichtbar wird immer wieder die Diskrepanz zwischen dem Anspruch des Systems, auf dem Wege zum Sozialismus zu sein oder ihn gar schon verwirklicht zu haben und der subjektiven Erfahrung. Beispielhaft dafür erscheint Christa Reinig das "widerwärtige Lebensmittelkarten-System, das das ganze Volk in Ernährungskasten einteilte" (G84): grotesk der Parteifunktionär Onkel Walter, der, um seine Schwerarbeiterration zu vertilgen sich einen Hund anschaffen muß, während seine Frau mit der Lebensmittelkarte für Sonstige, der sogenannten Todeskarte, als einzige Nahrung einen trockenen Brotkanten hat und diese Differenz auch noch als "Gerechtigkeit" verteidigt. Ähnlich wird ihr bei einem Besuch in Dresden klar, daß auch die sozialistische Gesellschaft Schwierigkeiten hat, die sozial Schwachen, die Außenseiter so zu integrieren, daß ihnen ein menschenwürdiges Leben garantiert wird. Vor einem Metzgerladen, in dem frisches Pferdefleisch abgegeben wird, steht sie mit einem billigen Eßnapf in einer Schlange:

> Da stand der Auswurf der sozialistischen Zivilisation und sah genau aus wie jeder Auswurf: weißhaarig, strubbelig, grau-braunsackmäßig gekleidet, gebeugt, einbeinig, einarmig mit und ohne Krücken. Blasse, pickelige Jungen, zu faul zur Arbeit, zu feige zum Verbrechen, zu schwächlich, zu häßlich, den Zuhälter zu machen, drängelten sich, brockten Brötchen in den Pferdefleischabsud und löffelten, leckten den Löffel ab und gaben ihn weiter.
> (G136)

Sie sieht aus einem seltsamen Blickwinkel (den sie im Roman aus ihrer Bechterewschen Krankheit erklärt: "Ich konnte nur noch mit Hilfe von Prismen und Spiegelbrillen geradeaus sehen" [G13]);

aber, was sie sieht, ist immer scharf gezeichnet. Es ist daher kein Wunder, wenn die "Erwachsenen" sie nicht mögen, wenn sie den Erwachsenen "unheimlich" ist.

Das Schlimmste, was sie den ernsthaften Büroabsitzern jeder Farbgebung antun kann, ist ihre Unfähigkeit, ernsthaft zu bleiben, selbst da, wo es ihr äußerst ernst ist. Ihr Leichtsinn, dem jede über mehr als zwei Seiten durchgehaltene Ordnung wie Zwangsdenken aussieht, macht sich nicht nur über die Irrationalität jeder Form von Rationalismus lustig, sondern auch noch über ihren eigenen Versuch, dem Irrationalismus die Kohärenz einer Erzählstruktur überzustülpen. So stellt sie einerseits ganz ernsthaft fest, daß ihr Unfall genau zur richtigen astrologischen Stunde stattfand ("Ich war genau in den richtigen Stern gefallen"), macht sich aber einige Seiten später über ihr extrem deutsches Horoskop lustig:

> Es ist ein sogenanntes Quintil-Dezil-Harmonic, d.h. es besteht nur aus den Winkeln von 36, 72, 108 und 144 Grad. Ein solches Horoskop ist typisch für Rennfahrer und Massenmörder. Allerdings ist mir außer meiner Nationalität von diesen Eigenschaften nichts anzumerken. Ich besitze nicht einmal einen Führerschein.
> (G109).

Die Gefahren aber auch die Notwendigkeit dieser "Freiheit" für den Künstler, werden in der Disputation zwischen dem Satan und Bach über Tohuwabohu angesprochen. Tohuwabohu "ist das Gegenteil des Schöpfungsaktes"; Bachs Wohltemperiertes Klavier ist aber Tohuwabohu, weil es Getrenntes vermengt. Und so wirft ihm der Satan vor:

> Aber mit deinem Anliegen, die Musik in die Kreisbahn des Quintenzirkels einschwingen zu lassen, hast du den Beweis erbracht, daß der Tohuwabohu mit der Kreisbahn identisch ist. Du hast die Töne entstimmt, den Menschen das Gehör verdorben, damit sie mich besser hören können. Ich bin der Kreis. Ich bin der Dämon der in sich selbst zurücklaufenden Zeit.
> (G28).

Bachs Passacaglia a-moll Bachverzeichnis 582 erscheint Bach in dem Gespräch selbst als eine "schreckliche Musik", denn: "Damals brachte ich es fertig, eine Fuge zu schaffen, die ein Abfall aus der Ordnung ist und gleichzeitig der Schmerz über diesen Abfall." (G30). Die Tatsache, daß die Menschen untereinander, aber auch die Menschen in ihrem Verhältnis zu den Tieren, "konkurrierende

Lebewesen" (G109) sind, erzwingt eine bestimmte Ordnung; eben diese Ordnung aber ist dem Individuum unerträglich. Am Beispiel einer Koppel wilder Pferde illustriert Christa Reinig die Notwendigkeit der Ordnung. Das Reiterkorps, das sich zu Beginn des Krieges seine Pferde erst einfangen muß, sie in stundenlanger Arbeit sattelt und zureitet, wird den Krieg verlieren, es hat keine Chance im Konkurrenzkampf. "Nun könnte man sagen, was interessiert das die Pferde, daß die Reiter sich die Knochen brechen und der Krieg verloren geht, nur weil die Pferde nicht zugeritten sind? Antwort: Sehr viel interessiert das die Pferde, der siegreiche Feind ist Pferdefleischesser." Tohuwabohu, die Anarchie ohne Richtung (Bereschit), ist einerseits die Forderung des isolierten Individuums, andererseits, wegen der Wehrlosigkeit des Individuums, auch dessen notwendiger Untergang. Das Individuum, das sich nicht in das Kollektiv einreiht, entdeckt, "daß es gegessen werden kann", und zwar, im Falle einer Hungersnot, im wörtlichsten Sinne: "Denn der Mensch ist eßbar" (G133):

> Der Starke wird den Schwachen fressen, der Diszipli-
> nierte den Hampelmann, der Hassende den Liebenden,
> der Gierige den Verzichtenden, jedes Kind, das als fröh-
> lich-freies Spielkind aus der Schule entlassen wird, ist
> auf die Bratpfanne entlassen.
> (G133)

Die Ordnung (jede Ordnung: die kapitalistische, die feudale, die sozialistische), muß dem Individuum die Freiheit, die es wirklich meint, das Tohuwabohu, versagen, sie kann ihm nicht einmal garantieren, daß es es auch innerhalb der Ordnung in Notzeiten nicht gefressen wird, sie ist aber doch die einzige Hoffnung, die es in dieser darwinistisch-biologischen Welt der Christa Reinig überhaupt gibt. Und dennoch, das Individuum, um sich selbst zur realisieren, muß eben diese Ordnung durchbrechen, Tohuwabohu erzeugen. Die Einsicht in die Notwendigkeit, die vom deutschen Idealismus ebenso wie vom dialektischen Materialismus als die höchste Freiheit gepriesen wird, eignet sich eben immer wieder dazu, als Notwendigkeit anzupreisen, was den gerade Herrschenden frommt. Gegen diese falsche "Notwendigkeit" zu protestieren, die den erreichten, unzulänglichen Zustand gegen das noch bessere Mögliche verteidigt, ist zu Recht immer schon selbstgewählte Aufgabe des progressiven Schriftstellers gewesen, selbst dort, wo sich diese Progressivität als Irrationalismus tarnen muß, um der alles beherrschenden Ratio entgegentreten zu können. Die Fronten sind zwar klarer, wo das Revolutionäre gegen den den bestehenden Widersinn unter dem Banner der Rationalität aufstehen kann, wo die bürgerlich oder proletarische Revolution mit der Überzeugung kämpft, das Licht der Wahrheit gegen das Dunkel des Feudalismus oder Kapitalismus zu tragen; aber Revolutionen hat es auch dort gegeben, wo die Revolutionäre keine klare Konzeption ihrer Strategie entwickeln konnten, wie etwa die Bauern des Bauernkrieges mit ihren Träumen von einem urchristlichen Gleichheitsstaat, oder wo die Aufsässigkeit sich gar nicht erst als revolutionäre Bewegung formieren konnte, wie bei den Hexen des späten Mittelalters.

Die Inkohärenz der Erzählform der Christa Reinig ist also Prinzip: Jede Ordnung des Diskurses, die sich durchsetzte, würde eben jenes Prinzip des Tohuwabohu gefährden, eine Richtung festlegen, die alle anderen Richtungen ausschließen müßte. Die Ordnung, die die jeweils herrschende Gruppe, das Kollektiv, dem Künstler aufzwingen will, ist die, ihn darauf zu verpflichten, "den Kampf der Tugenden gegen das Laster darzustellen" (G63), das heißt natürlich den Kampf der von der jeweiligen Gesellschaft als Tugenden sanktionierten Haltungen gegen die von der jeweiligen Gesellschaft als Laster verurteilten Haltungen. Gegen diese "dogmatische" Haltung, die schon von vorneherein (a priori) weiß, welche Haltung gesellschaftlich förderlich ist, die behauptet, sie wüßte, was "die" Tugend und "das" Laster ist, insistiert Christa Reinig auf dem "empirischen" Charakter des Romans:

> Wenn im Roman der Geist über die Welt gesiegt hat, ist dem ermüdeten Leser längst das Buch aus der Hand gefallen. Denn es gibt eben nur vier Denkgesetze. Die Sinnenwelt allein ist unerschöpflich.
> (G63)

Das Empirische ist aber nun "alles, was der Fall ist", ohne wertende Unterscheidung, ohne Kritik; die Kunstart des Empirismus, die wertungslos auf das Vorhandene gerichtete Linse der Kamera des Naturalismus. Ansätze zu einer solchen "linsengetreuen" Abbildung der Welt sind, wie bereits gesagt, in Christa Reinigs beiden Romanen vorhanden. Am schärfsten vielleicht in der Beschreibung ihrer Kindheit und ihrer Familie, in der die Männer den Schnaps aus Eierbechern soffen, in der ihre Mutter eine "emanzipierte Frau" war, nicht "weil sie sich geweigert hatte, den Vater ihres Kindes zu heiraten", sondern "weil sie abends im Bett eine Zigarette zu rauchen pflegte", in der Wasser aus Gläsern, statt direkt aus dem Leitungshahn getrunken, Wohlstand andeutete, in der es schieres Fleisch nur einmal im Jahr, am ersten Weihnachtsfeiertag, gab. So überzeugend solche Beschreibungen sind, auch Christa Reinig weiß natürlich, daß die Welt nicht nur das ist, was der Fall ist: "am schmerzlichsten ist sie das, was nicht der Fall ist" (G62).

Auch der Empiriker nämlich setzt sich mit dem Tatsächlichen deswegen auseinander, weil es so wie es ist, unzulänglich ist: je schärfer er das sinnliche Sosein der Welt fixieren kann, desto schärfer drängt sich die Erfahrung auf, daß das Vorhandene mangelhaft ist.

Das Empirische ist nun genauso dogmatisch wie das dogmatischste A Priori: auch das Empirische verleiht dem, was der Fall ist, den Anschein des Notwendigen. Was der Fall ist, ist der Fall. Was sein muß, muß sein. Die Tautologie des Dogmatischen und des Empirischen zu durchbrechen, heißt, die Widersprüche im Sein und im Sollen aufzuzeigen: dem Dogmatismus vorzurechnen, daß die empirische Realität nicht so ist, wie sie dem Denkgesetz nach sein soll, aber auch der Empirie vorrechnen, daß das Tatsächliche nicht die Würde des Sollens hat, also geändert werden kann. In dem Gespräch zwischen Kant und De Sade bezeichnet Kant sowohl den Rationalismus wie den Empirismus als "Zustand der Verblendung" und schlägt einen "mittleren Weg" vor:

> So fand ich den mittleren Weg, nicht als asketischer
> Selbstquäler in der moralischen Tracht des Rationalisten,
> nicht als genüßlicher Nächstenquäler im libertinen An-
> zug des Empirikers, sondern als aus Alpträumen Erwach-
> ter rede ich zu Ihnen.
> (G179)

Bezeichnen wir diesen dritten Weg als "Dialektik", als das Aufzeigen von Widersprüchen nämlich, und den Versuch diese Widersprüche als Motor der Veränderung zu begreifen, nicht als moralische Entgegensetzungen von gut und böse oder gnoseologische von richtig und falsch, denn das würde sie ja wieder im Sinne eines einzig richtigen Systems dogmatisieren. Der Versuch eine solche Haltung einzunehmen, erscheint in dem Gespräch zwischen Bach und Satan, wenn Satan Bach einen Widerspruch vorwirft: er habe der Partei Mephistos Weisheit zugebilligt, dann aber müsse er akzeptieren, daß am Ende aller Tage "nicht nur Finsternis und Licht, sondern auch Weisheit gegen Weisheit" kämpfen werden; Bach antwortet: "Das Licht kämpft nicht gegen die Finsternis. Es verwandelt sie" (G30).

Von hier aus ergäbe sich die Möglichkeit, die biologistische Konzeption des Verhältnisses zwischen Mann und Frau, wie sie der Roman *Die Entmannung* anbietet, einer solidarischen Kritik zu unterziehen. Zuzugeben ist zunächst die Realität des Sexismus, der vielfältigen Formen der Unterdrückung und Benachteiligung der Frau, nicht nur im Kapitalismus, sondern auch in den sozialistischen Ländern, auch wenn eine Differenzierung dieser pauschalen Behauptung wünschenswert wäre; es ist in dieser Form sicher nicht richtig, die Position der Frau z.B. in der DDR mit der Position der schwarzen Frau in Südafrika summarisch gleichzusetzen. Unbestritten ist wohl die Gültigkeit der von Thea aufgestellten "Weiber-Weltformel":

> Lehnst du dich auf, kommst du ins Zuchthaus, lehnst
> du dich nicht auf, drehst du durch und mußt ins Irren-
> haus und beneidest die Weiber, die zum Beil gegriffen
> haben. Unterwirfst du dich mit Lust, kommst du mit
> deinem kaputtgerammelten Unterleib ins Krankenhaus.
> Und mit sieben Schläuchen aus dem Bauch beneidest
> du die Frauen, die im Irrenhaus dahindämmern dürfen,
> während du dich zu Tode kreischen mußt.
> (E153)

Schon die Folgerung allerdings, die Menni aus dieser Darstellung zieht — "Beil oder Nichtbeil, das ist hier die Frage" — ist angreifbar. Nicht bestritten wird auch die Gültigkeit der Darstellung der Vergewaltigung der Frau im Ehebett bis hin zu der brutalen Erniedrigung Xenias im Kapitel "Xenia will nicht":

> Während Xenia von zwanzig Männern um die Wette
> geschleppt und ihr jedes Kleidungsstück vom Leibe ge-
> fetzt wird, erkennt sie, daß das entsetzliche Kreischen
> aus ihr selbst kommt. Sie wird auf die Erde geschmissen,
> festgehalten, von oben bis unten mit Bier begossen. Sie
> wird auf den Kopf gestellt, Branntwein wird in ihre
> Scheide gekippt. Den Rest der Schändung kriegt sie
> nicht mehr mit.
> (E122)

Als sie aufwacht, entdeckt sie, daß die Männer, als sie nicht mehr potent waren, einen Ast in ihre Scheide gesteckt haben.

Zugegeben seien auch all die anderen großen und kleinen Demütigungen der Frau, ihre Benachteiligung im Berufsleben, die sexistische Justiz, das ganze Spektrum der Gründe, die den Feminismus zu einer notwendigen gesellschaftlichen Bewegung gemacht haben. Kurz, es geht nicht um die Berechtigung des Feminismus, der den Roman in seiner Orientierung bestimmt, sondern allein um die Form, in der Fragen aufgeworfen und Lösungen angestrebt werden.

In dem Kapitel "Der Melker" läßt sich Doris mit einer Karikatur eines Linken ein, dem "Eichmann von womens liberation" und versucht ihre Probleme (auch ihre Position als Frau) vom marxistischen Standpunkt aus zu lösen. Die unzulängliche Position des Marxismus in Fragen Feminismus zwingt sie, unsicher von Position zu Position zu springen:

> Allerdings hat Karl Marx nicht alles richtig gesehen. Aber Lenin! Allerdings hat Lenin nicht alles richtig gesehen. Aber Stalin! Allerdings hat Stalin nicht alles richtig gesehen. Aber Trotzki! Allerdings hat Trotzki nicht alles richtig gesehen. Aber Mao!
> (E112)

Der Versuch Kyras den Marxismus auf *einen* Diskurs festzulegen, wie sein Vergleich mit dem Schachspiel zeigt, das eben nicht mehr Schach sondern Dame ist, wenn man die Schachfiguren durch schwarze und weiße Knöpfe ersetzt, begreift den marxistischen Diskurs als ein Dogma, das nicht entwickelt werden kann; Theorie ist aber ein Spiel, dessen Spielregeln sich beim Spielen nach Maßgabe neuer Einsichten ändern müssen. Ein Funktionärsmarxismus, auf einige hundert Diamat-Maximen reduziert und fürs Volk in Katechismusformat gegossen, kennt allerdings die Dialektik von Theorie und Empirie nicht, in der eine Theorie nie zum abgeschlossenen System werden kann, weil sie grundsätzlich jederzeit durch den Widerspruch der Tatsachen zur Neuformulierung der Theorie gezwungen werden kann. Nur einem solchen Blick, dem wissenschaftliche Theorie zum Dogma gerinnt, können Freud, Marx und Einstein als neue göttliche Dreieinigkeit und als Sieger des zweiten Weltkriegs in den Blick kommen, und deren Theorien als szientistische Neuauflage biblischer Begriffe erscheinen. Besonders ernst ist in diesem Zusammenhang die Unfähigkeit weiter Kreise im feministischen Lager, Freuds Theorie als wesentlichen Baustein einer feministischen Theorie zu begreifen — trotz der zugegebenermaßen vulgären Praxis seiner Nachfolger und trotz patriarchalischer Inkonsistenzen in seiner Theorie. Die Reduktion Freuds auf einen unverhüllten Sexismus jedenfalls entspricht weder der Wahrheit noch dürfte sie für die Weiterentwicklung des Feminismus selbst sich positiv auswirken. So sagt der Kardinal in Rei-

nigs *Entmannung*, augenscheinlich mit voller Zustimmung der
Autorin:

> "Besonders delikat ist der Fall Sigmund Freud. Er ist
> vor allem der unbestrittenste Sieger über Hitler. Aber
> stellen Sie sich vor überall da, wo er das Wort weiblich
> setzt, würde das Wort jüdisch stehen. Man hätte ihn in
> Nürnberg hängen müssen."
> (E100).

Zu Recht hat Juliet Mitchell gegen eine solche vulgär reduzierte
Auffassung des Freudschen Systems die subversiven und revolutionären Züge der Psychoanalyse herausgearbeitet.[8] Freuds wesentlicher Beitrag war, ihrer Meinung nach, die Entdeckung, daß das
Menschentier gesellschaftlich konstruiert wird; Frausein ist daher
nicht, wie Christa Reinig anzunehmen scheint, eine biologische
Qualität, sondern eine gesellschaftliche. Der kultursetzende Ödipus
ist eben nicht Natur (Biologie), sondern der Übergang aus der biologischen Determination in die gesellschaftliche. Eine Analyse
der Situation der Frau aber, die vom Biologischen ausgeht, muß
gerade die spezifische Form der Unterdrückung der Frau mißver-
stehen.

Das Mißtrauen gegen den naturwissenschaftlichen Diskurs
(als patriarchalischen Diskurs im Modus der "Vergewaltigung"
der Natur), hier symbolisiert im Namen Einstein, hat ebenso ver-
heerende Folgen. Nicht daß hier einer unreflektierten wissenschaftlichen Fortschrittsgläubigkeit das Wort geredet werden soll, nicht
daß ein der profitorientierten Technokratie unterworfener Szien-
tismus als Segen für die Menschheit gepriesen werden soll, nicht
daß schließlich die Leiden der Menschheit unter der ständig grau-
siger werdenden Kriegstechnologie und die Verwüstungen der Natur
durch einen auf Raubbau gerichteten und den Profit maximierenden
Abbau der natürlichen Ressourcen beschönigt werden soll —, aber
ein bißchen natürlicher Gemüseanbau da und ein bißchen Vegetariertum dort ist doch für diese Probleme keine Lösung. Ohne Zweifel ist die Frage, ob die Menschheit nur die Wahl habe, zu verhungern
oder sich mit Insektiziden zu vergiften, oder ob es einen anderen
Ausweg gibt, für die Zukunft der Menschheit eine entscheidend
wichtige Frage; sie läßt sich aber nicht mit der unbewiesenen Be-

---

8   Juliet Mitchell, *Women's Estate*, Harmondsworth 1971, S. 159-172.

hauptung des Herrn Barsch lösen: "Gebe ich natürlichen Dünger, muß ich nicht gegen Insekten spritzen" (G147). Die Richtigkeit dieser Aussage läßt sich selbst eben nur wieder mit Hilfe der Wissenschaften beweisen. Und Christa Reinigs "Beweis", daß wir eben doch nicht als Carnivoren auf die Welt gekommen sind, ist gewiß erwägenswert, daß wir aber an Eiweißüberfraß eingehen müssen, erst dann mehr als eine Vermutung, wenn es auch methodologisch abgesichert empirisch bewiesen ist. (vgl. G106) Und so hübsch die Geschichte von der Heilung der Stadt Berlin von der Cholera durch die geistige Kraft der Christa Reinig ist, so wenig hilfreich ist ihr Ausfall gegen die "kommunistischen Materialisten, christlichen Materialisten, naturwissenschaftlichen Materialisten, Ärzte-Materialisten, Pfarrer-Materialisten, Prolet-Materialisten, Ästhetik-Materialisten, Pathetik-Materialisten" (G132). Ist die Rückkehr zur Arzneikunst der Schamanen wirklich die einzige Lösung?

> ich hätte es auf jeden Fall gewagt, nun aber unter dem
> Schutz von Herrn Parsifal und seinen seltsamen Tönen,
> setzte ich mich hin und richtete meine Gedankenkraft
> auf die Cholera, ihr klarzumachen, daß sie ihre Beute
> habe und sich nun doch besser zurückzöge ... Die Cho-
> lera war verschwunden. Von Ostermontag auf Dienstag
> war sie weg.
> (G132)

Wenn feministisches Denken sich als ein Denken versteht, das sich von den Erkenntnisprozessen der Frau herleitet, muß es dann in dieser simplen Weise Vorurteile über die Unfähigkeit der Frau zu denken bestätigen, oder wäre feministisches Denken nicht gerade ein solches, das die Blindheiten der traditionell-männlichen Gesellschaft durchbricht, ohne die Verbindlichkeit des Diskurses selbst aufzugeben? Wäre dem nicht entgegenzuhalten, was Hélène Cixous in einem Gespräch mit Catherine Clément betont hat:

> Aber die Fähigkeit, einen Diskurs zu organisieren, ihn
> zu strukturieren, die Fähigkeit, ihn voranzutreiben, ist
> absolut notwendig.[9]

Das ist gewiß nicht so gemeint, die Frau habe den herrschenden wissenschaftlichen Diskurs einfach zu akzeptieren, ihn unbefragt

---

9 Hélène Cixous, Catherine Clément (Anm. 3), S. 133.

hinzunehmen. Aber sie kann aus ihm nur aussteigen auf die Gefahr
hin, unverständlich zu werden.

Das trifft nun gleicherweise wie die Behandlung der Psychoanalyse und der Naturwissenschaft den dritten in der patriarchalischen Dreieinigkeit: Karl Marx. Es ist etwas billig, den Beitrag
des Sozialismus zur Frauenfrage einfach zu negieren:

> In diesem Kampf stehen die marxistischen Männer an
> der äußersten rechten Wand bei den Erzvätern und
> Patriarchen. Daher ist die vorgebliche Gleichberechti-
> gung der Weiber in den sozialistischen Staaten nichts
> wert.
> (E55)

Zwei Dinge wären möglich: einmal die genaue, empirische Kritik
der tatsächlichen Position der Lage der Frau in den sozialistischen
Ländern, wie sie zum Beispiel Hilda Scott leistet;[10] oder aber eine
Kritik an der marxistischen theoretischen Position, wie sie zum
Beispiel von marxistischer Seite selbst von Anette Kuhn und Ann-
Marie Wolpe und ihren Mitarbeitern versucht wurde.[11] Zur tatsächlichen Lage der Frau in der DDR zum Beispiel erfährt man bei
Christa Reinig herzlich wenig; eine Auseinandersetzung mit dem
Marxismus findet ebenfalls nicht statt. Statt dessen wird dem Leser
einfach suggeriert, die wirkliche Klassenschranke verlaufe nicht
zwischen Kapital und Arbeit, sondern zwischen Mann und Frau.
(vgl. E113). Von dem Sozialisten, der ihr das Gegenteil beweisen
möchte, muß Doris "gerettet werden".

Das Mißtrauen der zeitgenössischen Frauenbewegung gegen den
Marxismus und den Sozialismus ist nicht ganz unberechtigt; und
Christa Reinigs eigene Erfahrungen mit dem Sozialismus in der
DDR mögen in ihre pauschale Abwertung des Marxismus eingegangen sein. Es ist wohl kaum möglich daran zu zweifeln, daß auch
die sozialistischen Staaten die volle Gleichberechtigung der Frau
noch herzustellen haben. Immerhin gibt aber selbst Hilda Scott
zu, daß die marxistische Theorie von der Rolle der Frau seit etwa
hundert Jahren die Grundlage jeder ernsthaften feministischen

---

10 Hilda Scott, *Women and Socialism. Experiences from Eastern Europe*,
   London 1976. (Original-Titel: *Does Socialism Liberate Women?* Boston
   1974).
11 Anette Kuhn and AnnMarie Wolpe, *Feminism and Materialism. Women
   and Production*, London, Henley, Boston 1978.

Position ist, daß der Begriff der entfremdenden Rolle des Eigentums und der patriarchalischen Familie, heute Gemeingut feministischen Denkens, Kernbegriffe feministischer Theorie geblieben sind; ebenso die Erkenntnis, daß die Frau sich aus ihrer unterdrückten Rolle nur durch produktive Arbeit außerhalb der Familie zu größerer Unabhängigkeit durchkämpfen kann, daß die Hausarbeit der Frau Ausbeutung ist und als öffentliche Industrie organisiert werden müßte, daß selbst kleine Kinder nicht dauernd in der Obhut ihrer Eltern aufwachsen müssen usw. Immerhin haben in den sozialistischen Ländern Frauen nicht nur das Recht, sondern auch tatsächlich die Möglichkeit, in allen Berufen tätig zu sein; wenn sie auch noch immer nicht in allen Berufen entsprechend ihrer Zahl vertreten sind, so haben sie sich doch solche Positionen in hinreichend großer Zahl erobert, um zu zeigen, daß sie nicht nur ausnahmsweise, sondern im Regelfall solche Posten besetzen können.[12]

Ebenso wie die empirische Untersuchung der tatsächlichen Lage der Frau in den sozialistischen Ländern zugeben mußte, daß das Versprechen des Sozialismus der Frau gegenüber noch lange nicht voll eingelöst ist, müßte eine Untersuchung der marxistischen Theorie feststellen, daß eine adäquate Theorie noch aussteht. Aus ganz bestimmten historischen Gründen stand die Untersuchung der Lage der Frau im klassischen Marxismus am Rande, und es ist deutlich, daß eine marxistische feministische Theorie zu einer Transformation des Marxismus selbst führen müßte: neben der Analyse der materiellen Bedingungen der Reproduktion des Menschen durch die Arbeit, die in jeder marxistischen Theorie auch weiterhin das zentrale Interesse des Forschers verlangt, müßten doch auch die Mechanismen der sexuellen Arbeitsteilung und ihrer Reproduktion durch die Familie und durch den ganzen ideologischen Apparat untersucht werden. Ansätze zu einer solchen Theorie finden sich bei Wolpe und Kuhn, bei Ellis und Coward und anderswo.[13]

Statt dessen erhalten wir, neben der Anweisung, die Männer auszurotten (durch Viren oder durch die Axt), neben dem Hinweis auf den Endkampf der Menschheit, der nicht zwischen Engeln

---

12 Scott (Anm. 10), S. 209ff.
13 Rosalind Coward and John Ellis, *Language and Materialism,* London 1977; Rosalind Coward, "Rethinking Marxism", in *m/f 2* (1977), S. 85-96; Juliet Mitschell, *Psychoanalysis and Feminism,* London 1974; Julia Kristeva, *About Chinese Women,* London 1977.

und Teufeln, nicht zwischen Russen und Chinesen, sondern "zwischen den Zuhältern und ihren Huren" (E25) entbrennen wird, nur den Prozeß der "Entmannung" angeboten, den Otto Kyra beispielhaft für uns durchlebt. Otto Kyra tritt im Roman zunächst als "Playboy und Chirurg" (E16) auf; obwohl er nicht einer der Männer ist, für die die Frau "was zum Draufrumtrampeln ist" (E9), trifft für weite Strecken des Romans auf ihn die Theorie seiner Chef-Assistentin Doris zu, daß für Männer die Frau nicht einmal ein Planet, sondern nur der Trabant eines Planeten sind:

> Nach dem Befund der Soziologie ist die weibliche Frau als Trabant-Frau zu bezeichnen. Frau Luna gewissermaßen. Sie ist nicht Planet der männlichen Zentralsonne, sondern Trabant eines Planeten, nämlich des männlichen Interesses. Männer, die mehrere Planeten, d.h. Interessen haben, haben mehrere Frauen. Männer, die nur ein einziges Interessengebiet haben, an dem Perpetuum mobile bauen oder an ihrer Karriere, sind monogam veranlagt. Ändert ein Mann sein Interesse, geht die Ehe kaputt, denn er braucht für sein neues Interessengebiet eine neue Frau Luna.
> (E6)

Otto Kyra hat vier Frauen, Doris, seine Assistentin, Klytemnästra, die Hausfrau und Mutter (wohlgemerkt, nicht seine Frau), Thea, die Prostituierte und Dichterin, und schließlich Xenia, die Putzfrau, die sich von Kyra als Zofe anstellen läßt. Beim Abendessen mit Sigmund Freud und Alfred Hitchcock sieht sich Kyra vorübergehend in die Rolle des Verteidigers der Frauen gedrängt, ohne auch nur entfernt eine feministisch annehmbare Position einzunehmen. Erst auf dem Heimweg, in der Untergrundbahn hat er sein mystisches Urerlebnis, das seine Wandlung, seine "Entmannung" einleitet. Durch die unterirdischen Höhlen irrend, wird plötzlich die "Kausalkette durchbrochen". Kyra befindet sich im "Weltinnenraum" — bei den "Müttern" (die Szene aus Faust II wird übrigens gegen Ende des Romans in extenso als Zwiegespräch zwischen Goethe und Gründgens verfremdet zitiert).

> Es ist ein riesiges Herz. Aber es ist nicht sein eigener Herzschlag, den er am Handgelenk abzählt. Er steht einfach da, gelöst und glücklich. Keine seiner Muskeln gespannt. Sein Mund fühlt sich an wie ein Babymund. Die fieberhafte Gedankenarbeit weicht einer Seelenruhe. Endlich ist der Faden durchtrennt: er ist in einem Mut-

terschoß. Im Vollbewußtsein empfängt er seine Inkarnation.

Die Vision steigert sich schließlich zu einem Hymnus auf Biologie und Anatomie der Frau, der er als Mann nichts als sein Nicht-Uterus-Sein entgegenzustellen hat. Mann-Sein ist eigentlich Nichts-Sein:

> Es ist ein Gnadengeschenk, und er weiß: Dieser Ort ist
> nicht ihm bestimmt. Rings um den Fremdling pulsen
> die Eingeborenen dieses Ortes. Rein weibliche Wesen
> steigen in Blasen auf. Embryonen. Hormonströme um-
> spülen sie. Aus dem Meer der Hormone steigen drei Weib-
> Inseln auf: Gewöhnliche Weibinseln mit nur einem Uterus,
> Doppelweib-Inseln mit zwei getrennten Uteri, Zwitter-
> weib-Inseln mit einem Uterus und Hodengewebe. Das
> sind die drei Weibergeschlechter. Er allein, der Mann,
> der Nicht-Uterus.
> (E43f).

Der nächste Schritt in seiner Emanzipation zur Frau hin ist seine Verteidigung der Frau gegen die Anklage des englischen Artes John Postgate, die Frauen seien an der Überbevölkerung der Erde schuld: "In der Schule lernen sie, daß sie für uns still halten sollen, denn sie haben als Auffangorgan für unseren Eiweißüberfraß zu dienen" (E52). Schuld ist der Mann. Die Diskussion endet mit einem Zitat aus dem Tao-Te-King: "Dreißig Speichen umringen die Nabe, / Wo nichts ist, liegt der Nutzen des Rades." und der Auslegung dieses Gedichts durch Otto Kyra:

> "Das Rad ist rund, es ist der Himmel, mens private. Das
> Haus ist viereckig, es ist die Erde womens private. Das
> chinesische 'Nichts' heißt eigentlich: Frei von Privat-
> eigentum. Es gibt kein mens private."

Das wiederholt noch einmal seine Auffassung, daß der Mann ein Nicht-Uterus ist (in bewußter Opposition zu der psychoanalytischen Theorie, daß die Frau ein Nicht-Phallus ist), geht aber darüber hinaus. Wenn Lacan behauptet, daß DIE Frau nicht existiert, weil die Frau ihrem Wesen nach nicht jede (pas toute) ist, daß die Frau ausgeschlossen ist von der Natur der Dinge, die die Natur der Wörter ist, dann dreht Kyra die These vom Nicht-haben des Phallus und vom Ausgeschlossensein aus der symbolischen Welt einfach um,

---

14 Jacques Lacan, "La femme n'existe pas", in: *Alternative 108/109*, S. 161.

ohne sie allerdings verstanden zu haben. Nun ist der Mann das Loch, die Nabe des Rades, das Nicht-Sein. In diesem Versuch, die Frau aufzuwerten, indem man den Uterus zum Symbol macht, übersieht Kyra nämlich, daß gerade der Eintritt in die symbolische Welt, die Verwandlung des anatomischen Penis in den symbolischen Phallus, seinen Preis hat: es subsumiert das reale Individuum unter das symbolische (ideologische) Subjekt. Und er übersieht weiter, daß der Uterus keine Symbolfunktion haben kann, weil er eine reale Funktion hat. Mutter sein ist eine unmittelbar feststellbare Tatsache, Vatersein eine Erfindung der Kultur: erst die Regelung der Verwandtschaftsbeziehungen durch die Sprache haben den "Vater" als symbolische Funktion neben die natürlichen gesetzt (Muttersein, Kindsein). Die Aufhebung des phallischen Repräsentanten ist auf diese einfache Weise nur als Rückkehr in die Natur zu haben, also nicht zu haben.

"Ich arbeite daran, mich in ein Weib umzuwandeln", sagt Kyra etwas später (E88); dagegen ist nichts einzuwenden; "denn man muß sich nicht unbedingt auf die Seite des $\forall x \, (\Phi x)$ schlagen, wenn man männlich ist. Man kann sich auch auf die Seite des 'nicht-all' (pas-tout) stellen. Es gibt Männer, die ebensosehr Frauen sind. Das kommt vor. Und das bekommt ihnen auch gut. Ich will nicht behaupten, daß es ihr Phallus ist, der es ihnen verwehrt, eine Frau zu sein; trotzdem ahnen sie, erleben sie die Idee, daß es eine Lust jenseits (des Phallus) gibt. Das ist es, was man Mystiker nennt."[15] Man sollte das übrigens nicht wie Kyra selbst mit Transvestismus und Homosexualität verwechseln; Homosexualität ist nämlich, auch wenn sie sich weiblich beträgt, phallische Lust, eine aus Entsetzen über die symbolische Kastration der Frau in sich selbst kreisende phallische Lust, allerdings. Verweiblichung des Mannes aber kann nur heißen, das Entsetzen vor der Frau zu überwinden. Nur dann könnte er mit der Frau in einer Art verkehren, die nicht nur wie Liebe aussieht, sondern Liebe ist. Das eben ist Mystik: der Glaube an das Lusterlebnis der Frau, soweit es mehr ist als der Glaube an Gott.

Eine Erkenntnis dieser Art gewinnt Kyra dann auch kurz bevor Thea stirbt. Er begreift, was in der Medizin, die ja eine Sorge um die Menschen sein sollte, falsch gelaufen ist. Sie, die in der symbolischen

---

15 Lacan, (Anm. 14), S. 163.

Welt-Chef-Arzt-Pose an die Stelle des segnenden Christus von Thor-
waldsen getreten ist, muß sich sagen lassen, daß sie selbst der Teufel,
d.h. die Krankheit ist: "Der stumme Teufel hat den Arzt in ihm
erwürgt, sein Intellekt, seine unfehlbare Logik den Mediziner aus-
gelöscht." Der große Fehler der Medizin und ihre unauslöschbare
Schuld war die gewaltsame Vertreibung der Frau aus der Medizin
— die moderne Medizin wie der moderne Kapitalismus war nur
möglich, weil die Heilerin, die Hexe, umgebracht wurde, ihr Wissen ihr entrissen wurde; die moderne Medizin thront auf dem Lei-
chenberg nicht nur ihrer professionellen Versuchskaninchen, sondern
auch auf den Leichen einer älteren, besseren Heilkunst, die den
Menschen nicht als ein Stück lebendes Fleisch, als ein erkranktes
Organ, sondern als Menschen mit Leib und Seele behandelte. Als
Krankenschwester durfte die vom Thron der Medizin gestoßene Frau
dann durch die Hintertür als dienendes und ausgebeutetes Wesen in
den Tempel der Medizin wieder einziehen. So sieht es Kyra:

> Auch Millionen zu Tode gefolterter, lebendig verbrann-
> ter Ärztinnen und Hebammen. Männer sind Usurpatoren
> der edlen Arzneykunst, es ist einfach nicht ihre Gabe.
> (E176)

Dabei war es gerade Paracelsus, der Begründer der modernen Medizin,
der durchaus das Richtige wußte:

> Der sich rühmte, seine Weisheit von Weibern und Hexen
> gelernt zu haben, das hieß wahrlich mit dem Feuer
> der Scheiterhaufen spielen. Heiliger Paracelsus, der sich
> zu verweiblichen trachtete, um dem großen Werk der
> Wahren Medizin gerecht zu werden.
> (ebd.)

Men's liberation also als Befreiung aus den männlichen Strukturen.
"Es gibt für die Männer keinen anderen Weg, als sich von den Frauen
retten zu lassen" (E95), gesteht Kyra dem Kardinal.

Wie er das im einzelnen anfängt, mag manchen seltsam vorkom-
men: er schläft mit seiner Zofe Xenia, wobei er die Einsicht gewinnt,
daß "Schlafen", das Wort der absoluten Isolierung im Deutschen
seltsamerweise als Symbol der vollkommenen Verschmelzung dient;
und er läßt Thea, inzwischen seine Frau, im ehelichen Schlafzimmer
"anschaffen", vertieft sich inzwischen in die Wissenschaft der Sexolo-
gie, kommt aber zu keinen Ergebnissen, und in die Astrologie, die
prompt das Abrutschen ins Irrationale bestätigt:

"Uranus Dezil Neptun: Ausschaltung des Oberbewußtseins, Entwicklung des Unterbewußtseins, inneres Schauen, Inspiration, Mystik, Kunst, eigenartige seelische Zustände" (E163).

Am Ende zerfasert der Roman: nach der Sylvesternacht mit Transvestitenschau im Fernsehen und dem Axtanschlag von Doris auf Kyra verschwinden Menni und Doris auf immer aus Kyras Leben; Doris landet in der Heilanstalt, Menni wird wegen eines Angriffs auf ihren Gatten zu Zuchthaus verurteilt, Wölfi, die zweite Zofe, von Thea aus dem Haus geekelt, Thea selbst, nachdem sie sich zur Hausherrin entwickelt hat, stirbt. Nach ihrem Tod kleidet sich Kyra schließlich zeremoniell in Frauenkleider und setzt sich eine von Theas Perücken auf. Unerkannt verläßt er das Haus und "geht unsichtbar durch die Menge seiner Mütter und Kinder" (E178).

Das letzte Kapitel, halb Traumvision, halb Gründgensparodie, steht anstelle der folgenlosen Verwandlung Kyras zur Fau als symbolisch-mystisch-künstlerisches Ereignis. Von Chef-Vater, Chef-Sohn und Chef-Heiligem Geist konfrontiert stammelt Kyra: "Ich bin", und bekommt zur Antwort: "Ich weiß, wer Sie sind, und bald werden Sie es auch wissen. Ich werde Sie darüber nicht im Unklaren lassen" (E179). Gibt es die Frau und den weiblichen Mann nur als Produkt einer (schließlich doch vom Mann) inszenierten Kunst? Ist die Frau nur ein Phantasieprodukt der männlichen Symbolwelt? Jedenfalls muß Doris von Gründgens lernen, wie eine "kriegerisch-intelligente Frau einen Speer hält" (180), Menni lernt von ihm, wie eine Frau aussieht, die "einen Kopf größer ist als ihr Gatte" (E180), Thea muß lernen daran zu glauben, daß sie wie Aphrodite aussieht, nur Gründgens selbst schafft es, makellos Aphrodite darzustellen (E181). Und alles endet in einer imaginären, theatralischen Schlußpose:

> Pallas Athene zieht ihre Hand von Orest ab. Die Füh-
> rerin der Eumeniden umarmt ihr Opfer. Orest verschwin-
> det. An seiner Statt leuchtet Apollon auf. Ein großes
> Kreisen. In der Mitte steht Phorkyas, zu ihrer Rechten
> Sappho, zu ihrer Linken Valerie Solanas. Apollon gibt
> die Weiber frei.
> (E190).

Es ist wie der Schlußtraum von Goethes Egmont: wie dort bürgerliche Freiheit nur als theatralischer Traum erscheinen konnte, so hier die Befreiung der Frau nur als vom Regisseur als Theater arrangierte.

Die radikale Subjektivität, das Bedürfnis nach der Mitteilung subjektiver Erfahrungen, die die Herrschaft der Männer über Denken und Sprache und die Sprachlosigkeit der Frau zu unterlaufen versucht, stammelt sich ihre Utopie zusammen. Sprechen kann sie nicht, denn das was sie anstrebt, das Asymbolische, ist nur außerhalb der Sprache möglich – das wußten die Mystiker besser. Sprache ist ja nicht nur Mord am Körper, ein blutiges Opfer der Substanz, damit sie bedeuten kann, Sprache ist auch Verbot der Lust: vom symbolischen Phallus an sich gerissen und vernichtet, bleibt nur noch das Spiegelbild, in dem das Subjekt sich wiedererkennt, in dem es aber auch verloren geht. Das Freisein erscheint als Freiheit von: Freiheit von der Tyrannei des Mannes. Aber diese Freiheit kann sich nicht artikulieren, es sei denn in dem Klischee eines konventionellen Paradieses, in dem Löwe und Lamm freundlich lächelnd nebeneinanderliegen: "Die Tiere, die Pflanzen würden wieder gedeihen." Das Paradies der Illustrierten-Leserin: "Man würde weniger Fleisch essen, keine Zoologischen Gärten, keine Zirkusse, keine Versuchslabore, keine Vivisektion, keine Dressur, keine Papierkörbe aus Elephantenbeinen ..." (E110). Die Lust, ausgetrieben und unterdrückt, aber unfähig sich symbolisch zu repräsentieren, weil der symbolische Repräsentant der Lust eben der Phallus ist, versteckt sich hinter Abziehbildchen. Nur der Schmerz zeichnet sich scharf wie ein Rasierklingenschnitt durch ein Gesicht als Spur in die Wortstrukturen ein, die wir Roman nennen. Nur der Schmerz ist das Sinnliche; die Lust ist das, was fehlt.

Kein Grund zum Triumph für Männer, übrigens: denn das, was die Frau sprachlos macht, das macht für ihn auch sprachlos, was er eigentlich will. Auch er müßte in sprachloser Wut die Axt ergreifen, und – wen? – sich selbst? – sein symbolisiertes Spiegelbild? – zerschlagen. Der Sprachbegabte, wehrt er sich nicht gegen den populären Zuckerguß der Utopien der Illustrierten, weil er weiß, daß sie ihn, seine Herrschaft, seine Symbole, seine Welt negieren, aber daß eben hinter dem kosmischen Happy-End für den Konsum der Massen auch seine eigenen Träume und Visionen versteckt sind. Will nicht auch er das Paradies, in dem die Wälder nicht mehr umgelegt werden, die Bäume ungefällt stehen in ihrer Pracht und Herrlichkeit.

Sprachlosigkeit kann heißen, Paul Celan hat es vorgelebt und vorgeschrieben, Julia Kristeva hat es als Schizophrenie einer neuen Praxis des philosophischen Textes fixiert, in das Zeichen eindringen, es auflösen, es analysieren, den Schleier der symbolischen Repräsentation zerreißen: nur dann kann die Frau (und nicht nur die Frau) zu einer neuen Praxis kommen.

Weil die Lust das ist, was fehlt, kann sie nicht beschrieben werden: sie kann nur konstruiert werden, allerdings nicht in der paranoischen Metasprache der Theorie, nicht im hysterischen Diskurs der Erzählung und nicht in der handlungslähmenden Kontemplation des Buddha. Weder Dogma, noch Empirie, noch die Resignation des allgemeinen Geltenlassens sind die Lösung. Ohne die Kohärenz des Diskurses geht es nicht — aber: die Kohärenz des Diskurses kann auch in seiner inneren Widersprüchlichkeit bestehen, in der Weigerung sich vorschnell zum System zu verhärten. Gerade ein solcher Diskurs könnte zu dem Prozeß durchstoßen, der keinen Adressaten hat, der sich nicht an "einen" wendet, der nicht der Prozeß des EINEN, des EINZIGEN, des von den Zwängen der Ideologie konstruierten Subjekts wäre.

Der unverstandene Witz mit der Axt ist, daß sie DAS SUBJEKT zerschlagen müßte. Dazu bedarf es allerdings einer neuen Art von Klytemnestra und einer neuen Art von Axt, vielleicht doch auf dem Schleifstein von Freud und Marx geschliffen?

MARION ADAMS

CHRISTA WOLF: MARXISMUS UND PATRIARCHAT

In den siebziger Jahren verschärfte sich die Debatte zwischen den "radikalen" Feministinnen, die die Unterdrückung der Frau als die älteste und universalste Form der Ausbeutung betrachten und für die also Klassenverhältnisse nicht primär sind, und den marxistischen Feministinnen, die darauf zielen, ökonomische und klassenbedingte Momente mit der neuen Analyse ihrer psychologischen Wurzeln zu integrieren.[1] Christa Wolf hat neuerdings Bezug genommen auf diese Auseinandersetzungen, die auf internationaler Ebene stattfinden, aber wohl am intensivsten in den USA und in Großbritannien vorgehen; zwar tadelt sie den "Männerhaß" der westlichen Feministinnen und ihren "Rückzug auf das eigene Geschlecht", sie lobt aber ihre "Spontaneität" und "Phantasie" und schließt: "Ich kann nicht finden, daß wir nichts davon zu lernen hätten."[2] In den letzten Jahren ist diese Problematik auch immer mehr ins Zentrum ihres eigenen Werkes gerückt, und zwar vor allem in der Form einer Rückbesinnung auf die schon im neunzehnten Jahrhundert vom Sozialismus erprobte und dann weitgehend fallengelassene feministische Perspektive.

Die Emanzipation der Frau war von Anfang an eines der erklärten Ziele des Sozialismus und wurde bis zum Ersten Weltkrieg fast ausschließlich von der SPD gefördert. Bis in die dreißiger Jahre hatten die linken Parteien in Deutschland und Österreich einen höheren Prozentsatz von weiblichen Mitgliedern als andere europäische Länder. Spezifisch feministische Ziele wie die Geburtenkontrolle oder die Sozialisierung häuslicher Dienstleistungen wurden aber jahrzehntelang dem allgemeinen Ziel der Klassenrevolution unter- und nachgestellt, sie wurden aus wahltaktischen Gründen

---

1 Zusammengefaßt in *Women and Revolution. A Discussion of the Unhappy Marriage of Marxism and Feminism*, herausgegeben von Lydia Sargent. Boston 1981.
2 Christa Wolf, *Lesen und Schreiben. Neue Sammlung*. Darmstadt 1980, S. 218.

beiseitegeschoben und auf ihre mehr oder weniger automatische
Lösung in der klassenlosen Gesellschaft der Zukunft verschoben.[3]
In den neueren feministischen Aufsätzen werden Marx, Bebel und
Lassalle immer wieder dafür gerügt, sie hätten die traditionelle
Arbeits- und Rollenverteilung zwischen den Geschlechtern und die
bürgerliche Sexualmoral ihrer Zeit nie in Frage gestellt, sie hätten
auch zwar reelle, aber nur kulturbedingte weibliche Eigenschaften
und Schwächen als "natürlich" gesehen, im Gegensatz zur marxistischen Grundthese der Veränderbarkeit des Menschen. Nachträglich
habe sich dann das Ziel des Sozialismus in bezug auf die Frauen
in ihrem möglichst großen Anschluß an die Produktion und an die
allgemeine Parteiarbeit verengt, ohne auf strukturelle Änderungen
des Familienlebens hinzuarbeiten und bei Beibehaltung der Haupt-
verantwortung der Frau für die häusliche Sphäre und für die Be-
treuung der Kinder. Als besondere Niederlagen für die Frauenbewegung gelten die Entfernung von Clara Zetkin aus leitenden Posten
im Nachkriegsdeutschland und die Verdrängung von Alexandra
Kollontai um 1925 durch die einsetzende Stalinisierung in der
Sowjetunion, die zu einer später für den europäischen Kommunismus maßgebenden rückständigen Familienpolitik geführt habe.[4]
Westliche Feministinnen sind der praktischen Erleichterungen durchaus gewahr, die in den kommunistischen Ländern zur Überwindung
der Doppelbelastung der Frau eingeführt wurden, auch der Maß-
nahmen in der Erziehung und in der Ausbildung zur Erweiterung
der Berufswahl für Frauen. Es bleibt aber dabei, daß Frauen im
Kommunismus eine politisch und ökonomisch schwache Gruppe
sind. In der DDR, wo fast die Hälfte sämtlicher Arbeitskräfte jetzt
aus Frauen besteht und seit 1969 ein Frauenförderungsgesetz u.a.
ihre Fortbildung betreibt, ist ihr Einkommen geringer, sie sind
im Gesundheits- und Sozialwesen und in der Erziehung und in
einigen wenigen Industrien (Handel, Elektrotechnik, Textilien)
konzentriert[5], und sie sind in den wichtigen zentralen Komitees

---

3   Jean H. Quataert, Unequal partners in an uneasy alliance: women and the
    working class in Imperial Germany, in: *Socialist Women*, herausgegeben
    von M.H. Boxer/J.H. Quataert, New York 1978, S. 115.
4   Ann Foreman, *Femininity as Alienation, Women and the Family in Marxism
    and Psychoanalysis.* London, 1977; A. Kuhn/A. Wolpe, *Feminism and
    Materialism. Women and Modes of Production.* London 1978.
5   *Handbuch DDR-Wirtschaft,* Reinbek bei Hamburg, 1977 S. 44-47.

kaum vertreten[6], "in denen überall in dieser Männerwelt", schreibt
Christa Wolf, "auch in unserem Land, die 'wichtigen Fragen' von
Männern entschieden werden."[7] Als besonders wunder Punkt des
heutigen Kommunismus gilt für viele Feministinnen der wiederum
auf Stalin zurückgeführte Primat der Ökonomie, der das ursprüngliche sozialistische Ziel einer Verbesserung der persönlichen Verhältnisse der Menschen untereinander durch eine wirtschaftliche
Neuordnung zugunsten einer fanatisch vorangetriebenen industriel-
len Wachstumspolitik verdrängt habe.

In dieser Diskussion nimmt der Begriff des Patriarchats einen
wichtigen Platz ein. Für den klassischen Marxismus bedeutete es
nur die Organisation der produktiven Haushaltsarbeit durch den
Vater und konnte schon für das Europa des neunzehnten Jahrhunderts weitgehend der Vergangenheit angerechnet werden. Engels
hatte die patriarchalische Gesellschaftsform aus dem zum erstenmal
in der menschlichen Geschichte produzierten "Mehrwert" der ersten
großen Viehherden hergeleitet: um die Vererbung an die eigenen
Kinder zu sichern, sei die Freiheit der Frauen durch eine ihnen aufgezwungene Monogamie eingeschränkt worden, was Engels zwar
als die "historische Niederlage des ursprünglichen Mutterrechts"
bezeichnete, aber auch als den großen Schritt aus der Barbarei in
die Zivilisation wertete. Wegen seiner Zurückführung des Patriarchats
auf den Besitz und seines Konzepts der Rolle des Proletariats wollte
Engels nicht zugeben, daß patriarchalische Verhältnisse in proletarischen Familien seiner eigenen Zeit noch vorhanden waren oder
daß sie die sozialistische Revolution überleben könnten. Nach Ansicht der Feministinnen hat sich aber das Patriarchat als zählebig
und flexibel erwiesen und bestimmt das Familienleben auch im heutigen Kommunismus. Das Wort wird im erweiterten Sinn verstanden
als die Herrschaft nicht (oder nicht nur) des Vaters, sondern als
die in allen Klassenschichten wie auch in den klassenlosen Gesellschaften auf allen Lebensgebieten noch stark vorhandende Dominanz der Männer.[8]

---

6 Michael Dennis, Women and political leadership positions in the GDR,
   GDR Monitor, No. 3, S. 25-34.
7 *Lesen und Schreiben*, S. 219.
8 R. McDonough/R. Harrison, Patriarchy and relations of production, in:
   A. Kuhn/A. Wolpe, *Feminism and Materialism*.

Es wird zumeist einfach angenommen, daß der Anspruch auf
Selbstverwirklichung in Christa Wolfs Werken ein allgemein menschlicher und kein feministischer ist.[9] In ihren eigenen Aussagen weigert sie sich, sich auf feministische Themen oder Ziele zu beschrän-
ken, nennt diese aber zur Zeit besonders wichtig und einleuchtend.[10]
Wie im folgenden zu beweisen sein wird, ist ihre Haltung zur Frauenemanzipation überhaupt zwiespältig und weist zugleich rebellische
und konservative Züge auf.

Im *Geteilten Himmel* kommen Rat und Hilfe für das junge
Mädchen Rita immer von seiten männlicher Gestalten — wenn es
nicht die "höhere Hand" ist, die gelegentlich "in die Geschicke
gewöhnlicher Leute eingriff"[11] und die Rita auf das Lehrerseminar
bringt. Diese Männer sind immer älter und höher plaziert, eine
typische patriarchalische Situation, die im Roman nicht in Frage
gestellt wird, obwohl man meinen könnte, daß Rita sich nur bei
dem sehr jungen Martin und dem geistig behinderten jungen Arbeiter Hänschen wirklich wohl fühlt. Konventionell und unkritisch
wird auch das Liebesverhältnis gesehen. Rita verkörpert in starkem
Maße geschlechtstypische Eigenschaften: sie ist die Unschuld vom
Lande, noch zwanzigjährig als "kindisch" und "unberührt" bezeichnet, die vor allem und fast jedem Angst hat und immer wieder weint, ob im Kino, oder vor Erleichterung, oder weil ein Kind
ohne einen roten Ballon ausgehen muß, oder wenn sie einen Brief

---

9 Der Streit um *Nachdenken über Christa T.* (zusammengefaßt in H. Mohr,
   Produktive Sehnsucht, *Basis 2*, 1971, S. 191-233) ging z.B. um die allgemeine politische Intention des Werkes und behandelte kaum seine spezifische Frauenproblematik. Myra Love hingegen würdigt den Roman als
   feministisch im Sinne einer nicht-autoritären Erzählhaltung und einer
   Darstellung von persönlichen Verhältnissen (zwischen der Erzählerin und
   Christa T.) ohne Unterwerfung und Dominanz (*New German Critique*,
   16, 1979, S. 31-53). Dagegen argumentiert A. Stephan für eine allgemei-
   nere, nicht-feministische Interpretation dieses Romans und des Gesamt-
   werks von Christa Wolf in The Emancipation of Man. Christa Wolf as a
   Woman Writer, *GDR Monitor*, No. 2, 1979/80, S. 23-30. Christa Wolfs
   eigene Ansichten beschreibt Dagmar Ploetz in ihrem Artikel Vom Vorteil,
   eine Frau zu sein, in: *Christa Wolf Materialienbuch*, herausgegeben von
   Klaus Sauer, Darmstadt 1979, S. 97-111.
10 "It is not that I am any less interested in men's problems. But at the moment women as a group really seem to be asking the more productive
   questions in our society." Christa Wolf in Edinburgh. An Interview, in:
   GDR Monitor, No. 1, 1979, S. 12.
11 Christa Wolf, *Der geteilte Himmel*, Berlin-Schöneberg 1967, S. 24.

an den Geliebten Manfred schreibt; sie hilft einem Käfer auf die Beinchen und sorgt für Blumen in Manfreds Zimmer. Manfred ist in ebenso extremer Weise geschlechtstypisch geprägt: er ist "hochmütig", "spöttisch", "gelangweilt" und "unbeteiligt", ein Onegin-Typ, wie er in Frauenromanen öfters vorkommt, durch sein Alter, seine akademische Ausbildung und seine Stellung Rita überlegen. Sein Familienname "Herrfurth", vorwiegend als Kritik an seiner bürgerlichen Herkunft gemeint, bestimmt auch sein Verhältnis zu Rita, die er mit nach Hause nimmt, wo er sie gegen seine Eltern ausspielt und generell herumkommandiert — er bestimmt die Farbe ihrer Blusen und verweigert ihr billige Bonbons, "weil er sie verabscheute".[12] Das Verhältnis bedeutet aber für Rita einen sozialen Aufstieg, nicht nur, weil sie ohne Manfreds Ermutigung das Angebot des Lehrerseminars nicht angenommen hätte: durch sein Verliebtsein hat Manfred sie (in der feministischen Interpretation) aus der niederen Klasse der Frauen in die höhere Männerklasse erhoben; eine prekäre Lage, in der trotz Manfreds Staunen über ihre Vorzüge ihr Wert als Mensch dauernd Proben ausgesetzt wird: "Sie bestand jede Probe, lächelnd und unbewußt. Gerade daß sie ihre Vorzüge nicht kannte, gewann ihn."[13] Obwohl diese Interpretation von seiten der Autorin sicherlich nicht beabsichtigt ist, wird diese erhöhte Stellung durch Ritas Einzug in die hohe Dachkammer suggeriert, die über der Stadt zu schweben scheint.[14]

Es gibt aber auch kritische Momente im Roman, die nicht nur durch die starke antibürgerliche Satire gedeckt sind. Die Ehe als Institution zum Beispiel schneidet nicht sehr gut ab: die bei dem Professor eingeladenen bürgerlichen Ehepaare werden alle satirisch behandelt, und nur durch das auf großer beruflicher Anstrengung und Opferbereitschaft ruhende Eheleben der Schwarzenbachs und der Meternagels rückt das Familienleben in ein besseres Licht. Wenn Manfred von seiner (unsympathischen) Mutter meint, (die, wie wohl manchmal auch Rita, "ein weinerliches Gesicht" hat), sie wäre heute ganz anders "ohne das Gefängnis dieser Familie, ohne diese gräßliche Verarmung ihres Daseins",[15] wird ihm im Roman nicht

---

12 Ebd., S. 130.
13 Ebd., S. 23.
14 Ebd., S. 31.
15 Ebd., S. 58.

widersprochen. Was die Väter betrifft, fehlen sie entweder, wie Ritas Vater, oder es sind Tyrannen, wie Herr Herrfurth und der Vater von Ritas Freundin Sigrid. Ein versteckter Kampf geht auch im Roman gegen die männlichen Autoritätsfiguren vor, vor allem in ihren familiären Rollen, am offensichtlichsten bei dem vor Ritas Augen sich vollziehenden Untergang von Herrn Herrfurth, dem sie immer überlegener wird. Ihre Loslösung von Manfred ist sicherlich als Konflikt zwischen einer politischen Gesinnung und der großen Liebe gemeint und ist als solcher immer interpretiert worden. Andererseits ist dieses Verhältnis von Anfang an gequält. Es würde zu weit gehen, die politischen Gründe der Trennung nur als einen *Vorwand* zu sehen, eine Trennung, die auch nicht in erster Linie aus Ritas besserer Einsicht, sondern durch Manfreds Weggang hervorgeht und die sie auch einen (wahrscheinlichen) Selbstmordversuch und zwei Monate Krankenhaus kostet. Doch gelingt es ihr, sich aus einem eigentlich nie sehr glücklichen Verhältnis zu befreien, ohne gleich auf eine neue Bindung (mit Wendland) einzugehen. Ritas heimliche Kampfansage an die faszinierende männliche Gestalt Manfred ist schon am Anfang des Romans angelegt: "Dem möchte man mal seinen Hochmut austreiben",[16] denkt sich Rita. "Ich habe immer bewundert", sagt Martin zu ihr, "wie Sie Ihren Manfred regieren."[17] Am Ende ist sie noch weitergekommen: sie kann ihn einfach entbehren.

Die durch ihre Verrätselung Rita gegenüber ungleich vertiefte Gestalt der Christa T. weist auch nicht deren simple Weiblichkeit auf; im Gegenteil, als "halbe[r] Bengel mit dem Jungennamen"[18] Krischan übernimmt sie einige Eigenschaften Manfreds, nämlich die Distanz und die Unabhängigkeit, den "spöttischen Blick"[19] und die faszinierende Einwirkung auf ihre Mitschülerinnen. Sie ist mit dem passenden Symbol der Trompete ausgestattet, die dann im Verlauf ihrer Verweiblichung im Roman (wodurch sie gesundheitlich immer gebrechlicher wird) dem runden Ball weicht, der die rotweiße Färbung von Märchenprinzessinnen trägt und mit einem spielenden Kind assoziiert ist. Christa T.s Ehe wird als durchaus

---

16 Ebd., S. 12.
17 Ebd., S. 171.
18 Christa Wolf, *Nachdenken über Christa T.*, Neuwied 1969, S. 24.
19 Ebd., S. 17.

glücklich und harmonisch dargestellt; es ist die ideale Ehe, worin sie auch durch Hausbau und untragischen Ehebruch ihre Eigenständigkeit bewahren kann. Doch schimmern die Zwangsmomente durch: daß sie lernt, dem Mann zu gefallen, daß die Haushaltsroutine sie völlig in Anspruch nimmt, daß sie mehr Kinder bekommt, als sie verkraften kann. Wiederum steht die weibliche Gestalt der männlichen an Verwirklichungsmöglichkeiten nach: als Tierarzt kann Christa T.s Mann den Tieren wirklich helfen, während sie über Tierquälerei nur weinen kann. Bei seinen dienstlichen Besuchen auf dem Lande wird sie zu den anderen Frauen in die Küche verwiesen, wo sie nur ein paar scheue Fragen wagen darf. Während die Literatur zu *Nachdenken über Christa T.* sich auf die von Christa T. bekämpften gesellschaftlichen Zwänge konzentriert, wirkt die Tatsache bestimmender, daß ihr Leben von ihrem Mann Justus (dessen Name ihn als zur höheren Sphäre gehörend kennzeichnet) übernommen wird; wie im früheren Roman nimmt der Mann die Frau mit nach Hause, wo sie in der vielbezeichnenden Metapher für die Ehe jetzt "unter die Haube"[20] kommt.

Problematisch wirkt nun Christa Wolfs Billigung des von Christa T. vollzogenen häuslichen Anpassungsprozesses. Als junges Mädchen war ihr Lebensziel "freies großes Leben"[21] gewesen. Wenn sie sich jetzt zum Beispiel an einem gut geratenen Braten freut — "der ist knusprig und eingekerbt, als er aus dem Ofen kommt, sie hat Spaß an dem Ding"[22] — so ist das zwar harmlos, aber als Lebensinhalt vom freien, großen Leben doch ziemlich weit entfernt. Ihre frühere, auf Weltoffenheit und Unabhängigkeit gerichtete Einstellung wird als "Unbescheidenheit", als "unmäßige Ansprüche, phantastische Wünsche, ausschweifende Träume"[23] und allgemein als Unreife von der Autorin (und nach ihr von allen Interpreten) abgewertet. Ist ihre Selbstveränderung Justus zugunsten wirklich als Selbstverwirklichung zu betrachten? "Sie schuf sich noch mal neu, von Grund auf, für Justus, das war beileibe keine Mühe, sondern das größte irdische Vergnügen, das ihr je untergekommen war. Nichts konnte so banal sein, daß sich nicht wenigstens ein Spaß

---

20 Ebd., S. 151.
21 Ebd., S. 46.
22 Ebd., S. 156.
23 Ebd., S. 154.

daraus ziehen ließ ..."[24] Diese genußvolle Selbstzerknirschung der Frau weist auf den das Patriarchat bejahenden Zug des Romans, der auch zum Beispiel in der kaum ausreichenden Rechtfertigung der Maßregelung des verliebten Günter besteht — es ist alles zum besten, wie es sich später herausstellt, wie auch im *Geteilten Himmel* die Behandlung des zum Arbeiter degradierten Brigadiers Meternagel als ein fast sakraler Läuterungsweg beschrieben wird.

Bedrohlicher als im *Geteilten Himmel* erscheinen aber in *Nachdenken über Christa T.* die stellvertretenden Vaterfiguren. Christa T.s Vater, ein Lehrer, spielt wieder keine Rolle. Für das Kind ist aber "die Angst vor dem Vogt ... unwiderlegbar"[25], und die traumatische Tötung des Katers wird auch von einem Vater durchgeführt: "um wieviel besser wäre er einsam verendet als unter den Augen des Vaters".[26] Dieser Passus ist schon sonderbarer als die Ratschläge, die im *Geteilten Himmel* junge Frauen von älteren Männern erhalten. Auch nicht dem Realismus anzurechnen ist die Gestalt des Weissagers, eines "Generaloberst a.D.", der Christa T. ihren frühen Tod vorhersagt. Daß diese Episode dann gleich als eine Erfindung oder ein Mißverständnis von seiten der Erzählerin abgewertet wird, verstärkt umso mehr den übertragenen Sinn eines Zusammenhangs zwischen männlicher Autoritätsgestalt und Tod, der in einer anderen Form mit der gleichzeitigen Erwähnung des Hinsiechens von Christa T.s Vater unterstrichen wird: die Tochter folgt dem Vater in den Tod.[27]

Dieser Episode sind die Träume im Roman *Kindheitsmuster* verwandt, die alle von der Bedrohung der weiblichen Erzählerin durch zumeist ältere Männer handeln. Im ersten Traum kann sie eine Frau vor einem "blindwütigen Mann" gerade noch retten, indem sie die Frau zu sich ins Haus zieht und sie beide zuhören müssen, wie der Mann gegen die schwache Tür schlägt. Im zweiten wird sie von einem Mann der Unterschlagung verdächtigt, sieht zu, wie eine alte Frau wegen eines gestohlenen kleines Astes brutal geschlagen wird und kann sich endlich dadurch entlasten, daß sie "eine schlanke, schöne Flasche" vorzeigen kann. Im dritten Traum drängt

---

24 Ebd., S. 155.
25 Ebd., S. 24.
26 Ebd., S. 28.
27 Ebd., S. 98.

sich "eine Gruppe grau gekleideter, ganz gleichförmig auftretender Männer" in ihr Haus, von denen ein "Mann mit dem Bärtchen" ihr einen lockenden, aber unmöglichen Auftrag bringt. Schließlich träumt sie, "ein fein gekleideter, weißhaariger Mann, in dem du sofort 'Felix Dahn' erkennst", habe ihr Haus besetzt und sie für immer ausgeschlossen. Der erste Traum zeigt die zentrale Bedeutung des Hauses bei Christa Wolf, das nicht so sehr Wohn-, als immer gefährdeter Schutzort ist; der zweite hantiert mit Ast und Flasche als männliche Symbole, welche die beiden Frauen nicht besitzen dürfen und aufgeben müssen; der dritte betont den Leistungsdruck auf Frauen von seiten der Männer; im vierten wird die Frau als Schriftstellerin von einem männlichen Autor verdrängt, der ihren Platz auch in der Literatur beansprucht. Gegen Ende des Romans gibt es aber einen weiteren Traum, wo die Erzählerin die Oberhand gewinnt, indem sie zwei "Bösewichter der schlimmsten Sorte" erschießt, einen Arzt, also als männliche Respektsperson, "getarnt".[28] *Kindheitsmuster* schließt jedoch mit der Schilderung des Zusammenbruchs der Großfamilie und mit der eindringlichen Darstellung von kranken, zum Teil sterbenden Mädchen in einem öden Sanatorium. Auch *Nachdenken über Christa T.* schließt mit dem Tod einer Frau und zugleich mit einer im Traum besiegten Männerfigur — dem etwas bedrohlichen aber sozial schwachgestellten und noch dazu hinkenden Schuldiener.

Mit der Erzählung *Kein Ort. Nirgends* wird eine neue Stufe aller dieser Beziehungen erreicht. Hauptfiguren sind zwei elternlose, zunächst durch ihre zerrütteten Familienverhältnisse gefährdete und dem Dasein ungeschützt ausgesetzte Dichter — ein Mann und eine Frau. Intellektuell sind sie einander ebenbürtig, und das Gleichgewicht wird auch von der Erzählerin erhalten, indem sie den Gedanken der beiden ungefähr den gleichen Raum zuteilt. Der Geschlechtsgegensatz spaltet sich jetzt nicht mehr in Mann und Frau, sondern wird innerhalb der beiden Gestalten ausgetragen. "Sie meinen," sagt die Günderode zu Kleist, "daß in Ihnen selbst Mann und Frau einander feindlich gegenüberstehn. Wie auch in mir."[29] Während die Ehe durch die Gestalt Savignys wieder kritisch

---

28 Christa Wolf, *Kindheitsmuster*, Darmstadt 1977, S. 88, 141, 355, 428, 458.
29 Christa Wolf, *Kein Ort. Nirgends*. Darmstadt 1979, S. 133.

gesehen wird, wird die unbekümmert handelnde, in Männerkleidern herumreisende Zwittergestalt von Kleists Schwester Ulrike kurz als Modell erwogen; auch sie wird aber, wie angedeutet wird, der Konvention und einer selbstopfernden Liebe erliegen. Die beiden Begabteren können sich nur solange behaupten, wie sie die beiden Geschlechtsrollen in sich behalten und dichterisch bearbeiten; die Entfesselung der einen Rolle in einem Liebesverhältnis wird zum Selbstmord der beiden führen. Außer in der Darstellung ihrer eigenen engeren Familie ist in allen Liebes- und Familienverhältnissen im Werke Christa Wolfs ein tragischer Grundzug enthalten, der sich nur in diesem letzten Roman folgerichtig auswirkt. Der patriarchalische Feind ist jetzt auf die schwer angreifbaren Gestalten von Goethe und Savigny transferiert worden; für die Günderode ist er auch durch ihre Anerkennung männlicher Eigenschaften in sich selber ein Teil ihres eigenen Ichs geworden, den sie nur durch ihren Tod überwinden kann.

Übergreifendes Symbol im Werk Christa Wolfs für die zugleich verehrte und gefürchtete obere Sphäre des Patriarchats ist der Himmel. Im *Geteilten Himmel* hat er schon vom Titel her eine eminent politische Bedeutung; Manfreds Wort "Den Himmel wenigstens können sie nicht zerteilen"[30] weist aber auch auf den überpolitischen, von der Politik unantastbaren Charakter dieses Symbols hin. Am Himmel kreist der Sputnik, von dem im Roman so viel Aufhebens gemacht wird; daß die Raumfahrt nicht nur im Zusammenhang mit dem Romantitel steht oder nur als Zeugnis sowjetischer Überlegenheit da ist, beweist die sonst kaum erklärbare und wenig relevant erscheinende Erwähnung der amerikanischen Mondlandung in *Kindheitsmuster*. Es sind beide Wundertaten der männlichen Technik, die Christa Wolf bewundert (zum Beispiel in ihrem Aufsatz *Ein Besuch* über die Pflanzenzüchtung)[31], aber auch immer wieder bezweifelt. Der Himmel entrückt und bedrückt ihre weiblichen Gestalten: das Trompetenblasen der jungen Christa T. ist eine Tat weiblicher Selbstbehauptung, die für die Erzählerin "für einen Sekundenteil den Himmel anhob. Ich fühlte, wie er auf meine Schultern zurückfiel."[32] Die junge Christa T. wird als "Sternkind"[33]

---

30 *Der geteilte Himmel*, S. 271.
31 *Lesen und Schreiben*, 1972, S. 149-180.
32 *Nachdenken über Christa T.*, S. 15.
33 Ebd., S. 33.

bezeichnet: als "Krischan" hat sie noch einen Anspruch auf den Himmelsbereich, während die Erzählerin nur eine "unerträgliche Sehnsucht" haben kann "nach dem wirklichen Blau".[34] "Zart verschleiert" liegt der Himmel über dem Krankenhaus, in dem die Erzählerin die kranke Christa T. besucht; an dieser Stelle bedeutet er die das Einzelleben überdauernde Ewigkeit.[35] In diesem Roman wirkt er aber eher bedrückend als tröstend, und seine Macht kann nur mit Hilfe von Kindern (bei denen Christa T. als Lehrerin, wie es heißt, Schutz suchte)[36] entfernt gehalten werden: "Der Himmel, wenn man lange genug hinsieht, sinkt auf einen herunter, nur die Rufe der Kinder reißen ihn immer wieder hoch."[37] Es liegt auch nahe, daß der Himmel an die reelle Gefahr feindlicher Flugzeuge mahnt, die in der Erzählung *Juninachmittag* als dauernde Bedrohung erlebt wird und in *Kindheitsmuster* die erste Erfahrung der eigenen Vergänglichkeit bringt, eine Stelle, die die Doppelbödigkeit des Himmels als Symbol besonders evident macht. Nelly versenkt sich in die Schönheit des Himmels: "An Himmel erinnert man sich immer. Nelly sagte, an diese Himmel werde sie sich erinnern, blau und zart." Gleich darauf wird sie von einem Tiefflieger angeschossen und weiß nun, "auch sie ist verletzbar."[38] In dem Roman *Kein Ort. Nirgends.* bildet der wolkenlose, blaue Himmel hinter den Köpfen der Dichter Kleist und Karoline von Günderrode den Rahmen für den Augenblick größter Annäherung der beiden;[39] andererseits muß Kleist bald in die Zwangsverhältnisse seines Lebens in Berlin zurückkehren "unter den blasseren Himmel, straff gespannt über die Türme des Schlosses."[40] Auch das panische Erlebnis des bedrückenden Himmels kommt in diesem Werk und sogar in noch verstärkter Form vor: Kleist, "nicht ganz Mann",[41] wie es im Werk nach Kleists Selbstverständnis heißt, muß seine Kräfte zusammennehmen, "um dem Anblick des Himmels standzuhalten, weil die Sterne ... in ihrer funkelnden ungeheuren Körperlichkeit auf ihn

---

34 Ebd., S. 39.
35 Ebd., S. 164.
36 Ebd., S. 40.
37 Ebd., S. 235.
38 *Kindheitsmuster*, S. 370.
39 *Kein Ort. Nirgends*, S. 137.
40 Ebd., S. 140.
41 Ebd., S. 120.

herabzustürzen drohen."[42] Das Symbol scheint überhaupt auf ein ambivalentes Verhältnis der Autorin der Machtsphäre gegenüber hinzudeuten.

Die wohl unvermeidlichen Folgen einer intensiven Wahrnehmung dieser Sphäre bei einer Haltung, die zwischen Ablehnung und Identifikation schwankt, sind Angst und Schuldgefühle, Momente, die tatsächlich Christa Wolfs dichterisches Werk von Anfang an durchziehen. Die Angst bezieht sich nicht nur auf die Aufarbeitung der wirklichen Gefahren, denen sie selber ausgesetzt war, sondern ist das Grundmotiv ihrer Dichtung überhaupt und nach einer Aussage in *Kindheitsmuster* auch ihre Quelle.[43] Ferner bezieht sich ihre Sozialkritik nicht in erster Linie, wie in der BRD begrüßt und in der DDR verdächtigt wurde, auf das kommunistische System, auch nicht rückblickend, wie in *Nachdenken über Christa T.*, auf eine schon überwundene Etappe der sozialen Entwicklung der DDR; sondern schon die Wahl eines jungen Mädchens oder eines mit „weiblicher" Sensibilität ausgestatteten Dichters führt Christa Wolf dazu, Herrschaftsverhältnisse und Machtstrategien einer allgemeineren, geschlechtsbezogenen Art herauszuarbeiten und wahrscheinlich zum Teil auch unbewußt anzudeuten.

Ästhetisch bedeutet das zunächst eine besondere Handhabung des Entwicklungsromans, der als geschätzte Form des Kulturerbes und zur Interpretation des von vielen Autoren erlebten politischen Umschwungs in der frühen DDR-Prosa aufblühte. Aus der Einsicht in die schwache Position der Frau wird diese Romanform bei Christa Wolf in die Chronik eines Niedergangs umgekehrt, dem die junge Heldin unterliegt, wie Christa T., oder knapp entgeht, wie Rita, oder der ihren Charakter auf lange Zeit verdirbt, wie bei Nelly Jordan. Im Gegensatz zum klassischen und zum typischen sozialistischen Bildungsroman wirkt die Welt in diesen Werken nicht hauptsächlich bildend und aufbauend, sondern eher zerstörerisch auf die Gestalten ein. Selbstmordgedanken und -versuche und auch Selbstmorde kommen auffallend oft in dieser Prosa vor, immer von Frauen oder in Verbindung mit einer Frau verübt. Ein optimistischer Schluß wird dann zumeist dem Werk aufgezwungen; aber der Druck des Patriarchats überwiegt die positive Intention.

---

42 Ebd., S. 125.
43 *Kindheitsmuster*, S. 415.

Ästhetische Untermauerung sucht Christa Wolf vorwiegend bei anderen Autorinnen: bei Anna Seghers, wo sie ihre naiven, halb unbewußt handelnden Heldinnen herhat; Ingeborg Bachmann, deren Trotz und Unabhängigkeit sie bewundert; und neuerdings bei zwei dichtenden Frauen aus der Vergangenheit, die als Modell schon Christa T. vorschwebten: Bettina von Arnim, die Christa Wolf wegen ihres Mutes, ihrer Ausdauer und ihrer demokratischen Gesinnung bewunderungswürdig findet, und Karoline von Günderrode, die Christa Wolf in ihrem großen Aufsatz *Der Schatten eines Traumes* als beispielhaftes Opfer des männlichen Egoismus darstellt. Es besteht allerdings die Gefahr, daß sie dichtende Frauen als Modell für die Frau schlechthin aufstellt und sich auf das Schreiben als die einzige Lösung für Lebensproblematik beschränkt: eine elitäre Einstellung, die sie bei ihrer Kleist-Gestalt anklingen läßt[44], die auch in den Werken der historischen Günderrode evident ist, worauf Christa Wolf in ihrem Aufsatz nicht eingeht und von der sie sich nicht abgrenzt. Sonst kann aber der Vorwurf des Elitismus sie nicht treffen. Eher findet sie in der Romantik außer der Thematik der Frauenemanzipation und der beginnenden Selbstentfremdung eine Rechtfertigung ihrer eigenen Methode als Schriftstellerin, nämlich das Heranziehen von Briefen und Tagebüchern und die Betonung der Präsenz des Autors im Werk — "denkend, erkennend nicht von sich selber absehn müssen"[45] — im Gegensatz zur von der deutschen Ästhetik vollzogenen Trennung zwischen Autor und Werk. Christa Wolf geht so weit, darauf hinzuweisen, daß die Wörter "Literatur" und "Ästhetik" weiblichen Geschlechts sind; sie findet überhaupt in der Romantik Ansätze "zu einer anderen Ästhetik, deren Splitter wir sammeln sollten."[46]

Im Schicksal der Günderrode findet sie auch eine Bestätigung des ihr äußerst wichtigen Begriffs der "Liebe", den sie gegen Technik, Bürokratie, Rationalismus und sonstige Auswüchse der Männerherrschaft aufstellt. Im Gegensatz zu den westlichen Feministinnen behandelt sie den Begriff nicht analytisch, sondern als etwas Absolutes und Selbstverständliches, das weitgehend mit sexueller Hingabe gleichgesetzt wird und (wie aus dem Vergleich zwischen Bettina

---

44 "Die Menge, heißt es. Soll ich meine Zwecke und Ansichten künstlich zu den ihren machen?" *Kein Ort. Nirgends.*, S. 86.
45 *Lesen und Schreiben*, S. 313.
46 Ebd., S. 310, 318.

und der Günderrode als Schriftstellerinnen hervorgeht) auch erst zur dichterischen Produktion befähigt. Sie bringt zwar Beispiele einer sexuell mißhandelten und einer dumpf leidenschaftlichen Ehefrau[47] und gibt ein düsteres Bild der ersten Erfahrungen des Kindes Nelly auf diesem Gebiet; und in ihrem Vorwort zu Maxie Wanders Sammlung von Frauenprotokollen staunt und freut sie sich über nichts so sehr als über das Selbstvertrauen und die diese Mitbürgerinnen kennzeichnende Unabhängigkeit von Männern. Ihre Recherchen zur Romantik gewinnen sie auch für die Idee eines "Frauenbundes", freilich nur als eine jetzt überholte historische Möglichkeit, nicht als Alternative zur Ehe schlechthin. Sonst äußert sie aber keine Skepsis der Liebe gegenüber als Fesselung und Hörigkeit, wie es manche Feministinnen tun. Die Liebe ermöglicht der Frau die "Erkennung", ein etwas dunkler Begriff, an dem Christa Wolf offensichtlich viel liegt, zumal sie 1969 schreibt, "Denn höher als alles schätzen wir die Lust, gekannt zu sein",[48] und 1977 den Gedanken der richtigen Erkennung der Frauen durch ihre Gatten wiederholt als besonderes (und noch utopisches) Ziel des Ehelebens, das das übliche Sichverstellenmüssen der Frauen überwinden wird.[49]

Christa Wolfs dichterisches und essayistisches Werk fragt also nach der Situation der Frau innerhalb der Familie und in persönlichen Verhältnissen, ohne direkt gegen Vorurteile und Beschränkungen anzugehen, aber bei dauernden hintergründigen Hinweisen auf die daraus entstehenden Ängste und Hemmungen. Trotz der Momente der Auflehnung wird in ihrer Prosa an der Männerherrschaft nicht so sehr gerüttelt, als sich angepaßt oder erduldet. Dadurch werden auch Sinn und Grenzen ihrer Sozialkritik angedeutet; denn die DDR zeigt in ihrer Staatsmoral und Atmosphäre deutlich patriarchalische Züge. Nicht nur wird die traditionelle Familie als "die kleinste Zelle der Gesellschaft" geschützt und gefördert; wie ein qualifizierter, DDR-freundlicher westdeutscher Beobachter schreibt:

> Wenn man die entsprechenden Aufrufe liest, kann einem die DDR wie eine neue 'Großfamilie' erscheinen:

---

47 *Nachdenken über Christa T.*, S. 165, 153.
48 Christa Wolf, *Unter den Linden*, S. 7.
49 *Lesen und Schreiben*, S. 215.

> Alles Leben, auch das Familienleben, soll sich in der
> gesellschaftlichen Öffentlichkeit abspielen und mit ihr
> verklammern, die Öffentlichkeit soll ihrerseits quasi
> familiäre Züge annehmen ... So haftet der Alltagsat-
> mosphäre der DDR, wie sie sich in ihren Presseorganen
> und in dem Umgang der Mächtigen in Partei und Staat
> mit der Bevölkerung widerspiegelt, eine ganz eigentüm-
> liche Geruchsmischung von zukunftsweisender Utopie
> und traditionellem Paternalismus an. Unter den Augen
> wohlwollender Staatsväter soll eine Gemeinschaft gleich-
> berechtigter Werktätiger zu einer großen Staatsfamilie
> zusammenwachsen.[50]

Die Verstrickungen in diesen mit so viel Emotion beladenen Beziehungen sind für Christa Wolfs Werke maßgebend.

---

50 Kurt Sontheimer/Wilhelm Bleek, *Die DDR.*, Hamburg 1975, S. 160-162.

MONA KNAPP und GERHARD P. KNAPP

FRAUENUNTERDRÜCKUNGSAUGENBLICKE: GABRIELE WOHMANNS ROMAN *DAS GLÜCKSSPIEL*

1

Die Romanproduktion Gabriele Wohmanns umspannt nunmehr sechzehn Jahre, wenn man den Erstling *Jetzt und nie* einmal beiseiteläßt.[1] Bestimmte inhaltliche und formale Leitlinien sind leicht aufzuzeigen. Unter den bisher vorliegenden Romanen, die jeweils paarweise in thematischem Bezug zueinander stehen, nehmen *Paulinchen war allein zu Haus* (1974) und *Ausflug mit der Mutter* (1976) eine Sonderstellung ein. Denn hier werden die Voraussetzungen für ein gestörtes bzw. harmonisches Verhältnis zwischen den Generationen untersucht. Alle anderen Romane behandeln eine ausschließlich private Krisensituation im Lebenslauf des jeweiligen Protagonisten. Dies betrifft das Romanpaar *Abschied für länger* und *Ernste Absicht* (1965 und 1970), in dem aus unterschiedlichem Blickpunkt die Rollen- und Familienmisere alleinstehender Frauen ausgeleuchtet wird, ebenso wie die Zwillingsromane *Schönes Gehege* (1975) und *Frühherbst in Badenweiler* (1978). Letztere stellen mehr oder minder schwerwiegende Identitätskrisen ihrer männlichen Hauptfiguren dar: des Erfolgsschriftstellers Robert Plath und des Komponisten Hubert Frey. Die Krisenromane Wohmanns weisen sämtlich ein höchst subjektives Bauprinzip auf: der einsträngige Erzählvorgang ist fest mit dem Bewußtsein der Figur verkoppelt; er setzt an einem beliebigen Punkt ein und bricht in der Regel ab, ehe sich eine Lösung des Dilemmas abzeichnet. Das Erkenntnisinteresse der Autorin — so darf man schließen — gilt allein der Krisensituation, nicht aber deren rationaler Bewältigung oder einer darüber hinausführenden Entwicklung.

---

1 Für eine Gesamtdeutung des bisherigen Werks vgl. Gerhard P. Knapp/ Mona Knapp: *Gabriele Wohmann*. Königstein 1981.

Auch der 1980 veröffentlichte Roman *Ach wie gut, daß niemand weiß*[2] handelt vom schrittweisen Identitätsverlust einer jungen Psychotherapeutin. Im Gegensatz zu den früheren Frauenromanen, die keinerlei Ansätze einer feministischen Bewußtseinslage zeigen,[3] bedient sich Wohmann jetzt einer komplexeren Appellstruktur, die hin und wieder den Blick freigibt auf geschlechtsspezifische Rollenmuster und die damit verknüpften Unterdrückungsmechanismen.[4] Aber auch die Krise der Marlene Ziegler führt nicht zum rationalen Durchbruch. Der Roman endet, wie die meisten seiner Vorgänger, abrupt und in starker Zeitraffung. Man ahnt, daß wiederum eine Fortsetzung aussteht. Und in der Tat greift der während der zweiten Hälfte des Jahres 1980 entstandene Nachfolger *Das Glücksspiel* die gleiche Problematik auf und spielt sie in deutlich verschärfter Form weiter durch.

Die Gemeinsamkeiten der beiden Romane, vor allem im Hinblick auf die jeweilige Hauptfigur, liegen auf der Hand. So erscheinen auf den ersten Blick beide Frauenschicksale — das der Marlene Ziegler in *Ach wie gut* und das der Lilly Siemer in *Das Glücksspiel* — annähernd kongruent: eine Frau paßt sich die ersten drei Jahrzehnte ihres Lebens den Erwartungen ihrer weiteren und engeren gesellschaftlichen Umwelt an. Sie erlernt einen Beruf und führt ein unauffälliges, bürgerliches Leben. Fraglose Anpassung wird als solche nicht erkannt. Ebenso wenig durchschaut die Protagonistin die sukzessive Erosion der eigenen Persönlichkeit. Der prekäre Balanceakt von Rollenspiel und Selbstverleugnung wird dann im Zuge einer Krisensituation gestört: "Eine in zuvor als gesichert empfundenen Rollenverteilungen errungene Sicherheit erscheint plötzlich mit den interpersonellen Beziehungen zugleich bedroht."[5] Anstatt nun die eigene Lage gedanklich zu erfassen, unterwirft sich die Heldin

---

2 Darmstadt/Neuwied 1980.

3 Hierzu vgl. Mona Knapp: Zwischen den Fronten. Zur Entwicklung der Frauengestalten in Erzähltexten von Gabriele Wohmann. In: *Gestaltet und gestaltend. Frauen in der deutschen Literatur.* Hrsg. Marianne Burkhard. Amsterdam (= Amsterdamer Beiträge zur neueren Germanistik 10) 1980; S. 295-317.

4 Für eine Deutung des Romans vgl. Knapp (Anm. 1), S. 154ff. Zur Frage des Rollenspiels im Werk Wohmanns vgl. die gute Arbeit von Klaus Wellner: *Leiden an der Familie. Zur sozialpathologischen Rollenanalyse im Werk Gabriele Wohmanns.* Stuttgart (= Literaturwissenschaft — Gesellschaftswissenschaft 17) 1976.

5 Wellner, l.c. S. 30.

den gewohnten Unterdrückungsmechanismen nur umso sklavischer und verliert schließlich den Verstand. Beide Romane vermitteln lediglich einige Monate aus der Biographie ihrer Protagonistin. In ihrer Beschränkung auf das individuelle Erleben belegen sie eine erschreckende Verdinglichung zwischenmenschlicher Beziehungen, die entscheidend zum Ruin der schwächsten, in ihrer Fähigkeit zu Gegenwehr oder Flucht krankhaft reduzierten Persönlichkeit beiträgt.

Eine Analyse der größeren gesellschaftlichen Zusammenhänge, die ein solches Scheitern bedingen, liefern die Krisenromane allerdings nicht. Auch Patentrezepte für die Verbesserung der eigenen Lage sucht der Leser vergebens. Gabriele Wohmann hat einmal ihre bewußte Beschränkung auf das Verzeichnen von Sachverhalten so formuliert: "Es scheint mir am reellsten, wahrscheinlich auch am wirksamsten, das Beobachtete — so genau wie möglich — als Befund zu liefern. Resultate haben etwas Verlogenes. Außerdem hat der Rezipierende ein Anrecht auf seinen eigenen Denkspielraum."[6] Die in neuerer Zeit vielberufene Leserinitiative — das Bemühen nämlich des Rezipienten, dem Text einen übergreifenden Sinngehalt abzugewinnen, der dann auch in gesellschaftliche Praxis umzusetzen wäre — wird im vorletzten und im neuesten Roman Wohmanns auf eine harte Probe gestellt. Hierfür verantwortlich ist zum einen der eingeschränkte, durchgängig subjektive Gesichtspunkt der Heldin, auf den der Leser angewiesen bleibt. Zum anderen auch das Fehlen von rational vertretbaren Alternativen bzw. Gegenangeboten zu der im Text geschilderten Misere.[7] Der vorliegende Beitrag möchte konkrete Lese- bzw. Deutungshilfen zu *Das Glücksspiel* bieten und zugleich den Standort des Romans vor dem Hintergrund der gegenwärtigen Frauendebatte lokalisieren. Über die hier gegebene Interpretation hinaus läßt sich unschwer auch der Anschluß des Texts an die bisherige Werkentwicklung herstellen.

---

6   Ekkehart Rudolph: *Protokoll zur Person. Autoren über sich und ihr Werk.* München 1971; S. 154.

7   Zu Fragen der Rezeption vgl. Knapp (Anm. 1), S. 169ff., ebenfalls Irene Ferchl: *Die Rolle des Alltäglichen in der Kurzprosa von Gabriele Wohmann.* Bonn (= Abh. zur Kunst-, Musik- und Lit.wiss. 300) 1980; S. 77ff.

2

Gabriele Wohmann erzählt nach bewährtem Muster auch ihren neuesten Roman aus übergeordneter Perspektive, mit ausschließlicher Blickrichtung auf ihre Heldin Elisabeth Siemer, genannt Lilly-Billy, eine achtundzwanzigjährige Klavierlehrerin. Auch Lilly-Billy ist, wie praktisch alle Wohmannfiguren, egozentrisch bis zum Exzeß. Im Gegensatz jedoch zu den Protagonisten früherer Romane, die ihre Lage mit nachgerade sprichwörtlicher sprachlicher Präzision umschreiben, teilt sie mit Marlene Ziegler aus dem Vorgänger *Ach wie gut* die Neigung zur Weitschweifigkeit, zur gesuchten Metapher und der generellen gedanklichen Fahrigkeit.[8] Das Zettelkasten-Bauprinzip des Romans entspricht auf weiten Strecken dem Denken seiner Heldin: die heterogensten Vorgänge und Sachverhalte stehen in fast schizoider Disproportionalität oft gleichwertig nebeneinander. Ihre Bedeutung für das Romangeschehen als ganzes kann der Leser nur retrospektiv ermitteln. Lillys Reflexionen führen zu zahlreichen Stauungen im Erzählverlauf, deren Stellenwert allein von subjektiver Bedeutung ist. Die Handlung umspannt die Zeit vom Sommer 1980 bis zum Januar 1981. Es werden einzelne Episoden geschildert, die im ganzen aber nicht den Eindruck einer linearen Entwicklung, sondern den der zufälligen Selektion erwecken. Zeitdehnung und -raffung sind scheinbar willkürlich eingesetzt, Einsprengsel aus dem Tagesgeschehen dienen keinem sichtbaren Zweck, quasi-Kriminalistisches erzeugt nicht die intendierte Spannung. Der Schlußteil, der ein knappes Zehntel des Romanumfangs ausmacht, bringt, wie dies bei Wohmann nicht anders zu erwarten ist, keine gedankliche oder handlungstechnische Auflösung. Statt dessen zerflattert er in einzelne Fäden und spiegelt derart, gewollt oder ungewollt, die völlige Desintegration des Bewußtseins der Heldin. Auch hier, wie in den vorangegangenen Krisenromanen der Autorin, fehlt ein lapidarer Schlußpunkt. Die geschilderten Vorgänge wären in der gleichen oder in modifizierter Form beliebig wiederholbar: denn die Re-Inszenierung ihrer Krise würde Lilly Siemer nicht ihrer gedanklichen Bewältigung näher bringen.

---

8   Zur Sprache in *Ach wie gut, daß niemand weiß* vgl. Knapp (Anm. 1), S. 155f. In Klammern gegebene Seitenzahlen im laufenden Text beziehen sich auf die Erstausgabe: *Das Glücksspiel.* Darmstadt/Neuwied 1981.

Es nimmt kaum wunder, daß die kunstlose und augenscheinlich kein Kalkül verratende Struktur des Romans von der Kritik bemängelt wurde: "Auch der neue Roman liest sich wie sein Rohentwurf: Werkstattatmosphäre."[9] Es ist die Rede von einer "schnell gestrickten Zwangsjacke", die "lustlos und fahrig" zu Papier gebracht wurde.[10] Der Befund spricht für sich: Die Romanform, schon immer für die Autorin "weitgehend entleert"[11] und bestenfalls noch quantitativ zu definieren, nähert sich nunmehr der völligen Auflösung. Als notdürftig gliederndes Prinzip erhalten bleibt lediglich die Präsenz der Heldin. Beginn und Ende der Romanhandlung sind somit weitgehend von Zufall und Willkür diktiert. Die Frage erscheint berechtigt, ob der Roman als Gelegenheitsprodukt, "zu raschem Gebrauch bestimmt wie die Tageszeitung",[12] in der Tat gesellschaftliche Entwicklungen spiegelt: einerseits die konsumbehindernde Übersättigung des Marktes, andererseits die wünschenswert rasche Obsoleszenz der Gebrauchsgüter und der ohnehin stetig verödenden Zwischenmenschlichkeit, die zunehmend zum Wegwerfprodukt verkommt. Indem die Romanstruktur Wohmanns zusehends mehr sich ihrem Gegenstand – der Schilderung individueller Verfallsprozesse – angleicht, verspielt sie schon im Formalen das Recht auf Einspruch gegen die Folgerichtigkeit dieser Prozesse. Denn der Widerstand des Lesers gegen die innere Folgerichtigkeit eines Texts entfacht sich in der Regel gleichlaufend mit der Reibung des Dargestellten an den Mitteln der Darstellung. Gute Beispiele für diesen Wirkungsprozeß liefern etwa die früheren Kurzgeschichten und Erzählungen Wohmanns.[13] Hiervon kann in den Krisenromanen der Autorin nicht die Rede sein. Form und Inhalt werden ein und dasselbe. Und aus der fraglosen Übereinstimmung der formalen Desintegration des Romans und der in ihm geschilderten Zerstörung des Individuums muß letztlich der Trugschluß folgen, daß die Auf-

---

9 So Jürgen Diesner: Gabriele Wohmanns neue Fallgeschichte. Zu ihrem Roman "Das Glücksspiel": Eine Klavierlehrerin gerät seelisch außer Takt. In: *Darmstädter Echo* vom 3.9.1981.

10 Maria Frisé: Moritat vom Glücksspiel ohne Chance. Gabriele Wohmanns schnell gestrickte Zwangsjacke. In: *Frankfurter Allgemeine Zeitung* vom 8.12.1981.

11 In: *Literarische Werkstatt*. Hg. v. Gertrud Simmerding und Christof Schmid. München 1962; S. 63. Eine Diskussion der Romanform findet sich bei Knapp (Anm. 1), S. 70ff.

12 Diesner l.c.

13 Vgl. Knapp (Anm. 1), S. 35ff. u.ö.

lösung beider im Hinblick auf das größere gesellschaftliche Ganze beschlossene Sache sei.

3

Auslöser der im Roman beschriebenen Identitätskrise Lillys ist zweifellos das Scheidungsvorhaben ihres Mannes Theo. Präziser noch: der damit einhergehende Verlust ihrer traditionellen Rolle im festen Gefüge eines bürgerlich-patriarchalischen Haushalts. Der Alltag, der vielen Wohmannfiguren Halt und zugleich tödliche Bedrohung ist,[14] schien Lilly bis dahin relativ problemfrei und durch ein festes Netzwerk von Pflichten und Ritualen abgestützt. Leitmotivisch wird immer wieder auf die "früheren Zeiten", die "Zeit VOR dem großen Schrecken" (44) der Ehetrennung angespielt, und in der häufigen Rückblende erscheint Lilly ihr früheres Leben noch in Ordnung: "Wie gern sie doch in früheren Zeiten gerade das Abendessen kultiviert hatte, zur behaglichsten, umfangreichsten Mahlzeit nach des Tages Hin und Her [...] ach ja, in den Zeiten mit Theo." (31f.) Nach dieser Zeitwende von biblischer Bedeutung, und unter dem Eindruck des "großen Schreckens" über den fremdgehenden Theo erscheint ihr dann das eigene Leben "gestockt, wie Eierstich in einer Suppe." (10) Ihre Identität beginnt zu zerbröckeln. Mit einer Mischung aus "Ekel und Mitleid" (186) verlegt sie sich aufs obsessive Beobachten ihrer Umwelt, die für sie zusehends groteskere Proportionen gewinnt. Ihre Reflexionen über Lebensmittel, Haustiere und über die eigene Körperlichkeit bestreiten weite Strecken der Romanhandlung. Zu klaren Aussagen über ihre Lage gelangt sie nicht. Im Gegensatz zur Psychotherapeutin Marlene Ziegler, ihrer Vorgängerin aus *Ach wie gut*,[15] *will* sie sich der krankhaften Veränderung der eigenen Persönlichkeitsstruktur gar nicht erst bewußt werden: "Sie wollte eigentlich nichts Genaues über sich erfahren." (37)

---

14 Zum Begriff der Entfremdung im Alltag vgl. besonders Ferchl l.c.
15 So bemerkt Marlene schon eingangs: "[...] spürte sie, daß sie anfing, aus Zusammenhängen herauszusinken. Aber interessiert blieb sie schon noch sehr, an sich selber, was überlebenswichtig war, und an jeder Kleinigkeit, die ein vom Kopf her definierter Mensch wie sie noch unwillkürlich vollzog." l.c. S. 35.

Auch äußerlich hat sich, vom temporären Verlust Theos einmal abgesehen, nicht allzuviel für Lilly geändert. Sie lebt nach wie vor im gemeinsamen Haus der Eheleute, das ihr wohl nicht eigentlich, vielleicht aber doch "zur Hälfte" gehört. Auch erteilt sie weiterhin Klavierunterricht, beginnt jedoch im Zuge ihres schwindenden Selbstvertrauens Klavierschüler zu verlieren, ähnlich wie ihre Vorgängerin Patienten einbüßte. Der Hausstand umfaßt außer ihr zwei "an ihrem nicht glücklichen Status mitwirkende" Männer: den skurril-unreinlichen Onkel Oswald, der nicht Lillys Onkel ist, sondern ihr von der Freundin Claudia Grübler "als Therapie" aufgeschwätzt wurde. Und den Stiefsohn Arthur, dessen Fetischismus für Lillys Unterwäsche nur eine Seite seiner gravierenden Entwicklungsstörung beleuchtet. Die Kostgänger verdankt sie — ganz anders als Marlene Ziegler, die bei all ihrer Widerstandslosigkeit immerhin vorgibt, sich ihre Bezugspersonen selbst zu verordnen — ausschließlich der eigenen Passivität, die ihr den Mut zum Neinsagen nimmt. Indem sie für Arthur und Oswald kocht und putzt, erhält sie sich ein Surrogat ihrer vormaligen Rolle. Andererseits leidet sie unter dem subtilen Terror der beiden: Oswald hindert sie am Klavierüben und am Schreiben und trägt so zu ihrem beruflichen Niedergang bei. Arthur verweigert ihr dagegen jede Kommunikation. Dem Lager der Peiniger Lillys gehören ferner die Freundin Claudia und der Arzt Klaus Feldmann an. Alliierte sucht sie sich bei Kindern, Tieren und in Form der greisen Frau Würmann.

Entscheidend ist die den Roman tragende Grundspannung von Anpassung und Verweigerung, genauer: Anpassung und Verdrängung. Diese Dialektik wird allein im Bewußtsein Lillys ausgetragen und von dort aus, gleichsam unzensiert, an den Leser weitergegeben. Lilly ist, wie ihre Vorgängerin Marlene, unfähig sich zu wehren. Zwar nimmt sie sich vor: "Ich muß mir Augenblicke für mich aus den Tagesläufen herauspellen" (19), es bleibt aber beim Vorsatz. Nicht nur läßt sie sich den Tagesablauf von Oswald und Arthur diktieren, sie verzichtet auch, nolens volens, auf jedes Eigenleben im Hause. Oswald verfolgt sie bis ins Badezimmer, und Lilly kann sich weder den von Virginia Woolf beschriebenen "room of one's own"[16] noch die geringste Bewegungsfreiheit verschaffen. Mit einigem Recht diagnostiziert sie die alberne und gedankenlose Drang-

16 Vgl. Virginia Woolf: *A Room of One's Own.* New York 1957ff.

saliererei der beiden als "männliche Strategie" (16). Über das von Claudia übernommene Schlagwort hinaus gelangt sie aber nicht zur Durchsetzung der eigenen Bedürfnisse. Statt dessen kokettiert sie mit dem Gedanken, nicht mitten im Leben, sondern am Anfang zu stehen: wie das Baby vor dem Supermarkt, zu dem sie eine seltsame Affinität verspürt und das sie am liebsten entwenden möchte. Oder besser noch: am Lebensende wie Frau Würmann, die liebenswürdige Greisin, die sie regelmäßig im Altersheim besucht und die in Anbetracht ihrer zweiundachtzig Jahre die Würde besitzt, "keinerlei falsche Daseinsfrische" zu heucheln. Wie viele Figuren Wohmanns, so schrickt auch Lilly Siemer hartnäckig vor dem Erwachsenendasein zurück. Unfähig, Verantwortung für sich selbst zu übernehmen, liefert sie sich ihren Peinigern immer weiter aus. Nicht nur verweist sie Oswald nicht in seine Schranken, auch Arthur will sie nur "dringend gefallen": mit ihm teilt sie gelegentlich ein Bier oder eine Marihuana-Zigarette im Gartenhäuschen und kann sich so der Illusion einer fragilen und heranwachsenden Kameraderie überlassen.

Dieses Gefallenmüssen um jeden Preis — vor allem aber um den der Wahrheit — ist der prägende Charakterzug Lillys. Sie wirbt um die Gunst von Kindern und Tieren und ist peinlich darauf bedacht, keine ihrer Kontaktpersonen durch offenen Einspruch zu verstimmen. Ist sie wirklich einmal gekränkt, geht es ihr allein darum, das Gekränktsein so schnell wie möglich "auszumerzen". Weder kann sie Claudia die widerwärtige Pflege Oswalds abschlagen, noch kommen ihr ernsthafte Bedenken, als Arthur den gemeinsamen Selbstmord als die einzig mögliche Reaktion auf die Nachricht von der Ermordung des Beatles John Lennon vorschlägt.[17] Bestenfalls kann sie diesem hirnverbrannten Plan noch entgegenhalten: "ich war doch schon immer ein gutes Stück älter, ich habe allerdings [bei der Pop-Szene] mitgemacht." (204) Aber auch hier hält Lilly es nicht so genau mit der Wahrheit. Denn zur Spielzeit des Romans ist sie achtundzwanzig Jahre alt; zur Hochsaison des Beatles-Kults um die Mitte der sechziger Jahre war sie erst dreizehn, mithin noch in recht zartem Alter. Und doch verspürt sie "einen gewissen Stolz" beim Gedanken an die puerile Solidarität Arthurs mit seinem Idol,

---

17 Dieser Verweis auf tatsächliches Zeitgeschehen (am 8.12.1980) besitzt im Romangefüge als einziger eine sinnvoll strukturierende Funktion. Denn er trägt entscheidend zur Charakterisierung Arthurs bei und liefert zugleich eine Vorausdeutung auf seinen späteren Selbstmord.

an der auch sie irgendwo am Rande noch teilhaben darf: "Paradoxerweise fühlte sie sich geehrt." (203) Zu einer realistischen Einschätzung der Sachlage gelangt sie auch hier nicht und wird so zumindest indirekt mitschuldig an Arthurs späterem Selbstmord. Denn hätte sie ihm die groteske Disproportionalität seines Vorhabens vor Augen geführt, wäre es ihr vielleicht gelungen, ihn davon abzubringen.

Lilly liebt es, dem Unbehagen an der eigenen Kreatürlichkeit nachzuhängen. Der Gedanke an ihre Periode und damit verbundene mögliche Peinlichkeiten zieht sich als Leitmotiv durch den Roman: "Nur die Menstruationsschmerzen, nur die waren wirklich unvergeßlich, mit allem Drum und Dran, mit körperlicher Pein und Weltekel." (32) Die obsessive Fixierung auf diese "Zeit ihrer blutrünstigen Mitgliedschaft im periodischen, allzu mondwechselhaft natürlichen Haushalt weiblicher Säugetiere"[18] teilt sie wiederum mit Marlene Ziegler. Der Ekel vor der eigenen Weiblichkeit — der sich ja indirekt patriarchalischen Denkstrukturen und der damit einhergehenden Scheinprüderie gegenüber natürlichen Vorgängen ableitet — prägt jedoch am deutlichsten ihr Verhältnis zur Sexualität. Hier scheint Verdrängung der einfachste Ausweg. Den zweifellos ekelhaften Gedanken an ihr eigenes Eheleben verdrängt Lilly mit zahlreichen detaillierten Betrachtungen zum Sexualleben der verschiedenen Haustiere. Die Hündin Helena, die Katze Jesse Owens und der Vogel Karl scheinen sich, nach Maßgabe Lillys, unentwegt an irgend einem Gegenstand selbst zu befriedigen. Lilly dagegen, das erfährt man wenig später, bleibt unbefriedigt.

Im Verhältnis Lillys mit dem Arzt Klaus Feldmann, der ersten — wenn man sie so nennen will — emotionalen Bindung *nach* der Zeitwende, bestätigt sich ihre totale Unfähigkeit, die eigenen Bedürfnisse geltend zu machen. Da sich dieses Verhältnis im Gefolge ihres Verhörs durch Claudia (nach dem noch zu erwähnenden Anschlag auf Arthur) entwickelt, liegt der Verdacht nahe, daß Feldmann ihr wiederum als "Therapie" verordnet wurde.[19] Lilly läßt allerdings keinen Zweifel daran, daß sie "nur deshalb Geschlechtsverkehr mit ihrem Arzt betreibt, weil die Gesellschaft derlei aner-

18 *Ach wie gut, daß niemand weiß*, l.c. S. 57.
19 Die Parallelen zum Romanvorgänger liegen wiederum auf der Hand. Vgl. die "therapeutische" Kohabitation Marlenes mit Herrn Heinlos in *Ach wie gut*, S. 259ff. Hierzu auch Knapp (Anm. 1), S. 156f.

kennt."[20] Mit "derlei" ist zuvorderst Lillys Einschwenken auf ein neues emotionales Abhängigkeitsverhältnis gemeint, das im besonderen Fall noch begünstigt wird durch das traditionelle Autoritätsgefälle zwischen Arzt und Patientin; zum zweiten natürlich der gesellschaftlich immerhin teilsanktionierte Racheakt der verlassenen Ehefrau. Beides trägt nicht zur Befreiung Lillys aus ihren Rollenzwängen bei. Im Gegenteil: die Autorin scheut keine Mühe, das groteske und verfremdende Element dieser Beziehung auszuleuchten.

Schon anfangs ist Lilly bewußt, daß sich auch in der Affäre mit Feldmann an "ihrem Status einer zum Instrument Heruntergekommenen nicht so viel geändert hatte." (118) Als bloßes Sexualobjekt des frisch-fröhlich-unbedarften Arztes, als "das zu trübende Grundelement", beobachtet sie hellwach während der schier endlosen ersten Kohabitationsszene — sie steht etwa in der arithmetischen Mitte des Romans und wird dreißig Seiten später wiederholt — den eigenen "besudelbaren, einem Vertragspartner wohligen Aggregatzustand." (121) Nicht genug damit, sie ringt sich während der sie (und den geneigten Leser) befremdenden Therapie entschlossen ein Lächeln ab: "Es war wohl doch besser, man lächelte [...] Sie wirkte auf sich wie ein Versuchsgegenstand, wie ein altes Stück Gehölz [...] Weitergegrinst, befahl sie sich." (122f.) Lilly will sich schließlich einreden, in Klaus Feldmann sei sie "wirklich verliebt." Aber da wird sogar ihr die Selbsttäuschung zu arg, und sie muß sich eingestehen, daß ihr Körper, "unterwürfig" und "materialhaft", eben nur zu etwas gedient hat: dem kurzlebigen Vergnügen des Partners und seinem damit aufs neue erbrachten Potenzbeweis. Auch wenn sie selbst den Begriff der Verdinglichung nicht benutzt, die Affäre mit Feldmann bildet zweifellos einen Höhepunkt in der Reihe verdinglichter Beziehungen, die hier beschrieben werden.

Nicht klar wird Lilly, daß ihr Verhältnis mit Feldmann — wie überhaupt das Geflecht ihrer Beziehungen — das Produkt geläufiger Unterdrückungsmechanismen ist,[21] die zu durchschauen und zu bekämpfen wären. Indem sie aber zwischen der gesellschaftlich dekretierten Anpassung und der ihrem krankhaften Zustand nahe-

---

20 Diesner l.c.
21 Vgl. insbesondere Wellner l.c., der vom "repressiven Rollenhaushalt" (S. 103ff.) der Wohmannschen Figuren spricht und die entsprechenden Verdinglichungs- bzw. Abwehrmechanismen an repräsentativen Beispielen untersucht.

liegenden Verdrängung schwankt und sich in morbider Faszination dem Ekel an der eigenen Demütigung überläßt, verbaut sie sich eine rationale Analyse ihrer Lage. Sie ist unfähig, ihre verworrenen Reflexionen über den "Sportskameraden" Feldmann, einmal abgesehen von der schönen Wortbildung "Frauenunterdrückungsaugenblick" (129), zu einer konkreten Kritik zu bündeln. Statt dessen spekuliert sie über die mögliche eigene "Beteiligung" des Subjekts an seinem Schicksal und erkennt, wenigstens für einen Augenblick: "schlurfte sie nicht seit Anbeginn auf einer Bahn, die immer nur andere ihr verordneten?" (139) So kommt es dann zu dem zaghaften Entschluß: "Du, ich will mein Leben ändern" (ibid.). Aber Feldmann hört ihr nicht zu. Auch die änderungswillige Lilly nimmt er nicht ernst, und ohne das nötige Gegenüber verzichtet sie selbst vorerst auf eine Weiterführung des Gedankens.

4

Alle Versuche Lillys, sich "als Ausgebeutete" (186) zu begreifen und dementsprechend zu handeln, bleiben im hilflosen Gestus stecken. Zwar verspürt sie gelegentlich ein "Aufbäumen", und die modischen Versalien heben es noch am Schluß für Kurzsichtige hervor: SICH STELLEN (205), aber von Anfang an sind ihre Anläufe zur Gegenwehr zum Scheitern verurteilt. Ihre beiden Mordversuche sind ebenso heimtückisch wie ineffektiv. Um es gleich vorwegzunehmen: die Kriminalelemente des Texts bewirken an keiner Stelle echte Spannung. Zu Beginn des zweiten Romanviertels schleicht sich die "Rächerin gegen eine der unzähligen Unordentlichkeiten der Welt" an den vor dem Kühlschrank knienden Arthur an und schlägt mit einer Grapefruit-Dose "wahrheitsverzweiflungsvoll" auf ihn ein. Lillys Nackenschlag mit der Dose dürfte allerdings lediglich einen Überraschungseffekt erzielt haben. Arthur bringt sich seine Gehirnerschütterung selber bei, wenn er gegen eine offene Schranktür hochschnellt. Als Mordversuch ist die Episode nicht ernstzunehmen. Auch eine offensichtliche Motivation fehlt. Man kann allerdings davon ausgehen, daß Lilly auch in extremis ihrer femininen Rolle treu bleibt: sie möchte Aufmerksamkeit von Arthur. Sie will, daß er zuhört, sie zur Kenntnis nimmt und gegenüber Claudia ihre Partei ergreift. Da er nicht mitspielt, muß sie ihn treffen.

Die bizarre Verzweiflungstat der sich verschmäht fühlenden Lilly bleibt ohne unmittelbare handlungstechnische Folgen. Lilly meditiert über die Selbstbefriedigungsakrobatik der Hündin ihrer Mutter und über die Grauzonen ihrer eigenen Beziehung zu Arthur, gerät ein wenig in sexuelle Erregung, versagt sich aber diese Empfindung: "Wie zur Strafe, weil sie selber manches Mal die hoffnungsvoll keuchende Helena in besten Momenten vom Fuß der Mutter verscheucht hatte, spielverderberisch [...] lockerte sie nun bei sich selber die Verdrehung ihrer Beine." (71) All das wird ihr dann zu anstrengend. Sie legt sich zu dem Ohnmächtigen und schläft schließlich ein. Bemerkenswerterweise wird die Erzählgeschwindigkeit überall dort im *Glücksspiel* schleppend, wo eine Akzeleration des Geschehens Spannung auslösen könnte. Der kindische Anschlag auf Arthur zieht keine Beschleunigung des Geschehens nach sich. Und als Lilly dann Stunden später in Claudias Wohnung aufwacht und von der Freundin verhört werden soll, erstrecken sich ihre Reflexionen (die in Wahrheit zwei bis drei Minuten ausfüllen dürften) über volle zwölf Seiten. So folgt der Exposition eines neuen Themas keine Durchführung, potentielle Spannung versickert in der Reprise des Gehabten. Auch der Kausalnexus erscheint stellenweise dünn. So fragt sich nicht nur Lilly, wie sie nach dem Attentat, das doch in ihrem Haus stattfand, eigentlich auf Claudias Couch "gelandet war". Auch der Leser hat alle Mühe, den Zusammenhang herzustellen. Ähnlich verhält es sich mit der wenig einleuchtenden Erpressung Lillys durch Oswald und Claudia, die den Vorfall beobachtet haben wollen. Gleichfalls unglaubhaft muß Lillys Annahme einer "Verschwörung" gegen sie wirken, denn ihre Bezugspersonen behandeln sie längst *vor* dem Anschlag auf Arthur manipulativ und rücksichtslos. Hier liegt offensichtlich ein Verfolgungswahn Lillys vor, den sie selber in koketten Mutmaßungen über ihre bevorstehende Verhaftung weiter ausspinnt.

Der zweite Anschlag Lillys, der dann auch zu ihrer Einweisung in eine Anstalt führt, ist symbolisch aufzufassen. Sie mengt der abendlichen Suppe eine Dosis Haarabschnitte bei und hofft damit ihre Kostgänger Oswald und Arthur umzubringen: ein vollends hilfloses Attentat mit "femininen" Waffen. Lilly hatte sich ihre langen Haare abschneiden lassen und verwendet nun ausgerechnet dieses Statussymbol der angepaßten Frau, um sich an den Quälgeistern ihrer Frauenexistenz zu rächen. Wiederum geht sie hinterlistig vor und bestätigt damit nur ein traditionelles Rollenschema, das einer Frau wohl die Heimtücke der Giftmischerin zugesteht, nicht aber die Kraft zur offenen Konfrontation. Abermals wird die Motivation Lillys nicht klar. Zwar betont sie, daß sie sich "weit weg von dieser Szene" (208) wünscht, über die eigene Inhaftierung hinaus macht sie sich freilich keine Gedanken über ihre Zukunft. Was sie zur Tat treibt, ist auch diesmal das von ihren Kontaktpersonen ignorierte Verlangen nach menschlicher Kommunikation und das verzweifelte Werben um deren Aufmerksamkeit: "Die Aussichtslosigkeit und Hoffnungslosigkeit im Zusammenhang mit den durch die fortwährende Bedürfnisrepression angestauten Affekten führt dann zu jenem Durchbruch von Aggressivität, den das Individuum [...] selbst kaum versteht."[22]

In die gleiche Richtung einer — wenn auch viel verhalteneren — Entladung von nicht letztlich reflektierten Aggressionen deutet Lillys einziges Aufmucken gegen Feldmann. Nach "vergeblicher Liebesmüh'" (151) erscheint ihr die zum Imbiß aufgetragene Salami "wie der bessere Konkurrent" des Liebhabers. Demonstrativ zerschneidet sie die Wurst: "Es kam einer Vollstreckung gleich, als Lilly die Wurst ergriff." (152) Die reichlich ekelhafte Symbolik des Vorgangs illustriert einmal mehr die Sexual- und Körperfeindlichkeit Lillys, die direkt aus der Verdinglichung ihrer Beziehungen resultiert. Ohne sich dessen bewußt zu werden bleibt Lilly, wenn sie sich zu wehren versucht, auf das Arsenal angewiesen, das ihrem Rollenverständnis zu Gebot steht. Insofern müssen ihre Aktionen unweigerlich auf sie selbst zurückschlagen. Und gerade weil Lilly ihre Rollenfixierung bis in den gelegentlichen Ausbruchsversuch hinein verlängert, vermag sie ihre Gegner nicht zu treffen. Als letzten Ausweg sieht sie daraufhin nur die vollständige Abkapselung durch die im Roman leitmotivisch berufene "Implosion."[23]

Die beiden Versuche Lillys, aktiv ihre Lage zu verändern, verleihen dem Text sein bizarres kriminalistisches Gepräge. Als Bei-

---

22 Wellner l.c. S. 133.
23 Vgl. etwa S. 54, 186, v.a. S. 205: "Implosion? Da war der Begriff wieder in ihrem Bewußtsein. Mehr als der Begriff. Sie spürte die Implosion. Die Ankündigung einer Entladung." Die von Wellner (l.c. S. 127) erarbeitete Definition "eines Konfliktlösungsmusters, das man als Wendung gegen die eigene Person bezeichnen kann" trifft nicht ganz den gegebenen Sachverhalt, denn Lilly schwankt ja bis zuletzt noch zwischen dem ineffektiven Ankämpfen gegen ihre Lage und der Flucht nach innen.

träge zu einer konstruktiven Überwindung repressiver Rollenstrukturen sind sie ebenso gegenstandslos wie die hierdurch implizierte Alternative von affektiver Gewalttätigkeit einerseits und Anpassung andererseits.

5

Nicht viel anders verhält es sich mit den zahlreichen Einschüben aus dem Zeitgeschehen. Da redet Claudia genüßlich von den "Hungerödembabies aus Zimbabwe" (147), in der Regionalschau flimmert ein Kommentar zur "Wasserversorgung von Heiligenrath" (206) vorbei. Die Dritte Welt kommt ausführlich zum Zuge, Apartheid wird erwähnt und sogar ein realer Gerichtsfall um die "Urlaubswertminderung durch Behinderte" (9). Bezogen auf das Romangeschehen wirkt all das versatzstückhaft. Denn jeder Zusammenhang zwischen der Notlage Lillys und größeren gesellschaftlichen Mißständen fehlt ganz offensichtlich. Sie selbst sorgt schon für deutliche Abgrenzung, wenn sie ihren regelmäßigen Besuch bei Frau Würmann im Altersheim gegen das "Aufarbeiten vom Bleiskandal da jetzt im Harz" (149) abwägt: ihr ist "einfach verdammt wohler" beim Aufarbeiten der eigenen Privatmisere als im kühlen Zugwind der Öffentlichkeit. Ähnlich geht es ihrer Mutter, die beim Anschauen der Nachrichten immer "so verdrießlich" wird. Anstatt sich dieser Unannehmlichkeit auszusetzen, zieht sie es vor, ihre Hündin zu alberner Akrobatik zu ermuntern. Und schließlich hat sie ja auch "den Hunger in der Welt nicht erfunden." (226)

Unschwer erkennt der Leser hier die das Werk Wohmanns seit den siebziger Jahren durchziehende Antithetik von gesellschaftspolitischer Stellungnahme einerseits und "privatem" Engagement andererseits. Im zähen Protest gegen die Vereinnahmung des Subjekts durch eine ihrer Maßgabe nach unkontrolliert aufschwellende Öffentlichkeit pocht die Autorin immer wieder auf die vorrangige Bedeutung von Anteilnahme bzw. Sympathie im engen, überschaubaren Kreis gegenüber der vermeintlich zwangsläufigen Indifferenz im Großen. Besondere Bedeutung hat dieser Konflikt in einem größeren Teil der Gedichttexte, aber auch in den Romanen *Schönes Gehege* und *Frühherbst in Badenweiler*.[24] Vor dem Hintergrund der

---

24 Hierzu Knapp (Anm. 1), S. 127ff. und 139ff.

allgemeinen "Politisierung" von Literatur während der späten sechziger und frühen siebziger Jahre mutet diese Polarisierung — der die Autorin letztlich auch ihre Zuweisung zur "Neuen Sensibilität" durch eine Reihe von Kritikern verdankt — seltsam oberflächlich an. Denn in Wahrheit handelt es sich bei dem Versuch, die Wirkungsmöglichkeiten des einzelnen künstlich in einen privaten und einen öffentlichen Bereich zu spalten, um eine Scheinalternative. Das Einzelschicksal ist nun einmal vom größeren gesellschaftlichen Kontext, in dem es sich vollzieht, nicht sinnvoll abzulösen.

Lillys Einstellung bestätigt diesen Sachverhalt. Sie ist in die vermeintlich einmalige und höchst subjektive Beschaffenheit ihrer Krise derart verkrallt, daß sie sich jede Einsicht in die Repräsentanz ihrer Lage für größere gesellschaftliche Mißstände verbauen muß. Deshalb nimmt sie ihre Bezugspersonen durchweg als bare Münze und ist außerstande, sie als Vertreter bestimmter größerer Gruppen zu identifizieren. Dabei sind die Nebenfiguren des Romans mit Trennschärfe und Virtuosität gezeichnet. Hier ist die Gesamtkonstellation entscheidend. Man darf annehmen, daß Lilly Siemer unter anderen Umständen ein relativ befriedetes Dasein hätte fristen können. Nachdem sie aber einmal durch den Initialschock ihrer Trennung von Theo aus der Bahn geworfen und der Schutzhülle ihres gewohnten Rollenspiels und der damit einhergehenden Rituale beraubt wurde,[25] steigert sich stetig ihre Verletzlichkeit. Und gerade da setzt der Hebel einer Konfiguration von scheinbar harmlosen, in ihrem kollektiven Mangel an Sensitivität jedoch destruktiven Kontaktpersonen an. Lilly ist unfähig, auch nur eine Defensivstrategie gegen die jeweiligen Unterdrückungsmechanismen aufzubauen, gerade weil sie aufgrund ihrer zunehmenden Egozentrik und Introversion die eigene Lage als einmalig und deshalb letztlich auch als ausweglos ansieht. Ihre Passivität steigert sich zur Neurose, die am Ende zum völligen Identitätsverlust führt.

Durch die Beschränkung der Erzählperspektive des Romans auf die Bewußtseinsvorgänge Lillys muß für den Leser der Eindruck einer in sich folgerichtigen Zwangsläufigkeit entstehen. Dieser Eindruck ist aber wiederum an die Erlebnisperspektive der Heldin gebunden und insofern alles andere als zutreffend. Die Betrachtung der Kausalitätskette, die zur Zerstörung der Persönlichkeit Lillys

---

25 Vgl. Wellner l.c. S. 86ff.

führt, bestätigt diesen Befund. Oswald und Arthur verweigern ihr jeden Privatraum im eigenen Hause. Man erinnert sich an das Adoptivkind Paula im früheren Roman *Paulinchen war allein zu Haus*, das sich in verbissenem Kampf gegen seine Zweiteltern die ersehnte Privatsphäre verschafft. Lilly hat nichts vom Kampfgeist und der gesunden Verschlagenheit des Kindes. Sie klammert sich an die Illusion der Nähe zu Arthur, versucht auch Oswald nicht zu vergrämen und läßt sich von Claudia nach Belieben manipulieren. Bemerkenswert ist die Zeichnung Claudias, der nach Theo wohl destruktivsten Kontaktperson. Unter einer dünnen Schale von modisch-feministischem Klischee verbirgt sich eine schadenfrohe Sadistin, die selbst wiederum keiner normalen Beziehung zwischen Gleichgestellten gewachsen ist. Sie dichtet sogar ihrem eigenen Sohn Entwicklungsstörungen an, um ihn zur Fallstudie zu machen. Durch ihre Manipulation anderer verschafft sie sich "schäbige Späßchen", ihre Scheinemanzipation erschöpft sich dagegen im Requisit: dem Modejargon, den India-Tüchern und der tüchtigen Riesenhandtasche. Ihr Zuspruch an Lilly, sich vom "Männerjoch" zu befreien, entpuppt sich als Lüge, wenn sie ihr später rät: "Kehr doch mal schön zurück, was Besseres gibt's nicht. Nicht für dich." (217) Lilly akzeptiert solche Manipulation durch ihre Bezugspersonen mehr oder minder fraglos. Von ihren hilflosen Ausbruchsversuchen abgesehen, unternimmt sie nicht die leiseste Anstrengung, sich über deren Motive klarzuwerden oder gar eine Konfrontation zu erzwingen. Allerdings geht ihr ganz am Ende auf, daß Claudia an ihrer Misere mitverantwortlich ist, dann aber ist es zu spät.

Der Krisenmanagerin Claudia mentalitätsverwandt ist der Ehemann Theo, der während Lillys Aufenthalt im Sanatorium die Bildfläche betritt. Der eigentliche Wendepunkt des Romans ist dort bereits überschritten. Er ergibt sich in dem Augenblick, als Lilly durch ihre Einweisung in die Klinik den paradoxen Zustand der Unabhängigkeit in der völligen Abhängigkeit erreicht hat. Zum ersten Mal findet sie sich nun, wenn auch in der totalen Kontrolle anderer, in einem Zimmer, das nur ihr gehört. Sie kann über ihre Zeit verfügen, wie sie will. Sie beginnt zu komponieren, meditiert über den eigenen Tod und läßt widerwillig Claudias häufige Besuche über sich ergehen. Die "Implosion" hat stattgefunden, in der Schwundstufe völliger Introversion findet Lilly ein Stückchen Freiheit, um das sie sich zuvor vergebens bemüht hat. Das Dasein in der Anstalt fordert ihr nichts ab, das sie nicht leisten kann. Sie fühlt sich geborgen und weiß nicht, ob sie je in ihre bisherige Umgebung zurückkehren soll oder etwas "Besseres" finden könnte. So erscheint der Wahnsinn im Bewußtsein Lillys als konsequente Ausflucht: die bedingungslose Kapitulation vor einer Wirklichkeit, der weder mit Anpassung noch durch Verdrängung beizukommen ist.

Innerhalb der damit etablierten Kausalitätskette erscheint auch Lillys Abwehr gegenüber einer "Rehabilitation" folgerichtig. Denn die Situation, die sie nach ihrer Entlassung im Hause vorfindet, hat wenig Verlockendes. Theo, der inzwischen die Hinterlassenschaft der Frau Würmann an sich gebracht hat und damit "ein kleines Antiquitätengeschäft" aufmachen will, ist in der Tat ein MIST-KERL (223). Großzügig stellt er der Heimgekehrten die Wiederaufnahme der ehelichen Gemeinschaft in Aussicht: "Und wenn du demnächst wieder ganz und gar vernünftig bist, dann machen wir auch wieder zweimal zwei ist eins miteinander. Ich versprech' dir's." (222) Kein Wunder, daß Lilly nicht wieder vernünftig werden will. Arthur hat sich umgebracht, das magere Refugium "geschwisterlichen Wahnsinns" ist ihr somit genommen. Sogar das Klavierspiel wird ihr untersagt. Als sie Claudia beim Stricken beobachtet, kommt Lilly schließlich die Einsicht: das "pferdeapfelbraune Gebilde" auf den Nadeln Claudias wird eine Zwangsjacke für sie selbst. Allzu fern ist sie damit ausnahmsweise der Wahrheit nicht. Denn der häusliche Kreis der Peiniger, erweitert jetzt durch den miesen Theo und die berechnende Claudia, wird ihr die Daumenschrauben schlimmer anlegen als je zuvor.

Der Romanschluß zerflattert wie Lillys Reflexionen beim Schneeschaufeln. Die wenigen Stunden nach ihrer Heimkehr — an objektiven Zeitangaben findet sich lediglich der Hinweis auf den Sonntag und die Tageszeit von neunzehn Uhr, als Lillys Mutter anruft — erscheinen in ihrer subjektiven Erlebnisstruktur fast szenisch gebündelt. Denn subjektiv und im Ausschnitt erfährt Lilly in dieser kurzen Zeitspanne alle Repressionsmöglichkeiten, die sich aus der nunmehr gegebenen Konstellation ableiten. Sie durchlebt gleichsam ihre Zukunft im Komprimat. Subjektive Zeiterfahrung und objektiver Zeitablauf stehen sich unversöhnlich gegenüber: "Damit tritt tendenziell die die psychischen Vorgänge bestimmende Aufhebung des realen Zeiterlebens in Kontrast zu den ein reales Zeiterleben andeutenden Zeitangaben [...]."[26] Mit

---

26 Ibid. S. 187.

der zeitlichen verliert Lilly auch die räumliche Orientierung: sie flüchtet in den Schnee — ein für Wohmannfiguren immer ambivalentes und faszinierendes Element — und wird beim Freischaufeln einer ihr völlig fremden Straße von der Polizei aufgegriffen. Es läßt sich schließen, daß sie in die Anstalt zurückgebracht wird, diesmal auf länger.

Das Glücksspiel um Anpassung oder Verweigerung hat Lilly wohl endgültig verloren. Ob ihre Pechsträhne damit tatsächlich ein Ende hat, ob sie ihren Frieden finden kann in der Schwundstufe der totalen Introversion und Vereinsamung, bleibt dahingestellt. Im ironisch schwebenden "May-be, Madam" des Polizisten scheint Hoffnung auf, nicht zuletzt aber auch freundliche Indifferenz. Denn er hat sicher Drastischeres gesehen als eine desorientierte, schneeschaufelnde Lilly. Ähnlich ergeht es dem Leser, der den im Ungewissen zerfransenden Bericht als lakonisches Abschwenken oder als Gestus der Unentschlossenheit auffassen kann. Wie in den anderen Romanen Wohmanns, so macht auch hier die Krise allein Stoff und Substanz des Erzählens aus. Ihre mögliche Einordnung in ein größeres biographisches und gesellschaftliches Koordinatensystem bleibt dem Leser überlassen.

6

Im Hinblick auf die gegenwärtige Frauendebatte erscheint *Das Glücksspiel* als ein widersprüchlicher und problematischer Text. Von Bedeutung ist zunächst die von der Autorin intendierte Bloßstellung geschlechtsspezifischen Verhaltens, das sich bis in die Einzelheiten der pointierten Zeichnung der Männerfiguren nachweisen läßt ("Ihre männlichen Hausgenossen verhinderten weibliches Leben" [16]). Diese anfangs noch scharf profilierte Polarisierung wird aber im Romanverlauf dahingehend umgebogen, daß Lilly — als Einzelperson, und nicht notwendig als unterdrückte Frau — sich immer schärfer gegen die Gruppe ihrer Peiniger abhebt. Diese Gruppe umfaßt, abgesehen von der alliierten Frau Würmann, praktisch das ganze Romanpersonal und somit Personen beiderlei Geschlechts. Besondere Aufmerksamkeit widmet die Autorin der Konfrontation von Lilly und Claudia. Aus der Zeichnung dieser Figuren folgt dann der bemerkenswerte Befund, daß *beide* Frauen gleichermaßen von

Rollenzwängen beherrscht sind. Lilly, der die Sympathie der Autorin offensichtlich gehört, schwankt zwischen sklavischer Anpassung an traditionelle Rollenmuster und der irrationalen Verdrängung der daraus resultierenden Verletzung ihrer Persönlichkeit. Ebenso ein Produkt verbreiteter Klischeevorstellungen ist aber die mit deutlicher Haßliebe gezeichnete Claudia, die an die Figuren der Christa im *Paulinchen*-Roman und der Selma Frey in *Frühherbst in Badenweiler* gemahnt. Ihre skrupellose Pseudoemanzipation, die sie geläufigem Jargon und aufdringlicher Besserwisserei verdankt, ermöglicht es ihr, andere ohne Bedenken zum Instrument der eigenen Zwecke zu machen. Insofern verkörpert sie − nach einer Definition Erich Fromms − einen neurotischen Typus der Waren- und Konsumgesellschaft, der weder an Alter noch an Geschlecht gebunden ist.

Die Annahme liegt nahe, daß der Autorin im *Glücksspiel* die eigene Wirkungsabsicht aus der Hand geglitten ist. Denn in der Polarisierung von selbstzerstörerischer Anpassung, die schließlich im Wahnsinn endet, und der nachgerade brutalen Manipulation, die unter vertauschten Vorzeichen *auch* eine Anpassung darstellt, liegt weder eine greifbare Kritik noch eine sinnvolle Alternative beschlossen. Dem Leser wird damit, entsprechend der Scheinalternative von gesellschaftlichem Engagement und privater Freundlichkeit, ein Gegensatz suggeriert, der der Spannbreite menschlicher Koexistenz nicht gerecht werden kann. Da das größere Spektrum der gesellschaftlichen Verhältnisse, die für die Misere Lillys mitverantwortlich sind, ausgeklammert wird, entsteht der irreführende Eindruck, daß das hier vorgeführte Kleinstbezugssystem einer Handvoll von Personen für *jede* mögliche oder auch nur denkbare soziale Konstellation repräsentativ sei. Das Fehlen von Kontrastfiguren und die Engführung des Blickes auf das Scheitern Lillys einerseits, die neurotisch ausbeuterische Selbstverwirklichung Claudias andererseits tragen entscheidend zur verwirrenden Appellstruktur des Romans bei.[27] Indem er die Möglichkeit einer *rationalen* Auflehnung gegen patriarchalische Herrschaftsverhältnisse Schritt für Schritt ad

---

27 Ibid S. 135: "[...] daß mit der Perspektivenbeschränkung auf das Bewußtsein psychisch gestörter Individuen einmal die eindringliche Darstellung des subjektiven Leidens an sozialen Systemen und der in ihnen wirksamen Interaktionsprozesse möglich wird, daß auf der anderen Seite aber der Verzicht auf eine Einbeziehung der diese Systemprobleme mitbedingenden sozialen Randbedingungen in Kauf genommen werden muß."

absurdum führt und zugleich den Nachweis erbringt, daß Emanzipation nur als kaltschnäuzige Pose zu erreichen ist, bestätigt er indirekt den status quo. Wohmann fällt damit — gewollt oder ungewollt — hinter den Erkenntnisstand anderer zeitgenössischer Romane zurück, die eine konstruktive und emanzipatorische Aufarbeitung geschlechtsspezifischer Rollenmuster vermitteln. Genannt seien lediglich Renate Schostacks *Zwei Arten zu lieben*[28] oder Angelika Mechtels *Die Blindgängerin.*[29] Durch die konsequente Erlebnisperspektive des *Glücksspiels* und ihre rigorose Beschränkung auf die Wahrnehmungen einer verwirrten und gefährdeten, am Ende vollends gestörten Persönlichkeit vermittelt der Roman zwar ein illustratives Bild vom Leiden dieser Persönlichkeit, er verweigert ihr aber zugleich jede Erfolgschance für eine Rebellion gegen scheinbar unüberwindliche Repressionsmechanismen.

Denn nichts läge doch näher, als daß Lilly sich nach dem Ausleben ihrer Krise vom "Männerjoch" und anderen fatalen Zwängen befreite und ein erfülltes Dasein anstrebte. Aber der Weg dorthin ist ihr dreifach verbaut. Zum einen durch die Romanstruktur Wohmanns, die keine über den unmittelbaren Krisenrahmen hinausreichende Entwicklung zuläßt und so die Permanenz und die Hermetik dieser Krise festschreibt. Zum anderen findet Lilly dank ihrer krankhaften Passivität nicht den Ausweg aus der Sackgasse ihrer psychischen Störung und, fände sie ihn, wäre schließlich die von Claudia repräsentierte "Normalität" alles andere als erstrebenswert. *Das Glücksspiel* enthält zwar alle notwendigen Bausteine zur Analyse von Rollenmustern: diese werden aber nicht zur konstruktiven Überwindung gebraucht, sondern am Ende zum Vexierbild eines fatalen Determinismus zusammengewürfelt. Denn die Unfähigkeit der Exponentin des Romans, ihr eigenes Dilemma aktiv anzugehen — ein Zug, den sie mit der Mehrzahl aller Wohmannfiguren teilt — impliziert letzten Endes zweierlei. Einmal den unabänderlichen Zustand einer im Kleinen unweigerlich zerstörerischen Zwischenmenschlichkeit. Zum anderen — und dieser Befund wiegt ebenso schwer — beruht die Kontrastierung der Frauenfiguren im Roman auf der These, daß Sensibilität bzw. Leidensfähigkeit und Rationalität

---

28 Renate Schostack: *Zwei Arten zu lieben*. München 1977.
29 Angelika Mechtel: *Die Blindgängerin. Geschichte einer alleinstehenden Frau.* Percha/Kempfenhausen 1974.

einander ausschließen. Derart wäre zu folgern, daß das unter seiner Rolle leidende Subjekt zur irrationalen Anpassung oder Verdrängung verdammt sein muß, es sei denn es wäre bereit, in die völlige Vereinsamung und in die Psychose zu flüchten. Damit wäre der Weg frei für die Theos und die Claudias dieser Welt, die sich die bestehenden Verhältnisse durch manipulative Anpassung zunutze machen. Im Rahmen der Romanhandlung erscheint diese Kausalitätskette zwingend. Auf die Realität übertragen, stellt sie eine holzschnitthafte Vereinfachung dar, die der Komplexität gesellschaftlicher Prozesse nicht gerecht werden kann.

Ähnlich verhält es sich mit dem paradoxen Zustand der völligen Entmachtung des Subjekts inmitten eines Arsenals von Besitz und Wohlstand, eines Netzwerks von Informationen, Beziehungen und Vorhaben, der an Lilly eindringlich vorgeführt wird. Der Zusammenhang zwischen dem — in Wohmanntexten meist stillschweigend vorausgesetzten — wirtschaftlichen Überfluß und dem Verfall des individuellen Selbstbewußtseins wird im Verlauf des Romans allerdings nicht im mindesten problematisiert. Denn es ist doch Lillys sorgenfreie bürgerliche Existenz, die ihr die andächtig ausgetragene Krise überhaupt erst ermöglicht. Und es sind gerade die Bestandteile *dieser* Existenz, gegen die ihr Krisenbewußtsein aufmuckt. Insofern wäre zu zeigen, daß die Bedrohung, der Lilly ihre Existenz ausgesetzt sieht, nicht zuletzt auch das Resultat ihrer eigenen Entbehrlichkeit innerhalb einer zum Selbstzweck gewordenen Wohlstandsexistenz ist.[30] Indem der Roman diesen Sachverhalt nicht benennt, verschleiert er eine entscheidende Dimension im gestörten Selbstverständnis seiner Protagonistin. Liegt nicht am Ende für den Leser gar die Vermutung nahe, daß Lilly selbst — und nicht ihr goldener Käfig, den sie ja nur zu genießen hätte — durch mangelnde Anpassung für ihre Misere verantwortlich zeichnet?

Als Fazit unserer Betrachtung ergibt sich, daß das *Glücksspiel* sich der Werkentwicklung Gabriele Wohmanns nahtlos anfügt. Als ein weiterer Krisenroman vermittelt er in der Tat "nichts bestürzend Neues, sondern Liebvertrautes"[31]: detailliert und nicht ohne Mit-

---

30 Eine vergleichbare Problematik behandelt Doris Lessing in ihrer Erzählung *To Room Nineteen* (London 1978). Dort wird allerdings durch den Selbstmord der Hauptfigur eine scharfe Kritik an der sinnentleerten Planmäßigkeit einer von Gebrauchsgütern beherrschten Existenz formuliert.

31 Diesner l.c.

gefühl ausgeleuchtete Innenaufnahmen aus dem beschädigten Leben. Über die eindringliche Zeichnung ruinöser zwischenmenschlicher Verhältnisse hinaus — eben das "Liebvertraute", das auf eine ambivalente Leserreaktion bauen kann[32] — gelangt er weder zur rationalen Überwindung der dargestellten Misere noch zur Formulierung plausibler Alternativen. Wie sein Vorgänger *Ach wie gut, daß niemand weiß*, so macht auch dieser Text vor einem entscheidenden gedanklichen Durchbruch halt.[33] Insofern liefert er nicht mehr und nicht weniger als ein virtuoses Intermezzo um die Nöte und Leiden seiner Heldin.

---

32 Zu Fragen der Rezeption vgl. Knapp (Anm. 1), S. 169ff.
33 Vgl. auch Madeleine Marti: Festigung der Herr-schaftsverhältnisse. In: *Vorwärts* vom 10.9.1981.

HANS HÖLLER

"WER SPRICHT HIER EIGENTLICH, DAS OPFER, EINE LEIDENSGENOSSIN ODER EIN WEIBLICHER AUTOR"? MARIE-THÉRÈSE KERSCHBAUMERS ROMAN *DER WEIBLICHE NAME DES WIDERSTANDS.*

I

Auf die Rolle der Frau im Widerstand weist der erste Bestandteil des Titels von "Marie-Thérèse Kerschbaumers Roman *Der weibliche Name des Widerstands*[1]. Die verschüttete Geschichte von ihresgleichen legt die Autorin in den 'sieben Berichten' frei, voll Verständnis für die besonderen Bedingungen und Schwierigkeiten des Widerstands der Frauen "auf Grund ihres Ausschlusses aus dem öffentlichen Leben"[2]. Hier ist ihr Buch, ohne jegliche polemische Abgrenzung — was für Marie-Thérèse Kerschbaumer gerade beim Thema des politischen Widerstands undenkbar wäre[3] —, der Frauenbewegung und Frauenliteratur verbunden; dieser steht es vor allem aber auch darin nahe, wie in den Schreibvorgang die eigenen Bedingungen des Lebens und der schriftstellerischen Arbeit einge-

---

1 Marie-Thérèse Kerschbaumer: *Der weibliche Name des Widerstands. Sieben Berichte.* Olten und Freiburg im Breisgau 1980.

2 Marie-Thérèse Kerschbaumer: *Der weibliche Name des Widerstands.* a.a.O., S. 74.

3 "Man muß vorsichtig sein: Nicht die Frauen haben das Recht zur Klage gepachtet. Die Gewohnheit der Macht in den Händen der Männer verschiebt die Perspektive ins "Biologische"; männliche Stiefeltritte vor den Wohnungstüren der Dichterin Alma Johanna Koenig und der Wissenschafterin Elise Richter, männliche Uniformen vor der Guillotine der Anni Gräf und Toni Mück und der Schwester Restituta, deren aller Leben und Sterben ich beschrieben habe, machen diese Frauen noch um einen Grad unantastbarer. Doch die Soldaten der Wehrmacht, die Widerstandsarbeit leisteten, die männlichen Häftlinge in den Lagern, sie waren genauso ausgesetzt. Ich kenne ein Gedicht eines jüdischen Vaters an seinen im KZ umgekommenen kleinen Sohn. Seine Trauer ist grenzenlos. Nein, Trauer ist wahrscheinlich nicht ans Geschlecht gebunden, sondern eine Sache der Haltung, des Gewissens, des Wissens." (Die Fähigkeit zu trauern. Marie-Thérèse Kerschbaumer im Gespräch. In: *Die Presse.* Wien, 5.7.1980, Literaricum V).

bracht werden, sowie durch die sprachliche Gestalt subjektiver Authentizität in der Trauer und Betroffenheit angesichts des vergangenen Leiden. Als Bezugspunkt, keinesfalls als Abhängigkeit in der deutschsprachigen Gegenwartsliteratur der siebziger Jahre, ließe sich hier auf Christa Wolf verweisen: in "Kindheitsmuster" hat sie die Schwierigkeiten dieses uns betreffenden Umgangs mit der Vergangenheit benannt, wie sie auch in Marie-Thérèse Kerschbaumers Roman immer wieder thematisiert werden — "Das Vergangene ist nicht tot; es ist nicht einmal vergangen. Wir trennen es von uns ab und stellen uns fremd"[4]. Die Problematisierung unseres Umgangs mit der Vergangenheit führt bei Christa Wolf zur Thematisierung der Sprache, zur Frage nach der grammatischen Vermittlung "zwischen dem Selbstgespräch und der Anrede" im Prozeß der Erinnerung: "Ich, du, sie, in Gedanken ineinanderschwimmend", müssen in der Grammatik des "ausgesprochenen Satze(es) einander entfremdet werden"[5].

Auch bei Marie-Thérèse Kerschbaumer kommt die Vergegenwärtigung der historischen Frauengestalten des österreichischen Widerstands gegen die übliche sprachlich-literarische Fixierung von getrennten Rollen zustande, wenn sie versucht, diese Rollen von "ich", "du", "sie" aus ihrer Trennung voneinander zu befreien und ineinander überzuführen, daß für den Leser nicht mehr ganz deutlich auszumachen ist, wer "hier" "eigentlich" "spricht", "das Opfer, eine Leidensgenossin oder ein weiblicher Autor"[6]. Doch trotz dieser literarischen Bezüge, die bis in die grammatische Struktur einer von Frauen geschriebenen Prosa reichen und sich mit ihr

---

4 Christa Wolf: *Kindheitsmuster*. Roman. Darmstadt und Neuwied 1977, S. 9.
5 Christa Wolf: *Kindheitsmuster*. a.a.O., S. 9.
6 Marie-Thérèse Kerschbaumer: *Der weibliche Name des Widerstands*. a.a.O., S. 233.
   Diese Tendenz zur Aufhebung der starren Grenze zwischen der Gegenwart des Autors und den Gestalten der Vergangenheit zielt — durch die sprachlich-literarische Rezeptionsvorgabe im Text — auf ein anderes Verhältnis zur Vergangenheit, wo nichts mehr von uns abgetrennt wäre. Dies macht die Schwierigkeit der Lektüre aus, die Anstrengung, die sie abverlangt, weil eben ein anderes Apperzeptionsverhalten zur geschichtlichen Wirklichkeit verlangt wird. Die Autorin weiß um diese Schwierigkeit und auch darum, daß sie als aggressive Kritik gegen die Schreibweise gekehrt werden kann: "Wer spricht hier eigentlich, das Opfer, eine Leidensgenossin oder ein weiblicher Autor, anstrengend ist das" (ebenda, S. 233).

in dem sehr nahen Verhältnis zur Geschichte treffen, einem Verhalten der Erinnerungs- und Trauerarbeit, bliebe Marie-Thérèse Kerschbaumer skeptisch gegenüber einer besonderen, spezifisch weiblichen Haltung oder Fähigkeit der Trauer: "Ob Frauen überhaupt eine größere Fähigkeit haben zu trauern?", fragt sie sich selbst in einem Interview, – "Keine größere als alle Unterdrückten. Damit meine ich, insofern sie sich mit den Unterdrückten aus eigener Erfahrung identifizieren." Und abschließend hält sie noch einmal das "Nein," gegenüber einer besonderen Abgrenzung weiblicher Trauer fest: "Nein, Trauer ist wahrscheinlich nicht ans Geschlecht gebunden."[7]

In dieser Bedeutung trifft sich Marie-Thérèse Kerschbaumers "Der weibliche Name des Widerstands" – um auch hier einen wichtigen Bezugspunkt zu nennen – mit der "Ästhetik des Widerstands" von Peter Weiss[8]. Der Roman der österreichischen Schriftstellerin gehört in den Zusammenhang der großen literarischen Werke der siebziger Jahre, für welche der Widerstand gegen den Faschismus die Frage aufwirft nach den Bedingungen und Möglichkeiten des Widerstands gegen geschichtliche Klassenherrschaft gestern und heute. Nirgends sonst wie am Kampf gegen die losgelassenen Gewalten faschistischer Unterdrückung läßt sich so eindringlich die Frage nach den gesellschaftlichen Bedingungen und Möglichkeiten des Mensch-Seins stellen, und nirgends sonst hat sich die Literatur eindringlicher zu bewähren als in der Vergegenwärtigung dieses Kampfes um ein menschenwürdiges Dasein.

---

7 Die Fähigkeit zu trauern. Marie-Thérèse Kerschbaumer im Gespräch. a.a.O..
8 Über die allgemeine Parallele in der Thematik des Widerstands gegen den "Ausnahmezustand" geschichtlicher Klassenherrschaft hinaus ließen sich hier die besonders engen Berührungspunkte zwischen den beiden Romanen etwa im Porträt der deutschen Widerstandskämpferin Bischoff im zweiten Band der "Ästhetik des Widerstands" anführen, wo von ihr als politischer Gefangenen in Schweden berichtet wird, der die Auslieferung ans faschistische Deutschland bevorsteht (Peter Weiss: *Die Ästhetik des Widerstands.* Roman. Zweiter Band. Frankfurt/Main 1978, S. 77ff.).
Wie wenig hier von einer bloßen Abhängigkeit gesprochen werden kann, trotz der so nahen Verwandtschaft der sprachlichen Vergegenwärtigung der Schrecken in den nationalsozialistischen Kerkern, der grauenvollen Hinrichtungen in beiden Romanen zeigt allein Tatsache, daß hier Kerschbaumers Roman dem dritten Band der "Ästhetik des Widerstands" zeitlich vorausgeht (vgl. Peter Weiss: *Die Ästhetik des Widerstands.* Dritter Band. Frankfurt/Main 1981, S. 199ff.).

„Das Buch steht auf keiner Bestsellerliste und gehört zum Besten, was jemals über Opfer und Nazifaschismus geschrieben wurde"[9] — sosehr diese hohe Einschätzung von Kerschbaumers Roman in der Zeitungskritik zu teilen ist, geht sie letztlich vorbei an der zentralen Bedeutung des Widerstands in diesem Buch. 35 Jahre nach der politischen und militärischen Niederlage des deutschen Faschismus erweist *Der weibliche Name des Widerstands* die Aktualität antifaschistischer Literatur, insofern "die Frage nach dem sozialen Charakter des Faschismus, seinen historischen Ursachen und den Mitteln seiner Bekämpfung, die sie stellt, ... die Frage nach den Lebensverhältnissen im entwickelten Kapitalismus mit ein(schließt)"[10].

II

Die Schriftstellerin Marie-Thérèse Kerschbaumer könnte, im Rahmen der österreichischen Gegenwartsliteratur — wenn man vom literarischen Engagement und der Generation ausgeht — am ehesten mit Autoren wie Michael Scharang, Peter Rurrini, Franz Innerhofer oder Elfriede Jelinek genannt werden. Sie wurde 1936 in der Nähe von Paris als Tochter einer österreichischen Mutter und eines spanischen Vaters geboren und wuchs, da sie bei der vom Nationalsozialismus verfolgten Mutter nicht bleiben konnte, bei den Großeltern in Tirol auf. Dort besuchte sie die Hauptschule, danach machte sie eine Lehre als Verkäuferin in einem Kunstgewerbegeschäft: "weil ich künstlerische Ambitionen hatte, wie die Berufsberatung meinte. Da hab' ich aber drei Jahre nur geputzt", sagt sie in einem Gespräch über diese Zeit[11]. Danach ging sie als Gastarbeiterin nach England und Italien. Wieder in Österreich, besuchte sie die Abendmaturaschule: "Leute mit doppeltem Bildungsweg müßten eigentlich ein längeres Leben haben".[12] In Bukarest, wo sie auf Studienaufenthalt war — sie studierte Romanistik (Promotion 1973, Dissertationsthema: "Die stilistische Hervorhebung im modernen Rumänisch") —, erschien 1970 ihr erster Gedichtband. Seither liegen von Marie-Thérèse Kerschbaumer neben wichtigen Über-

---

9   *Neue Zeit*, Graz, 29.8.80.
10 Lutz Winckler (Hrsg.): *Antifaschistische Literatur*. Bd. 1. Kronberg/Ts. 1977, S. 2 (= Literatur im historischen Prozeß 10).
11 Das Porträt: Marie-Thérèse Kerschbaumer. In: *stimme der frau*. 9. September 1980, S. 12.
12 *stimme der frau*. a.a.O., S. 12.

setzungen (Cesare Pavese, Umberto Saba, Nina Cassian, Paul Goma u.v.a.) ein Roman vor (*Der Schwimmer*, Winter-Verlag, Salzburg 1976) sowie Prosa-Texte und Gedichte in verschiedenen Zeitschriften und Sammelbänden. Ein Gedicht von ihr über eine "alltägliche" kleine Widerstandshandlung, "Tiroler Winter" (Literatur und Kritik 126/127 (1978), S. 342f.), gehört wahrscheinlich zum Schönsten, das in der deutschsprachigen Lyrik über Widerstand geschrieben wurde. Die besondere Bedeutung des nun erschienenen Buches *Der weibliche Name des Widerstands* für die österreichische Literatur (und nicht nur für sie) ist darin zu sehen, daß es hier gelingt, zwei Pole der Auseinandersetzung mit Faschismus und Widerstand in der Literatur nach 1945 miteinander in Beziehung zu setzen, die bisher getrennt nebeneinander standen: einerseits die Dokumentation des Widerstands, die den Kampf gegen den Faschismus vor dem Vergessen bewahrte und ihm literarisch ein Denkmal setzte; andrerseits die sehr komplexen literarischen Gebilde, in welchen sich das Eingedenken der Leiden der Vergangenheit in der kunstvollen sprachlichen Form etwa der Lyrik eines Paul Celan kristallisierte, einer sprachlichen Form, die als "Engführung" auch das gesellschaftliche Schicksal von Erinnerung und Trauerarbeit in der restaurativen "Wohlstandsgesellschaft" nach 1945 meinen mußte, den Rückzug der Erinnerung an die Opfer des Faschismus in die gesellschaftliche Isolation und Abgespaltenheit.

Marie-Thérèse Kerschbaumers sieben Berichten in *Der weibliche Name des Widerstands* gelingt es, diese beiden wichtigen literarischen Traditionslinien zueinander in Bewegung zu setzen, die Dokumentation des Widerstands mit einem Höchstgrad sprachlich-literarischer Reflexion zu verbinden. Das Gelingen dieser Verbindung von antifaschistischem Inhalt und avantgardistischer Formbewußtheit bedeutet zugleich den Anschluß an "die Zielsetzung antifaschistischer Literaturprogrammatik", die Hanns Eisler und Ernst Bloch "als Problem der Verbindung des 'sozialfortgeschrittenste(n) Bewußtsein(s) (...) mit dem ästhetisch fortgeschrittensten"[13] bezeichnet haben.

Diese kaum überschätzbare Qualität von Marie-Thérèse Kerschbaumers Buch wäre nicht denkbar ohne die Herausbildung einer neuen realistischen Literatur seit dem Ende der sechziger Jahre in

---

13 Lutz Winckler (Hrsg.): *Antifaschistische Literatur*, a.a.O., S. 12.

Österreich, sowohl was den Stand der sprachlich-literarischen Materialbeherrschung angeht, als auch den Stand des gesellschaftlichen Bewußtseins. Erst so konnte es in den siebziger Jahren zu einer Veränderung der gesellschaftlichen Rezeptionsbedingungen kommen, die heute dem Buch von Marie-Thérèse Kerschbaumer in der Kritik seine hohe Einschätzung sicherte.

Noch 1967 mußte der Roman *Fasching* von Gerhard Fritsch, ein erster großer literarischer Entwurf über die politische Tragweite einer Widerstandshandlung in Österreich, an Unverständnis und Gleichgültigkeit scheitern. Die einzelnen Kapitelüberschriften dieses Romans, der auch im heutigen Bewußtsein immer noch zu wenig Rolle spielt, ergeben, zusammengelesen, das gesellschaftliche "Schicksal" einer antifaschistischen Haltung im restaurativen Österreich der sechziger Jahre: "DA WAR ER / NOCH IMMER GEFANGEN / OHNE ES ZU WISSEN / RECHTSKRÄFTIG VERURTEILT / ALS GRÖSSTE GEFAHR / FÜR DIE BEWAHRUNG / ALLER ECHTEN WERTE"[14]. Das Erscheinen von Marie-Thérèse Kerschbaumers Buch *Der weibliche Name des Widerstands* trifft in diesem Jahr auf Rezeptionsbedingungen, wo ein in Österreich nie vorher dagewesenes antifaschistisches Engagement unter einem nicht unbedeutenden Teil der jüngeren Leute im Entstehen ist, wo nicht wenige Lehrer in den Schulen den Geschichtsunterricht verändern, im österreichischen Fernsehen mit der "Alpensaga" von Peter Turrini und Wilhelm Pevny ein anderes Bild der geschichtlichen Vergangenheit unseres Landes für viele Menschen erfahrbar wurde, wo immer mehr Menschen die Gedenkstätten der Opfer des deutschen Faschismus aufsuchen und wach reagieren auf die Gefahren des sich formierenden Neofaschismus.

III

Der weibliche Name des Widerstands besteht aus sieben Berichten, denen jeweils der Name einer Frau vorangestellt ist[15]. Zunächst der Vorname, der ein vertrautes persönliches Verhältnis zu der Frauengestalt herstellt, gleichzeitig aber, durch seinen besonderen Klang, in welchem nicht zuletzt soziale Ebenen mitschwingen —

---

14 Gerhard Fritsch: *Fasching*. Roman. Reinbek bei Hamburg 1967, S. 239.
15 Nur der zweite Bericht gilt zwei Frauen, den Schwestern Elise und Helene Richter, und der vierte Bericht heißt ganz allgemein "Die Zigeunerin".

Alma, Helene und Elise, Restituta, Anni, Steffi, Tonschi –, das Verallgemeinbare, Umfassende des Widerstands österreichischer Frauen andeutet, sodaß die weiblichen Vornamen stellvertretend einstehen für die vielen Nichtgenannten. Dann folgen jeweils, wie auf einer Gedenktafel, Vor- und Zuname, Beruf, Geburtsdatum und -ort, Datum der Verschleppung, der Verhaftung, des Verschollenseins, der Verurteilung, der Hinrichtung, der Vernichtung – knappe Angaben, in denen die Übergriffe faschistischer Gewalt in das Einzelleben ihre tödliche Sprache sprechen. So knapp diese ersten Angaben sind, geben sie doch den Assoziationen der Autorin eine bestimmte Richtung, führen sie die Recherchen auf eine jeweils andere soziale Herkunft, auf eine andere Arbeitssituation und damit auch auf bestimmte Formen und Möglichkeiten der politischen Organisation, umgeben sie die Frauengestalten mit anderen Dingen, lassen sie sie auf andere Weise zu uns sprechen. Das Nachdenken über die Klosterschwester Restituta etwa leitet die Autorin stärker auf Geschichte und Aktualität der Frauenfrage, Restituta bei der Verrichtung des "Dienst(s) der Frauen (altehrwürdig und herabgekommen, auf uns), warten und pflegen und waschen" (64), aber auch dabei, wie sie in ihrer Arbeitssituation zu einem neuen Verständnis des "Orden(s) der christlichen Liebe" findet (75). Im Bericht über die beiden Wissenschaftlerinnen Elise und Helene Richter nehmen kunsttheoretische und erzähltechnische Erörterungen einen breiteren Raum als in den anderen Berichten ein, während im Bericht über die manuelle Arbeiterin, den Schneiderlehrling Anna Gräf, Gebrauchsgegenstände, ein Spiegel und eine Armbanduhr mit ihrer Produktionsgeschichte, die Produktionsbedingungen, denen die Arbeiterinnen unterworfen waren, in Erinnerung rufen[16] und als Spiegel und Uhr in einer Todeszelle eine Kette tödlicher Konsequenzen offenbaren[17].

---

16 "(alles Arbeitsbedingungen, die von Anni handeln, zumindest von ihresgleichen, deinesgleichen, meinesgleichen)", heißt es in Klammer, zuvorkommend der Frage, was das "mit Anni zu tun" hat (S. 167 bzw. 166).

17 "Weil ein Autor nicht akzeptiert, daß das ein ganz gewöhnlicher Spiegel sein soll, den man unter Bedingungen herbeischafft, die eine Kettenreaktion tödlicher Konsequenzen nach sich ziehen, sei es durch des Spiegels pure Existenz in einer Todeszelle, sei es durch Gegenstände und Fakten, die sich in ihm spiegeln? Und da soll seine mögliche Form, das Abenteuer seiner Entstehung, nicht ebenso wichtig sein wie die konkrete Geschichte seiner Verwendung?" (S. 165).

Ähnlich bewußt wie im Erzählvorgang die Reflexionsinhalte an die sozialen Lebensinhalte der Frauengestalten angenähert sind, ist auch die überlegte Anordnung der Berichte, ihre Gruppierung um den mittleren, den vierten Bericht, der als einziger keinen persönlichen Namen trägt, sondern "Die Zigeunerin" heißt, allgemein und offen, besetzbar mit eigenen Erfahrungen. In diesem Bericht ist die Autorin selbst angesprochen, um im Hier und Heute zu entdecken, "wie manche Dinge entstanden sind":

> Am Beispiel des Hauses, in dem du wohnst, ist die Geschichte wie in einem Brennspiegel eingefangen, sagst du (...) Die Vernichtung von zweitausendsiebenhundert Zigeunern muß ähnliche Anfangssymptome gehabt haben, sagst du.
> (126)

Dann folgen die drei letzten Berichte über Frauen, die dem organisierten politischen Widerstand angehörten. Den Übergang zu diesen Berichten stellt bereits der über die Schwester Restituta dar, wo ausgeführt wird, wie es zum "Beginn ihres Kampfes", "zum Beginn des Widerstands", "zum Anschluß an den Widerstand" kam (74f.), während die ersten beiden Berichte Opfern der rassistischen Verfolgung gewidmet sind.

Die letzten drei Berichte (und auch der über die Schwester Restituta), die Berichte also vom bewußten Widerstand der Frauen, unterscheiden sich insofern von den vorangegangenen, als die Autorin hier die Spuren und Vergegenständlichungen von Widerstandshandlungen zu uns sprechen läßt. In den überlieferten Zeichen, Gesten, Haltungen, Briefen und Gegenständen der Frauen des österreichischen Widerstands kann die Autorin Mut und Hoffnung für uns heute entdecken. In einem Verhältnis der Antwort zu den vielen Fragen, die im Buch selbst aufgeworfen werden, lassen sich die bruchstückhaft erhaltenen Zeichen der Widerstandsarbeit lesen. Die Frauenfrage erscheint in den Zusammenhang des umfassenden Kampfes gegen die tödliche Klassenherrschaft gerückt, die Erörterung der Funktion von Kunst und Literatur, die Frage nach der Aufhebung der Trennung von Kopf- und Handarbeit[18], immer wieder thematisierte Fragen im Erzählvorgang der einzelnen Berichte, erhalten aus den splitterhaften Bildern von den Widerstandshandlungen der

---

18 "Und wie bringe ich niedere Arbeit und Schreiben zusammen?" (29).

Frauen unter dem äußersten Druck physischer Gewalt Antworten
von weltgeschichtlicher Reichweite: unter der tödlichen Bedrohung
durch körperliche Anstrengung und Terror entstehen Gedichte.
"Kleiner roter Ziegelstein", das Gedicht von Käthe (Leichter), die
im KZ "schwerste Straßenarbeit verrichten und Ziegel auf die Schiffe
der Havel verladen" mußte (251); ein Theaterstück wird im KZ
geschrieben und gespielt, "'*Wir leben, Freunde*', hieß das Stück;
unter den kahlgeschorenen Köpfen der Frauen der Geist, kaum zu
glauben und nicht umzubringen", politisch "tendenziöse Feiern
zur Rettung der Frauen" wurden organisiert, Geschichtsunterricht
wird gehalten. Das "kostbare Erbe des Dritten Standes" wird weitergegeben "an kahlgeschorene Skelette und Elendsfiguren", "direkt
an die Erben übergeben, Ravensbrück, Lagerstraße, Sonntag, zwischen Appell und Appell" (256).

IV

Durchgängig ist die Sprache aller sieben Berichte bestimmt von einem
ungewöhnlichen Reichtum an sprachlichen Gesten, an Sprachebenen,
die von der alltäglichen Meinung, in der die Barbarei durchscheint,
bis zum lyrisch überhöhenden Sprechen bei der Verherrlichung der
Leiden und Kämpfe der Frauen des Widerstands reichen. Die reiche
Gestik des Erzählvorgangs erhält dabei eine operative, gesellschafts-
kritische Funktion, indem sie diese Sprachebenen und das, was
dahinter steht, kommentiert, befragt und bewertet. Diese operative
Vielstimmigkeit der Sprache in Marie-Thérèse Kerschbaumers Buch
legt den Vergleich mit Kompositionsweisen in der Musik nahe,
für sie gilt, was Ingeborg Bachmann über das Verhältnis von Wort
und Musik geschrieben hat: "Sie wird haftbar, sie zeichnet den aus-
drücklichen Geist des Ja und Nein mit, sie wird politisch, mitleidend,
teilnehmend und läßt sich ein auf unser Geschick... Miteinander
und voneinander begeistert, sind Musik und Wort ein Ärgernis, ein
Aufruhr, eine Liebe, ein Eingeständnis. Sie halten die Toten wach
und stören die Lebenden auf, sie gehen dem Verlangen nach Freiheit voraus und dem Ungehörigen noch nach bis in den Schlaf.
Sie haben die stärkste Absicht zu wirken."[19] Die Sprache in Kerschbaumers Buch setzt sich dagegen zur Wehr, daß, was geschehen ist,

---

19 Ingeborg Bachmann: Musik und Dichtung. In: Ingeborg Bachmann: *Werke*.
Bd. 4. München 1978, S. 61.

vorbei sein muß, was getötet wurde, für uns tot zu sein hat. Mit dem ersten Satz des ersten Berichts widersteht sie dieser Logik, wenn ein "du" sagt, daß Alma Johanna "wiedergekommen", "zurück" "sei", Alma Johanna Koenig, von der wir zu Beginn des Berichts das Datum der Verschleppung ins KZ Minsk gelesen haben. Im Bericht kehrt sie für uns zurück, in einer Sprache, die die starre Grenze zwischen Gegenwart und Vergangenheit in Bewegung setzt. Denn wir sind es, denen das Verhältnis zur Vergangenheit aufgegeben ist, von uns hängt es ab, ob und wie das Vergangene in die Gegenwart hereinreichen kann: "wiedergekommen, zurück, und man soll glauben, daß es sowas gibt? Uns ändern? Wozu? Waren wir nicht alle in Gefahr?" (15). Immer wieder unterbrechen derartige Einwände den sprachlichen Prozeß, der der Erinnerung und dem Eingedenken gilt, Einwände, hinter denen gesellschaftliche Haltungen und Tendenzen stehen.[20] Gerade in der Abwehr dieser ständigen Behinderungen und Ablenkungen schärft sich das Bewußtsein vom gesellschaftlichen Charakter der Erinnerung. Die Vielstimmigkeit des Erzählvorgangs, die ihm aus der kontinuierlichen Abwehr der Gegenstimmen zuwächst, aus der Auseinandersetzung mit den beherrschenden Meinungen, die schon alles wissen und nichts mehr wissen wollen, lassen den sprachlichen Prozeß der Vergegenwärtigung der Vergangenheit zugleich zu einem Dokument der eigenen Zeit werden, dieser "dreißig Jahre dazwischen"[21], ein Hinweis, der gleich im ersten Satz des Buches gegeben wird.

Es gibt kaum ein anderes Buch, das auf eine so umfassende Weise die lethargischen Kräfte des Bestehenden, Gedankenlosigkeit und Erfahrungsverlust, die eigenen kleinlichen Interessen und die angelernten großen Phrasen auf den verschiedenen Ebenen, vom Alltagsbewußtsein bis zur Literaturkritik, in den Erzählvorgang aufnimmt und trotzdem eine unbestechliche Haltung der Trauer, eine weitreichende und nie aufgegebene Erinnerungsfähigkeit durchzuhalten vermag, welche dem Buch seine Schönheit verleiht. "Trauer" nennt die Autorin diese Grundhaltung zum vergangenen Un-

---

20 Vgl. z.B. S. 12: "Wer wird denn heute noch davon reden, bei all dem Überfluß, bei all den schönen Dingen, bei all den schönen Farben, bei all dem schönen Zeug, wo man heute schon vom Drittauto redet".

21 "Alma Johanna, diese dreißig Jahre dazwischen, Alma, Johanna," (S. 9).

recht und Leiden, "die das Auge schärft und die Kraft gibt, Unrecht zu bekämpfen"[22].

Trauer hat sich, nachdem sie nach 1945 nicht zu einer gesellschaftlichen Haltung werden durfte, in die Literatur zurückgezogen, die den Widerspruch festhielt zur politischen Verdrängung der Vergangenheit und zur geschichtslosen Welt des schönen Scheins der Waren einer restaurativen "Konsumgesellschaft". Als aktives Verhalten voll gesellschaftlichem Wissen und Widerspruch zieht sie sich durch alle Berichte: in den ersten Zeilen schon, die den Grundgestus des Buches aussprechen, ist Trauer sprachlich vergegenständlicht in der indirekten konjunktivischen Brechung der Sätze, die von der Rückkehr Johannas sprechen, denn gewußt wird das tatsächlich nicht wieder gut zu machende tödliche "Schicksal" der jüdischen Dichterin Alma Johanna Koenig[23]; sie bestimmt noch die letzten Sätze des letzten Berichts, dem von der Arbeiterin Antonie Mück, die keine Zeit mehr vor sich hat, weil sie vor der Hinrichtung steht, und keine Zeit hinter sich, weil sie sie in der Fabrik gelassen hat — "es ist keine Zeit mehr, die hat sich zusammengezogen, sie kauert vor mir, ein Berg aus der Papierfabrik ... Liebe Eltern, Geschwister, Freunde, Menschen, die Zeit, das Gold der Armen, liegt als Lumpenbündel vor mir. Sie stiehlt sich davon, schleicht mir aus den Augen, entgleitet mir unter der Hand, vor mir ein armes, blasses Blatt Papier." (271). Trauer bestimmt den Erzählvorgang aber auch im Wissen um die versäumten Handreichungen der Menschlichkeit — "wer hätte damals die Finger Giovannas bekleiden mögen, wer hatte den Mut, seine Hände um Almas kaltgefrorene Finger zu legen" (9) — und in der Erkenntnis einer bis heute ungebrochenen Konformität, einer Verhärtung gegenüber dem Leiden und der Not der anderen — "es war Krieg und jeder hatte zu fürchten. (Jeder?) Jeder, nickt auch der Hausbesorger, der Blockwart" (9). Trauer ist als sprachlich vergegenständlichte Haltung eine Form der Wahrnehmung, des Wissens um die Leiden der Vergangenheit und eine Form der Einsicht in

---

22 Die Fähigkeit zu trauern. Marie-Thérèse Kerschbaumer im Gespräch. a.a.O., S.V.

23 "Aber du sagst, sie sei wiedergekommen, Alma Johanna zurück von einer langen Reise, sagst du, sei Alma Johanna wiedergekommen, ich sah Licht in der Wohnung, die Vorhänge in der Küche ließen den Lichtschimmer frei ..." (S. 9)

die Verdrängungsmechanismen der "dreißig Jahre dazwischen"[24].
Ihre Sprache kennt nicht eine abgeschlossene Vergangenheit des
Gestern und eine zeitlose Gegenwart des Heute, sondern die ständige Anstrengung, Vergangenheit und Gegenwart miteinander in
Beziehung zu setzen. Die reiche grammatische Gestik des Romans
hat damit zu tun: indem temporale und modale Beziehungen ineinander verschränkt werden — Verhalten zur Zeit als Weise menschlichen Verhaltens —, indem durch die Tendenz zur Infinitisierung
das starre System der Zeitkoordinaten außer Kraft gesetzt wird,
oder ganz bewußt die üblichen Zeitangaben, an deren Ordnung sich
der Leser sonst klammern zu können meint, entzogen werden —
"Alma, Johanna, beim Frühstück (sagte O.) hat man sie fortgeholt,
einfach vom Frühstück im Sommer, im Frühsommer. Nein, Winter wars, ein kalter grauer Wintermorgen" (9), "es war Winter,
auch wenns Frühsommer war ... in den kalten Stunden des Mor-
gens (Mordens?)" (10). Diese Verschiebung der Zeit des Geschehens meint keine zeitliche Beliebigkeit, sondern umgibt es mit
den menschlichen Farben der Anteilnahme, nicht anders als das
Ineinanderschwimmen der Gestalten von "ich", "du", "sie",
das die Abtrennung der Gestalten vom Subjekt der Erzählung auf-
hebt — "Wer spricht eigentlich hier, das Opfer, eine Leidensgenossin
oder ein weiblicher Autor" (232)[25].

Um wen also geht es im Erzählvorgang und um welche Zeit?
— Es geht um uns, um unser Zeitverhältnis, unsere Vorstellungskraft steht hier zur Sprache: "Die Zeit aufheben unter Aktivie-
rung der Vorstellungskraft, immer die Gegenwart vor sich haben
und nicht ins Vergangene ablegen" (41).

Die Vergegenwärtigung des Vergangenen zielt bei Marie-Thérèse
Kerschbaumer auf die Herstellung menschlicher Nähe und Anteilnahme, sie realisiert sich im Erzählprozeß immer wieder als Geistes-

---

24 "Wir erzählen die Geschichte der Nonne Restituta ... Wir erzählen die
   Geschichte einer einfachen Frau aus dem Volk (Österreich), die allein,
   auf sich gestellt, aufrief zum Kampf (auch wenn es die Kirche nicht wahrhaben will), erzählen sie, weil, als wir sie erfuhren, Vergessen sich ausbreiten wollte, Vergessen schwer und dickqualmend wie Leichengeruch; über
   unseren Städten, über unseren Dörfern, über unseren Dächern (kein Wunder, bei diesem Gewissen), Vergessen sich ausbreiten wollte und Verleumdung." (79)
25 Vgl. den Bezug zu Christa Wolf, der im ersten Teil der Arbeit hergestellt
   wird.

gegenwärtigkeit und Gefühlsgegenwärtigkeit im Verhältnis zur Vergangenheit: "wer hätte damals die Finger Giovannas bekleiden mögen, wer hatte den Mut, seine Hände um Almas kaltgefrorene Finger zu legen, es war Krieg und jeder hatte zu fürchten. (Jeder?)". Geistesgegenwärtigkeit und Gefühlsgegenwärtigkeit erweisen sich hier in der schnellen Zwischenfrage, die sich einmischt, wenn über "damals" die üblichen Sätze auftauchen, in einem Konjunktiv, der eine Möglichkeit des Handelns für die Vergangenheit aufblitzen läßt und sich nicht abfindet mit der behaupteten Naturgewalt der unmenschlichen Verhältnisse. An solchen grammatischen Details der Schreibweise läßt sich ihre Operativität am besten zeigen: Erkennen von quasi natürlichen Haltungen gesellschaftlicher Gleichgültigkeit, damit sie kritisierbar werden, und Erfahrbarmachen einer anderen Form des Handelns, vermittelt durch die sprachlichen Gesten der Solidarität und Anteilnahme an den Opfern des Widerstands sowie durch das Erzählen ihres Beispiels.

Der traditionellen Forderung nach der "Geschlossenheit einer Erzählung" (27) genügt diese operative Schreibweise freilich nicht. Marie-Thérèse Kerschbaumer kennt diesen Einwand der Kritik oder der Lesererwartung und hat ihn bereits in den Erzählvorgang hineingenommen — "Wo ist der Anfang dieser Geschichte, was ist mit dieser Form", "wie soll daraus eine Erzählung werden" (33 bzw. 32).

Die immer schon wissen, wie eine Erzählung zu sein hat, werden von dieser Schreibweise vor den Kopf gestoßen, weil es hier um sehr entscheidende Veränderungen im Kopf geht. Die ungewöhliche Operativität der grammatischen Formen und des Erzählvorgangs insgesamt, weisen darauf hin, daß hier die Fähigkeit und Form unseres Denkens und unserer Wahrnehmung gemeint ist, daß es um Bewußtwerden und Erweiterung unserer geschichtlichen Apperzeptionsweisen geht. Und um unsere Geschichte — "diese dreißig Jahre dazwischen".

S. SCHMID-BORTENSCHLAGER

DIE VERMITTLUNG ZWISCHEN GESTERN UND HEUTE, DER HELDIN UND UNS.
ZU MARIE-THÉRÈSE KERSCHBAUMERS
DER WEIBLICHE NAME DES WIDERSTANDS. [1]

Marie-Thérèse Kerschbaumers Buch *Der weibliche Name des Widerstands. Sieben Berichte* bietet bereits im Titel die Ansatzpunkte seiner Beschreibung: in den Besprechungen steht der inhaltliche Aspekt — Widerstand gegen den Nationalsozialismus — und der feministische Ansatz — die Heldinnen der Texte sind durchwegs Frauen — im Zentrum. Das dritte Element des Titels "Namen" in Verbindung mit dem Abstraktum "Widerstand" und dem Adjektiv "weiblich", sowie in Spannung zur Gattungsbezeichnung "Bericht" bietet Schwierigkeiten. Kerschbaumer ist als Romanistin mit den Theorien und der Praxis der "écriture féminine" bekannt, mit ihrem Bestreben, neue Möglichkeiten der Sprache zu entdecken und zu entwickeln, die Subjektivität mit der sprachlichen, literarischen Objektivität auf neue Weise zu vereinen; Kerschbaumer liefert eines der wenigen genuinen bemerkenswerten deutschsprachigen Exempel zu diesen Bermühungen.

Ihr Buch ist, wie viele moderne Texte, u.a. auch eine theoretische und praktische Abhandlung. darüber, was Literatur kann und soll. Bezeichnend dafür die Reflexionen über den Beginn von Berichten in dem Text über die zwei jüdischen Philologinnen, deren Schicksal zuerst zurückverfolgt wird in der Geschichte ihres Geburtslandes: "Nimm Dalmatien, später Synonym für Illyrien. Die Adriaküste. Denk an die römische Intervention 229 vor Christi ..." (21), all diese Ereignisse haben dazu beigetragen, die Einstellung gegenüber Fremden zu prägen; aber auch dieser Anfang ist noch nicht ursprünglich genug, die Erzählung holt schließlich aus bis zum biblisch/physikalischen Schöpfungsbericht — "Am Anfang, sagte sie,

---

1   Olten und Freiburg/Breisgau: Walter 1980. Alle Seitenangaben im Text beziehen sich auf dieses Buch.

waren wirbelnde, glühende Dunstmassen ..." (49), – Anfang und
Ende, der Rahmen des klassischen Berichts, wird so ad absurdum
geführt, er über*lebt* nur mehr in den rudimentären den Berichten
vorangestellten Lebens- und Sterbensdaten.

Die Fakten der Berichte sind rudimentär, beliebig auswähl-
und ausweitbar, wichtig wird daher die Erzählhaltung, sowohl rein
technisch-schriftstellerisch als auch moralisch. So verändert sich die
Erzählperspektive in den sieben Berichten immer wieder. Sie beginnt
mit der Identifikation von Erzählerin und der besprochenen Schriftstellerin Alma Johanna Koenig, aus dem "du" im ersten Satz wird
ein "ich", über subjektlose Infinitive kommt es zum verbindenden
Subjekt "eine Dichterin mit dem Notizblock auf den gefalteten
Knien" (16), um ins "wir" zu münden ("so schwer es *uns* fällt, nicht
blind sein, Anna, nicht taub sein..." 16).

Auf die Identifikation von Erzählerin und erzählter Gestalt
folgt der imaginäre Dialog der Schwestern Richter, das vorsichtige,
fragende Sich-Annähern an eine fremde Person, die Nonne Restituta; die zentrale und längste Erzählung, hier ist diese Gattungsbezeichnung angebracht, ist der ungenannten Zigeunerin gewidmet,
sie spielt in der Gegenwart, das "Ich" zeigt stark autobiographische
Züge. In den letzten drei Geschichten nehmen einerseits die konkreten historischen Fakten zu (Hinrichtungsrituale, Name von Mitgefangenen, das Leben in den Gefängnissen, in den KZs), die Subjektivität der Erzählerin tritt dafür eher zurück, der Bericht domi-
niert, allerdings wechseln auch hier die Perspektiven, in "Anni"
hat ihre Mutter das letzte Wort, in "Steffi" finden wir wieder eine
Ausweitung zum "wir", das sich hier primär auf die Lagerinsassin-
nen bezieht, aber auch Autorin und Leser(in) in diese Gemeinschaft mit aufnimmt. Dieses "wir", dessen Variationen das Buch
bestimmen, fehlt im letzten Text, "Tonschi", er ist der Abschiedsbrief einer zum Tode verurteilten Arbeiterin an ihre Familie, sehr
privat, sehr banal – die Noten der Tochter, die Sorge um das Fahr-
rad etc. Das letzte Wort, und hier findet sich wieder das "wir", hat
allerdings eine überlebende Gefangene, die die letzten Worte dieser
einfachen Frau berichtet, die die personalisierten und privatisierten
Hoffnungen auf den Schulerfolg der kleinen Tochter in den größeren
Zusammenhang stellt: "Lassen Sie uns von etwas anderem reden,
von der besseren und schöneren Zukunft, für die wir sterben müssen... (Und) als der Staatsanwalt nochmals die Anklage vorlas,
fing Toni an die Internationale zu singen ... das unscheinbare,

stille Mädchen ... die ihre Heimat liebte und für die Partei vielleicht
nicht weiß Gott Großes geleistet hat, ist als eine große Heldin und
als Vorbild für viele von uns gestorben.)" (272) Isoliert zitiert klingt
das fast ein bißchen plakativ, im Kontext allerdings mit der sorg-
samen und vorsichtigen Annäherung an die Solidarität in Gefängnis und KZ, die das Überleben für viele erst ermöglichte, gewinnen
diese Sätze einen anderen Stellenwert.

Der Aufbau des Buches geht von der Isolation der schreibenden
Zeugin und Dichterin hin zum Widerstand, der geborgen ist in der
Familie, in der Gruppe. Auf die als "U-Boot" bezeichnete Alma
Johanna Koenig folgen die (77 und 81 Jahre) alten Schwestern
Richter, alle drei aus rassischen, nicht primär politischen Gründen
verfolgt; daran reiht sich der persönliche Ungehorsam der Nonne
Restituta, ihre persönliche Verantwortung vor Gott und vor dem
Nächsten, in Opposition zur Amtskirche, wie sie ihr Ordensgründer,
der hl. Franziskus exemplarisch vorgelebt hat. Das zentrale Kapitel
über die ungenannte Zigeunerin, das die Mechanismen reflektiert,
die Menschen(gruppen) zu Außenseitern macht, bringt keinerlei
Beruhigung und Patentrezepte; Zigeuner sind nicht nur fremd und
beunruhigend, sie sind genauso gut und schlecht wie andere Menschen, zur Heroisierung nicht geeignet, der Anbiederung nicht zugänglich. Erst die zweite Hälfte des Buches befaßt sich mit Beispielen des organisierten politischen Widerstands, Kommunisten, radikale Sozialisten, Sozialisten. Den isolierten Individuen der ersten
drei Geschichten steht die Anonymität der Zigeunerin und die
politische und soziale Repräsentanz der letzten drei Geschichten
gegenüber. Der bewußte Widerstand der unterdrückten Klassen
— Arbeiter und Bauern — wird in "Anni" in parallelen Erzählpar-
tikeln gestaltet. Sie ist Teil einer politischen Gruppe, ihre Kame-
raden und Kameradinnen werden mit ihr hingerichtet, sie steht
auch in familiären Bindungen; am Ende übernimmt die Mutter die
Erzählung, die am Zentralfriedhof Arbeit angenommen hat, um
die Leiche ihres Kindes noch einmal zu sehen.

Die Lehrerin Steffi repräsentiert das "Bündnis der fortschrittlichen Intelligenz mit der Arbeiterklasse", bewußtes Arbeiten für die
Unterdrückten, im Beruf als Lehrerin, in der politischen Arbeit. Sie
ist noch enger in die Familie eingebettet, drei Generationen von
selbständigen Frauen bestimmen ihre Erziehung, sie teilt bewußt
das Schicksal ihres jüdischen Gatten, ihr letztes Lied trägt den Titel
"An das ungeborene Kind". An ihrem Fall wird die Solidarität in

den Lagern demonstriert, Hilfeleistungen die möglich waren, gemeinsame Aktivitäten, die vor Verzweiflung schützen, und hier folgt die Rückkehr zum Ausgangspunkt, der Frage nach den Möglichkeiten von Literatur: im KZ sind die Schriften Käthe Leichters, ist das Theaterstück Steffis nicht mehr bloß Zeugnis, sondern auch konkrete Überlebenshilfe. Im letzten Bericht zieht sich die Erzählerin völlig zurück, das Wort hat die Arbeiterin Tonschi, die ihren sehr privaten Abschiedsbrief an die Familie schreibt, besonders an ihre Tochter Erika, der Hoffnung auf eine bessere Zukunft; das Ende ihres Lebens wird schließlich von einer überlebenden Mitgefangenen berichtet.

Kerschbaumer gelingt es, durch die Demonstration der Unmöglichkeit des umfassenden objektiven Berichts, durch das bewußte Verlassen der historischen Ebene, durch die bewußt eingesetzte Subjektivität der Schreiberin dem Bericht seine — begrenzte — Objektivität zurückzugeben; der Leser, der schon im ersten Satz mit dem mehrdeutigen "du" auch angesprochen und einbezogen ist, ist im Laufe des Buches so weit aller sicheren Rezeptionshaltungen beraubt worden, daß ihm fiktionale direkte Aussagen wieder zugemutet werden können. Ähnlich wie das Pronomen "wir" spielt Kerschbaumer auch mit den Möglichkeiten des "du" virtuos. Der Terminus Spiel scheint zwar angesichts der Thematik fast frivol, doch auch im KZ werden ja Theaterstücke "gespielt", die verschieden interpretierbar sind. Deutlich nimmt Kerschbaumer für die Freiheit des Spiels Stellung, gegen die Festlegung durch den Spiegel, die Widerspiegelung, denn Wirklichkeit und Wahrheit sind nicht identisch: "Die Flucht vor der Wahrheit in der Wirklichkeit und in der Kunst. Die Kunst als Spiegel der Wirklichkeit" (197) heißt es in dem Bericht über Anni, wo ein möglicherweise von ihr hinterlassener Spiegel Anlaß zu vielfältigen Erzählansätzen ist: die verschiedenen Arten von Spiegel, die möglichen Verwendungen dieses Spiegels durch Anni, die Herstellung von Spiegeln, die Arbeitsbedingungen in der Spiegelindustrie, Kunst als Spiegel etc. Auch hier wieder Kerschbaumers typische Methode: Schreiben dient der Erkundung und dem Zeugnis, Sprache und literarische Tradition bieten Möglichkeiten an, denen nachgegangen wird, deren Ergiebigkeit erprobt wird: der konkrete Spiegel führt von der Situation in der Todeszelle zu ökonomischen Fragen, zu Reflexionen über Kunst; die Möglichkeiten der Sprache führen direkt vom gegenwärtigen Ort des Schreibens "mein Bett, meine Ruhestätte, mein

Lager" — "ins Lager" der A.J. Koenig (11), die Identifikation der
Erzählerin mit der erzählten Person findet sich bereits in der Sprache
vorgeprägt.

Kerschbaumer vermeidet durch die Anwendung von komplexen
literarischen Mitteln, durch dauernde Reflexion, durch die Einbeziehung der subjektiven Gegenwart sowohl die Heroisierung als
auch die damit verbundene Distanzierung der historischen Gestalten. Widerstand wird dadurch bei ihr aus der historischen und über-
lebensgroßen Perspektive — bei allem Respekt und aller Bewunde-
rung — herausgeholt und zu einer mühevollen, alltäglichen Aufgabe.

Dieses ihr zweites Buch stellt einen wichtigen Ansatzpunkt
in der gegenwärtigen modernen Frauenliteratur dar. Sie distanziert
sich bewußt von der großen Zahl der autobiographischen Aufar-
beitungen, indem sie ein historisches Sujet wählt — ein Sujet allerdings, daß es ihr erlaubt, einen spezifisch feministischen und einen
politisch engagierten Aspekt zu verbinden — nämlich Lebensge-
schichten von Frauen aus dem Widerstand gegen den Nationalsozialismus. Auf der rein inhaltlichen Ebene scheint das politische Moment
zu dominieren, Frauen scheinen auch hier eher durch ihre Absenz
bzw. durch die Irrelevanz ihrer Taten zu existieren. Doch reflektiert
Kerschbaumer diese — historisch vorgefundene — Situation von
einem weiterentwickelten Bewußtsein aus: sie ordnet das Schicksal
dieser Frauen ein in die Geschichte der weiblichen Emanzipation,
die ja immer aufs engste zusammenhängt und vielfach determiniert
wird durch die allgemeine politische Emanzipation. Durch die
literarische Form der Darstellung, die ständige Einbeziehung des
Schreibstandpunktes, durch die Miteinbeziehung des Lesers/der
Leserin, durch die Virtuosität, mit der sie die verschiedensten literarischen Techniken vom Faktenbericht bis zu hymnischen Passagen
einsetzt, reiht sie sich ein in die Gruppe von Schriftstellerinnen,
für die die Bemühungen um eine weibliche Diskursform nicht primär
inhaltlich definiert sind.

Bio—Bibliographie

Marie-Thérèse Kerschbaumer, geb. 1936 in Garches bei Paris, lebt seit 1957 in Wien, Abendmatura, Dr. phil. 1973 (Romanistik, Germanistik), freie Schriftstellerin im Vorstand der Grazer Autoren Vereinigung, verheiratet mit dem Maler Kurz-Goldenstein, ein Sohn.
Öst. Staatsstipendium für Literatur 1974/75
Arbeitstipendium der Stadt Wien 1976
Theodor Körner Förderungspreis 1978
Förderungspreis für Literatur, Sparte Lyrik 1981 des Öst. Bundesministeriums für Unterricht und Kunst

Publikationen

Gedichte. Bukarest: Kriterion Verlag 1970.
Der Schwimmer. Salzburg: Winter 1976. (Roman)
Der weibliche Name des Widerstands. Sieben Berichte. Olten und Freiburg: Walter 1980.
Schwestern Roman. Olten und Freiburg: Walter 1982.
Hörspiele: Kinderkriegen. 1979. (ORF)
          Die Zigeunerin. 1981. (ORF)
Mitarbeit am TV-Drehbuch "Der weibliche Name des Widerstands". 1981. Regie: Susanne Zanke (ORF)
Übersetzungen aus dem Rumänischen

ARNOLD BLUMER

KULTURELLE FREMDE IN DER FRAUENLITERATUR AM BEISPIEL VON BARBARA FRISCHMUTHS
*DIE KLOSTERSCHULE**

Nach Hermann Bausinger "zeichnet sich eine Entwicklung ab, die allmählich den deutschen Kulturbegriff verändern und das Bewußtsein dafür schärfen dürfte, daß Kultur auch und gerade all jene Selbstverständlichkeiten des Denkens und des Sich-verhaltens sind, die sich weder durch besondere Feierlichkeit noch durch Exklusivität auszeichnen, die aber das Leben ganz wesentlich konstituieren."[1]

Im Fischer Lexikon der Soziologie heißt es: "Unter Kultur ... versteht man alle diejenigen Ideen, Kenntnisse, Verhaltensweisen, Fertigkeiten und Geräte, die den Gliedern einer gebenen Gruppe von Menschen gemeinsam sind und deren Erlernung ausschließlich dem Wirkungssystem zwischenmenschlicher Beziehungen zuzuschreiben ist."[2]

Nach einer marxistischen Definition ist "das Selbstbewußtsein einer Kultur (also die Reflexion auf den gegebenen Kulturzustand) als die Kulturauffassung der jeweiligen Gesellschaft oder Klasse zu fassen. ... Wir verstehen darunter die Gesamtheit der Vorstellungen einer Gesellschaft oder einer Klasse über das für möglich oder notwendig gehaltene Maß individueller Ausbildung, wie es in den jeweiligen Ideen von Schöpferkraft und Freiheit, von Reichtum und Bildung der Menschen erscheint und in den Strategien und Techniken der Sozialisation der Individuen, bei ihrer Bildung und Erziehung, praktisch angewendet wird."[3]

*   Mein Dank gilt der Alexander von Humboldt-Stiftung, deren Forschungsstipendium mir die Erarbeitung der theoretischen Grundlagen dieser Arbeit möglich gemacht hat.

1   H. Bausinger, Zur Problematik des Kulturbegriffs. In: A. Wierlacher (Hrsg.), *Fremdsprache Deutsch 1*. München (UTB 912) 1980, S. 66.
2   Emilio Willems, Ethnologie. In: René König (Hrsg.), *Soziologie*. Frankfurt/M. [9]1969, S. 60.
3   Dietrich Mühlberg, Zur weiteren Ausarbeitung unserer wissenschaftlichen Kulturauffassung. In: *Weimarer Beiträge* 23 (1977), H.7, S. 152/154.

Michel Leiris sagt, daß "die Kultur einer Gesellschaft aus der Totalität der Denk- und Reaktionsweisen (besteht) sowie aus den gewohnten Formen des Verhaltens, die die Mitglieder dieser Gesellschaft durch Erziehung oder Nachahmung mehr oder weniger als Gemeingut erworben haben."[4]

Und Pramod Talgeri meint, daß Kultur zu verstehen sei "als ein Prozeß der Gesamtobjektivation der menschlichen Tätigkeit in einer bestimmten Sprachgemeinschaft zur Bildung eines sinnvollen sozialen Lebenszusammenhangs."[5]

Diese Aufzählung von Kulturdefinitionen ließe sich beliebig verlängern, sie genügt jedoch, um klarzustellen, daß es bei aller Verschiedenartigkeit der Formulierungen mindestens zwei Gemeinsamkeiten gibt. Einerseits verweisen alle Definitionen mehr oder weniger deutlich auf das Verhalten, die Beziehungen und die Tätigkeiten des Menschen. Dergleichen tatsächliche oder hypostasierte Gemeinsamkeiten bilden die Grundlage der *Konsenstheorie,* derzufolge "auch in sehr komplexen Gesellschaften alle Mitglieder, unabhängig von ihrer spezifischen Soziallage, in wesentlichen Grundhaltungen, Normen und Werten übereinstimmen."[6] Auch die *Konvergenz-Theorie* geht von solchen Gemeinsamkeiten aus. Ihrzufolge hat "die Vereinheitlichung der Produktionsbedingungen eine globale Vereinheitlichung auch der Kultur zur Folge."[7] Beide Theorien werden oft ins Feld geführt, wenn es darum geht, nachzuweisen, daß die Arbeit mit dem Begriff Fremdkultur wissenschaftlich unergiebig sei, zumindest jedoch einer angeblich internationalen germanistischen Literaturwissenschaft nichts einbringe. Die Vertreter dieser Theorien scheinen aber meist die von ihnen festgestellten Gemeinsamkeiten ziemlich abstrakt und allgemein zu fassen[8], sie abstrahieren von den konkreten Erscheinungsformen der jewei-

---

4   M. Leiris, *Die eigene und die fremde Kultur.* Frankfurt/M. [2]1979, S. 92.
5   P. Talgeri, Die Darstellung fremder Kulturen in der Literatur — Die Suche nach einer erweiterten Identität der eigenen Kultur. In: R. Kloepfer /G. Janetzke-Dillner (Hrsg.), *Erzählung und Erzählforschung im 20. Jahrhundert.* Stuttgart/Berlin/Köln/Mainz 1981, S. 123.
6   H. Bausinger, (Anm. 1), S. 62.
7   Dietrich Krusche, Die Kategorie der Fremde. In: A. Wierlacher (Hrsg.), *Fremdsprache Deutsch 1.* München (UTB 912) 1980, S. 54.
8   Vgl. H. Bausinger, (Anm. 1) S. 62/3.

ligen Gegenstände und vernachlässigen dabei, daß die Bedeutung dieser Gegenstände "eher an der Funktion festgemacht (wird), die sie in einer gesellschaftlichen Praxis haben, als an ihren äußeren figural-quantitativen Merkmalen"; sie dagegen lösen die Erscheinungen aus dem Ganzen der gesellschaftlichen Praxis und geben ihnen oft unhistorisch und ad hoc einen Sinn, analog der eigenen Begriffsbildung und Kausalverknüpfung.[9] Nach Karel Kosik setzt ein derartiges Vorgehen, „das geradewegs auf das Wesentliche zuschreitet und alles Unwesentliche als überflüssigen Ballast hinter sich läßt ..., ein Fragezeichen hinter seine Berechtigung ... Wer annimmt, daß die Wirklichkeit in ihrer Erscheinungsform für die philosophische Erkenntnis und den Menschen nebensächlich sei und außer acht gelassen werden könne, verfällt einem tiefen Irrtum: die Erscheinungsform nicht beachten heißt, sich den Weg zur Erkenntnis versperren."[10]

Das heißt nun keineswegs, daß ich einem Partikularismus der Kulturen das Wort rede. Nach wie vor gilt mit Michel Leiris, daß "die Kultur des nicht mehr entfremdeten Menschen eine *gesamtheitliche Kultur* sein (müßte), die sämtliche menschlichen Errungenschaften in sich zusammenfassen hätte, ohne irgend etwas Gültiges beiseite zu lassen, eine Kultur, die in der Lage wäre, alle Möglichkeiten und Fähigkeiten des Menschen auszuschöpfen und die jedem Mann und jeder Frau den ungehinderten Gebrauch von Geist und Körper gewährleistete."[11] Das Dach kann jedoch erst dann auf solch ein gesamtheitliches Kulturgebäude gesetzt werden, wenn vorher die Tragfähigkeit und Beschaffenheit der Mauern und Fundamente untersucht und festgestellt worden sind.

Die andere Gemeinsamkeit, die sich an den oben zitierten Definitonen — und nicht nur an ihnen, sondern an allen bisher vorliegenden Kulturdefinitionen — feststellen läßt, ist das Fehlen jeglichen spezifischen Hinweises auf die Leistung von Frauen. Wenn in diesen Definitionen von menschlichen Verhaltensweisen, Beziehungen und Tätigkeiten die Rede ist, dann werden damit männliche gemeint.

---

9 Bernd-Dietrich Müller, Zur Logik interkultureller Verstehensprobleme. In: A. Wierlacher (Hrsg.), *Jahrbuch Deutsch als Fremdsprache* 6 (1980), S. 104/5.
10 K. Kosik, *Dialektik des Konkreten*. Frankfurt 1973, S. 60/1.
11 M. Leiris, (Anm. 4), S. 122.

Völlig zu Recht spricht Silvia Bovenschen daher von der "kulturge--
schichtlichen Absenz der Frauen"[12]. Sie scheint jedoch durchweg
den Begriff Kultur in einem typisch deutschen Sinn zu verwenden,
der sich nur auf "Höheres" bezieht, auf Kunstprodukte oder sogenannte innere Werte, aber nicht auf Bereiche des Alltagslebens.[13]
Viel weiter wird der Begriff von Adrienne Rich gefaßt, die daher
auch sagen kann: "Women's culture ... is active: women have been
the truly active people in all cultures, without whom human society
would long ago have perished, though our acitivty has most often
been on behalf of men and children."[14] Doch ganz gleich ob es
sich um einen verengten elitären Kulturbegriff handelt oder um
einen erweiterten, der auch den Alltag einschließt, von einer kultur-
schaffenden Rolle der Frau ist kaum irgendwo die Rede. Dem Feminismus geht es daher in erster Linie darum, die den Frauen von
einer patriarchalischen Kultur auferlegte Sprachlosigkeit zu überwinden und sich damit der "Identitätsbestimmung durch den Mann"[15]
zu verweigern: "wir wollen *als* Frauen einen neuen Zugang zur Geschichte finden, der allerdings nicht bloß die einfache Wiederholung
männlicher Verhaltensmuster oder Privilegien meint, sondern die
Frage nach einer neuen, eigenen, anderen Lebensfähigkeit beinhaltet."[16] Bei diesem Versuch, eine eigene Geschichte, eine eigene
Sprache und ein eigenes Bewußtsein zu finden, sind manche Frau-
en jedoch so weit gegangen, eine vollkommene Abwendung von der
Männerwelt zu propagieren und eine Gegen-Kultur zu konstruieren.
Auf die Gefahr derartiger Versuche hat Silvia Bovenschen hingewiesen: "... diese Konstruktionen laufen Gefahr, in dem Maße,
wie sie die Geschichte der weiblichen Geschichtslosigkeit vernachlässigen und vernachlässigen müssen, die traditionellen anthropolo-
gischen und biologistischen Vorurteile nicht wahrhaft aufzuheben,
sondern sich wiederum in die Ausbildung neuer Frauenmythen zu

---

12 S. Bovenschen, *Die imaginierte Weiblichkeit*. Frankfurt (es 921) 1979,
    S. 36.
13 Vgl. H. Bausinger, (Anm. 1).
14 A. Rich, *On Lies, Secrets, and Silence*. New York/London 1979, S. 13.
15 Renate Möhrmann, Feministische Trends in der deutschen Gegenwartsli-
    teratur. In: M. Durzak (Hrsg.), *Deutsche Gegenwartsliteratur*. Stuttgart
    1981, S. 337.
16 Brigitte Wartmann, Schreiben als Angriff auf das Patriarchat. In: *Literatur-
    magazin* 11 (1979), S. 108.

verstricken;" und dergleichen "ursprungsmythische Sehnsüchte" seien dann "schließlich nichts anderes als die schlechte Wiederholung dessen, was mit dem Weiblichen immer schon geschah: Ausbürgerung aus der Realität."[17]

An diesem Punkt entsteht nun die Frage, wie sich eine neue feminine Lebensform finden und darstellen läßt und welche Sprache dazu geeignet wäre "angesichts der Herrschaftssprache, die die Wörter, die Diktion, die Syntax, – die alle Felder besetzt hält,"[18] ohne gleich wieder "ins Abseits der durch den männlichen Erfolg definierten Gesellschaftlichkeit"[19] zu geraten. Schon beim Treffen schreibender Frauen in München im Mai 1976 ist klargestellt worden, daß es nicht darum gehen kann, "eine *neue* Sprache zu erfinden, vielmehr darum, einen *anderen Gebrauch* von ihr zu machen."[20] Durch diesen veränderten Gebrauch kann man "die unbewußten und nicht ausgeschöpften Offenheiten, die sich in der symbolischen Ordnung, in der Sprache verbergen", hervortreten lassen; "sofern man sich auf ihren un-eindeutigen Sinn, der nicht nur eine Wahrheit oder Richtigkeit, nicht nur eindeutige Beziehungen oder Moral produziert, beginnt einzulassen, wird eine bis dahin unberücksichtigt gebliebene Praxis der Bedeutungszuweisungen möglich."[21] Bedeutung wird zugewiesen der Frau als selbständig handelndem Subjekt und nicht mehr der Frau als von Männern fremdbestimmtem Objekt. Es geht um ihre eigenen Gefühle und Gedanken, ihr Wollen und Handeln. Diese rückhaltlose Subjektivität, sagt Christa Wolf, "kann zum Maß werden für das, was wir (ungenau, glaube ich) 'objektive Wirklichkeit' nennen – allerdings nur dann, wenn das Subjekt nicht auf leere Selbstbespiegelung angewiesen ist, sondern aktiven Umgang mit gesellschaftlichen Prozessen hat".[22] An der Flut der Tagebücher, autobiographischen Aufzeichnungen und Ich-Protokolle läßt sich erkennen, daß es seit einiger Zeit auch in der von Männern geschriebenen Literatur eine neue Subjektivität gibt. Nur

---

17 S. Bovenschen, (Anm. 12), S. 10/264. Vgl. auch: R. Möhrmann, (Anm. 15), S. 348 und B. Wartmann, (Anm. 16), S. 112/117.
18 Johanna Wördemann, Schreiben um zu überleben oder Schreiben als Arbeit. In: *alternative* 108/109 (1976), S. 116.
19 B. Wartmann, (Anm. 16), S. 112.
20 J. Wördemann, (Anm. 18), S. 117.
21 B. Wartmann, (Anm. 16), S. 120/121.
22 Zitiert nach Jürgen Serke, *Frauen schreiben*. Hamburg 1979, S. 12.

hat die wenig gemein mit der der Frauen. "Die Frauen gewinnen sich in ihr, die Männer gehen schreibend in dieser Subjektivität verloren."[23] Denn in der Frauenliteratur "ist keine nostalgische Reprivatisierung am Werk, sondern — im Gegenteil — ein Öffentlichmachen von jahrhundertealten Beschädigungen, eine Zurücknahme der zur Gewohnheit gewordenen Verstummung. Besinnung auf die eigene 'Eigentlichkeit' ist infolgedessen kein solipsistischer Abkapselungsprozeß, sondern die Möglichkeit zu einer Art neuen Sozialität, in der das Verhältnis der Geschlechter nicht mehr durch eine hierarchische Relation bestimmt wird, sondern durch eine dialektisch ebenbürtige."[24] Im Zuge dieser Besinnung auf die "eigene 'Eigentlichkeit'" wird die Geschichte der weiblichen Geschichtslosigkeit aufgeschrieben, wird "'Spurensicherung'" betrieben und der "unsichtbaren Gewalt" nachgegangen, "'die der Jahrtausende während Prozeß der Subordination des einen Geschlechts unter das andere auch über das Denken gewann.'"[25]

Genau das macht Barbara Frischmuth schon 1968 in ihrem Erstlingsroman *Die Klosterschule*.[26] In kurzen, unverbunden nebeneinander stehenden Szenen stellt sie kritisierend dar, wie in einer katholischen Internatsschule für Mädchen junge Menschen erzogen werden. Dabei sei es ihr nicht um die Klosterschule gegangen, sagt sie in einem Interview, sondern darum, unbewußte Zwänge aufzudecken, denen die Kinder ausgesetzt sind und mit deren Hilfe "man die Köpfe von Kindern manipulieren kann". Es gehe ihr "um Zwänge überhaupt, das heißt um geschlossene Systeme, die man Kindern in frühen Jahren sozusagen ins Hirn setzt und aus denen sie kaum je ausbrechen können".[27] Ähnliches ist schon früher in der deutschsprachigen Literatur behandelt worden, aber in der von Männern geschriebenen; ich denke da z.B. an Musils *Törleß*, Heinrich Manns *Professor Unrat* und die Schulszene in Wedekinds *Frühlings Erwachen*. Und deswegen ist Frischmuths Roman wohl auch so ohne weiteres in den gängigen Literaturbetrieb integrierbar gewesen als lediglich eine neue Variation auf ein altes Thema. Abstrahiert man

---

23 Ebd., S. 10.
24 R. Möhrmann, (Anm. 15), S. 341/2.
25 Ebd., S. 338.
26 B. Frischmuth, *Die Klosterschule*. Reinbek 1979.
27 Josef-Hermann Sauter, Interviews mit Barbara Frischmuth, Elfriede Jelinek, Michael Scharang. In: *Weimarer Beiträge* 27 (1981), 6, S. 99.

genügend, läßt sich durchaus die Auffassung vertreten, daß es sich in diesem Roman um das Bloßlegen eines deformierenden Erziehungssystems handelt, unter dem alle Kinder in ähnlichen Schulen mehr oder weniger schwer zu leiden haben. Dabei wird übersehen, daß es hier um die Erziehung von Mädchen geht und daß der Lehrkörper fast nur aus Frauen besteht. Wichtig ist das insofern, als die aufgezeigte Deformierung für Frauen ganz andere Folgen hat als für Männer. Denn sie werden auf ein männlich bestimmtes Weiblichkeitsbild hin erzogen, das der Frau den Status eines "Objekts männlicher Wunschvorstellung und Verfügungsgewalt"[28] zuerkennt.

Bezeichnenderweise fängt Frischmuths Roman mit einem Kapitel über das Beten und Arbeiten, "Ora et Labora", an. "Wir ... beten täglich und gerne" (7), heißt es da, weil dem Menschen, "doch kundgetan (ist), welchen Weg er als den rechten zu betrachten und nach Kraft und Möglichkeit zu verfolgen hat, damit ihm zuteil werde, worauf sein irdisches Hoffen sich ausrichtet und worauf sein menschliches Streben abzielt ..." (9). "Wir", das sind die Schülerinnen der Klosterschule, beten, damit *ihm* zuteil werde ... *sein* Hoffen ... *sein* Streben ... *sein* Kampf, und nicht etwa *unser* oder *mein* Hoffen ... Streben ... Kampf. Durch die Aneinanderreihung und Häufung kirchlich geprägter Floskeln wird so von Anfang an klar, daß die Erzählerin sich ironisch distanziert von einer Erziehung, die das Denken und Handeln der Mädchen auf eine menschliche Ordnung ausrichtet, in der Denken, Handeln und Fühlen mit männlichen Personal- und Possessivpronomen versehen wird, in der Menschsein männlich sein bedeutet. Ebenfalls klar wird von Anfang an, daß diese männliche Ordnung von Kirche und judäisch-christlichen Traditionen gestützt wird und sogar bis in die feinsten Verästelungen der Sprache hinein geprägt worden ist. Deswegen kann ich Barbara Frischmuth nicht zustimmen, wenn sie selbst sagt: "Für mich hat das, was in der Klosterschule passiert ist, nicht einmal so sehr mit religiösen Gefühlen oder mit Religion zu tun gehabt als mit einer ganz bestimmten Manifestation von Macht oder von Reglementierung."[29] Diese "ganz bestimmte Manifestation" wird aber gerade als eine von der Religion und ihren Institutionen bestimmte dargestellt, auch wenn Barbara Frischmuth das

---

28 B. Wartmann, (Anm. 16), S. 111.
29 J.-H. Sauter, (Anm. 27), S. 100.

anscheinend nicht wahrhaben will. Denn weswegen sonst hat sie
dem Roman das frauenverachtende Wort des Augustinermönches
Abraham a Sancta Clara als Motto vorangestellt: "Eine rechte Jungfrau soll sein und muß sein wie eine Spitalsuppe, die hat nicht viele
Augen, also soll sie auch wenig umgaffen"? Außerdem haben Theore-
tikerinnen des Feminismus zu Recht auf die den herrschenden Männ-
lichkeitswahn konstituierende Rolle jüdäisch-christlicher Verord-
nungen hingewiesen, die sich zum Teil bis heute erhalten haben,
z.B. dort, wo Frauen bei der kirchlichen Eheschließung vor der
Gemeinde, d.h. öffentlich, zu geloben haben, daß sie dem Manne
untertan sein wollen.

Von Ordnung ist in dem Roman noch mehrfach die Rede. Gleich
im zweiten Kapitel mit der Überschrift "Spazierengehen" heißt es:
"Auf dem Platz vor dem Schulportal richten wir uns aus, hintereinan-
der, in gleichem Abstand. Neben der ersten Reihe des Zuges steht
Sr. Assunta ... Die Richtung wird ausgegeben, als Parole" (11).
Und etwas weiter: "Wir sollen in Gehordnung bleiben, wir sollen uns
an den Händen halten, wir sollen englisch sprechen, wir sollen uns
nicht absondern. Wir sollen in Reih und Glied bleiben, nicht außer
Rand und Band geraten, keine Extratour wollen, nicht aus der Reihe
tanzen ... Wir sollen Disziplin halten, uns in die Ordnung fügen, die
Gebote des Anstandes nicht außer acht lassen" (14/15). Zum
"Wesen der Gemeinschaft" gehört: "Die Kästen, Garderoben und
Nachttischladen werden einmal in der Woche kontrolliert, allerdings an verschiedenen, nicht vorherbestimmbaren Tagen. Wir haben dafür ordnungsgemäß Zettel angebracht, in deren Feldern wir
römische oder arabische Ziffern vorfinden, die den Grad unserer
Ordentlichkeit bestimmen" (52); und wieder etwas weiter: "Wenn
man vergessen hat, die Schuhe zu putzen, kann es geschehen, daß
man um Mitternacht aus dem Schlaf gerissen wird und diese Arbeit allein und im kalten Keller auf das sorgfältigste nachzuholen
hat. Läßt man sich andere Verstöße gegen die allgemeine Ordnung
zuschulden kommen, ist es nicht ausgeschlossen, daß man nachts
im finsteren Teil des Ganges zu knien hat, bis die Schlafsaalschwester
auf dem nächsten Rundgang einem erlaubt, ins Bett zurückzukehren"
(57/58). Diese Erziehung zur Ordnung hat ein ganz bestimmtes
Ziel: "Wir sollen, ob wir wollen oder nicht, unseren Willen einem
höheren unterodnen, da dieser uns gewollt und wir ihn mit dem
unseren stets wollen sollen" (15). Die Mädchen werden einer
die Handlungs- und Bewegungsfreiheit einschränkenden Ordnung

unterworfen, die fast militärischen Zuschnitt und damit einen ausgesprochen männlichen Charakter hat. Daß der aber auch stark reli-
giös gefärbt ist, wird gerade an der Uneindeutigkeit des zuletzt zitierten Satzes deutlich, in dem der höhere Wille, dem die Mädchen
sich unterzuordnen haben, gleichzeitig als Wille des Mannes und als
Wille Gottes verstanden werden kann. Hier wird Sprache in dem Sinne gebraucht, wie Brigitte Wartmann das gefordert hat, nämlich um
"ihren ideologisch verborgenen Gebrauch zu Tage treten" zu lassen,[30] allerdings vorerst noch nicht, um eine Alternative zu den
patriarchalischen Kulturmustern zu entwerfen, sondern lediglich,
um die "unbewußt gebliebenen (männlichen) Deutungsmuster im
eigenen Denken, Fühlen und Handeln aufzuspüren".[31] Wie wichtig
der patriarchalischen Kultur, besonders ihrer christlichen Variante,
die Aufrechterhaltung ihrer Ordnung ist, und welch große Angst
sie vor einer Auflösung dieser Ordnung und dem Einbruch des
Chaos hat, wird ausführlich von Hans Peter Duerr belegt.[32]

Produkt der Ausbildung und Erziehung in der Klosterschule
ist eine junge Frau, der kaum "Möglichkeiten subjektiver Verfügbarkeit über sich selbst"[33] offenstehen. Wie es dahin kommt, wird
in dem Abschnitt "Die Anstandsstunde" besonders deutlich dargelegt. Wenn die Mädchen ins Leben gehen, haben sie "den ihnen zu-
gewiesenen Platz einzunehmen und die ihnen bestimmten Aufgaben
zu erfüllen" (42), zugewiesen und bestimmt vom Mann, denn sie
sind "dem Gebot unterworfen, ihrem Gatten zu dienen und ihm
untertänig zu sein, doch soll dies im Bewußtsein des Wertes geschehen, den er an ihnen besitzt" (40). Dieser ist aber kein Eigen-
wert, sondern ein Tauschwert: eingetauscht wird die Jungfräulich-
keit ("nur der Mann schätzt euch wirklich, dem ihr unberührt ins
Brautbett gefolgt seid," 40) dafür, daß der Frau überhaupt ein
Status zuerkannt wird, der des Besitzes ("Sollte sich euch aber ein
Mann nähern, der sehr bald zu erkennen gibt, daß er euch mit Leib
und Seele in Besitz zu nehmen trachtet, so ist es eure Aufgabe, euch
im besten Licht vor ihm zu zeigen", 38).

---

30 B. Wartmann, (Anm. 16), S. 121.
31 Ebd., S. 108.
32 H.P. Duerr, *Traumzeit. Über die Grenze zwischen Wildnis und Zivilisation.*
    Frankfurt [4]1979, bes. § 5: Die Verteufelung der Sinne, vornehmlich der
    weiblichen, S. 56-77.
33 B. Wartmann, (Anm. 16), S. 109.

Nach Abschluß der Ausbildung steht den Mädchen jedoch noch ein anderer Weg offen. "Es ist dies der Weg, den der Apostel Paulus den besseren geheißen hat und der auch der gottwohlgefälligere sein muß ... Es wird euch durch ihn die Möglichkeit gegeben, euer Leben in Arbeit und Andacht, als unmittelbare Vorbereitung auf ein höheres und besseres Leben, in dem ihr ewigen Lohn für zeitliche Unbillen erhalten werden, hinzubringen" (42). Dank ihrer "vorzüglichen Erziehung" (40) kann die Frau also entweder zum Besitz des Mannes werden oder in den Dienst der Kirche treten; andere Möglichkeiten gibt es nicht. In jedem Falle aber wird ihr von anderen vorgeschrieben, wie sie aufzutreten und zu handeln hat, wird über sie als Objekt verfügt, wird sie fremdbestimmt.

Die Reduzierung der Frau auf ein Objekt geht nur dann reibungslos vonstatten, wenn mit der rollenspezifischen Konditionierung der Mädchen schon früh angefangen wird. Es muß zum Beispiel zu verhindern versucht werden, daß sie durch Körpererfahrung zur Selbsterfahrung kommen und damit eine eigene Identität gewinnen. Denn eine eigene Identität würde die Vereinnahmung durch maskuline Weiblichkeitsprojektionen erschweren, wenn nicht gar unmöglich machen. Deswegen stehen ihnen in der Klosterschule "nur wenige Spiegel zur Verfügung. Spiegel dienen dazu, die Eitelkeit zu fördern" (20). Da Eitelkeit verpönt ist, kann man nur heimlich sein eigenes Bild im Spiegel betrachten und dabei macht die Ich-Erzählerin eine erstaunliche Entdeckung, die in dem lapidaren Satz ausgedrückt wird: "Ich habe Augen". Dann stellt sie fest, daß diese Augen auch blicken können: "Ihr Blick zeigt Interesse, Neugier, Zutrauen, bekundet Mißtrauen, Mut oder Unmut, je nachdem, worauf der Blick dieser meiner Augen fällt oder worauf ich den Blick dieser meiner Augen fallen lasse" (22). Sie merkt also, daß sie nicht nur Objekt, Zielscheibe ist, auf die Blicke geworfen werden, sondern auch Subjekt, das selbst Blicke werfen kann. Erlaubt ist die Beschäftigung mit dem eigenen Körper jedoch nur dann, wenn sie der Leibesertüchtigung dient: "Nichts ist schöner, als den Körper frei zu bewegen. Im Freien, in der frischen Luft, auf der Wiese, im Wald, in der Natur ... Wichtig sind der Sauerstoff, das Regen der Glieder, der Anschauungsunterricht und die Verdauung" (10). Denn: "Unseren Leib hätten wir von Gott, so wie alles, und wir dürften ihn nicht willkürlich schädigen ..." (11). „Erlaubt ist, was dazu dient, den Körper rein und gesund zu erhalten" (72).

Alles, was darüber hinausgeht, ist tabuisiert, besonders dann, wenn die Beziehung zum Körper, dem eigenen und denen der anderen, mit Sexualität zu tun hat. Deswegen "sollen wir uns nicht absondern, nicht einzeln und schon gar nicht zu zweit ... Wer sich absondert, stellt sich den Einflüsterungen des Bösen" (71). "In Fällen von gemeinschaftswidrigem Überhandnehmen der ein- oder gegenseitigen Zuneigung greifen die Erziehungsberechtigten auf behutsame, aber tatkräftige Art ein ..." (81). Sexualaufklärung kann deswegen nur heimlich "im Gestrüpp, im Gesträuch ... verborgen im Versteck" (72) stattfinden, und zwar beim Erzählen, Lesen "in Aufklärungsheften, in verbotenen Büchern, in der Bibel, die bestimmten Stellen, die interessanten Stellen" (72/73). Doch dort steht geschrieben: "Wird ein Weib fließend und ist es der regelmäßige Blutfluß ihres Leibes, so bleibt sie sieben Tage lang in ihrer Unreinheit ... Du bist unrein. Es steht geschrieben" (76). Sogar noch in der Ehe soll gelten: "Welches Mittel der Verhütung man euch auch vorschlagen wird, ihr sollt eure Angst nie verlieren, denn die Gabe Gottes wird gegeben wann und wem Er will" (40). Wo das Verhalten zum eigenen Körper unter dem Vorzeichen dessen steht, "was einen schreckt, zurückhält, hemmt und Ängste einjagt" (75), ist es kein Wunder, daß die Ich-Erzählerin schließlich nicht mehr weiß, "was ich tun soll, muß, kann, darf, nicht soll, nicht muß, nicht kann, nicht darf, sollte, müßte, könnte und dürfte" (32/33), vor allem dann nicht, wenn die eigene Mutter mit Bezug auf das heimlich angelesene Wissen über die Menstruation sagt, "es sei anders. Die Natur hilft sich selbst ... Wir wären gar nicht unrein" (76), und die Tochter innerhalb der Schule niemanden hat, der ihr helfen könnte, den Widerstreit zwischen den beiden Autoritäten Bibel (Schule) und Mutter aufzulösen.

Das Dilemma, in dem die Ich-Erzählerin sich befindet, kommt ihr während des Fremdsprachenunterrichts in den Sinn: "to be or not to be available" (34), denn auch der Englischunterricht dient lediglich dazu, die Mädchen auf ihre künftige Verfügbarkeit im Missionsdienst vorzubereiten. Dabei macht Barbara Frischmuth immer wieder deutlich, daß die eine der beiden Alternativen, "not to be available", für diese Mädchen kaum realisierbar erscheint, jedenfalls nicht als bewußter Entzug aus der männlichen/kirchlichen Verfügungsgewalt, sondern eher nur als unbewußte Flucht in die Krankheit (24-29) oder den Traum (43-46).

In einem solchen Erziehungssystem ist die Etablierung einer eigenen Identität nicht möglich. Auch nach Abschluß der Schulzeit wird es schwerfallen, sich von den inzwischen schon verinnerlichten Normen und Werten zu lösen. Darauf wird im letzten Abschnitt, "Lauf der Welt", verwiesen. Die Ich-Erzählerin korrespondiert mit einer ehemaligen Mitschülerin: "Etwas wird an dem Ganzen schon stimmen. Alles können sie nicht erfunden haben, denn aus nichts wird nichts, und da will ich lieber nicht dran rühren, denn was Gescheites kommt dabei sicher nicht heraus" (86). Sie hat aber doch Zweifel: "Du sagst also, daß du nicht mehr glaubst. Ich frage mich nur, wie machst du das? Hast du nicht Angst vor dem, was nachher kommt? Und tut es dir nicht manchmal leid? Und bist du sicher, daß du nicht irrst? ... Du mußt mir wieder schreiben ... Und vor allem mußt du mir schreiben, ob du tust, was dir Spaß macht, und wenn du es nicht tust, warum du es nicht tust. Ich würde es ganz bestimmt tun, wenn ich frei wäre, so wie du" (88/89). In diesen letzten Sätzen des Romans stellt die Ich-Erzählerin ihrer Brieffreundin die Fragen, um derentwillen die Autorin den Roman geschrieben hat: Wie komme ich als Frau zu einem Selbstbewußtsein, das es mir möglich macht, subjektiv kreativ zu werden, wie gelange ich dahin, meine Identität als Frau so selbst zu bestimmen, daß ich das tun kann, was mir Spaß macht, wenn andererseits meine ganze Erziehung systematisch daraufhin ausgerichtet war, mir diese Fragen erst gar nicht zu Bewußtsein kommen zu lassen? Barbara Frischmuth sagt ausdrücklich in ihrem Interview, daß es in ihrem Gesamtwerk vor allem immer wieder um Identität gehe: "Ich glaube, es gibt gewisse Probleme, von denen einen die Gesellschaft nicht befreien kann. Das ist eine gewisse Art von Identitätssuche und Identitätsfindung. Das ist die Arbeit, die man selber leisten muß."[34]

Man könnte dem Roman nun vorwerfen, daß er keine praktikable Alternative vorzuweisen hat, sondern lediglich auf Leerstellen und Defizite hinweist. Das ist seitdem des öfteren in der feministischen Literatur geschehen, und daher meint Renate Möhrmann zu Recht: "Feministische Literatur muß sich — um weiterhin zukunftsträchtig zu bleiben — von der bloß lamentierenden Bestandsaufnahme der patriarchalisch strukturierten Gesellschaft lösen, den Platz an der Klagemauer aufgeben."[35] Der Vorwurf übersieht jedoch, daß Frischmuths Roman schon 1968 erschien, zu einer Zeit also, wo in

---

34 J.-H. Sauter, (Anm. 27), S. 105/6.
35 R. Möhrmann, (Anm. 15), S. 348.

den deutschsprachigen Ländern vom Feminismus noch kaum die Rede war. Und zweitens wird mit diesem Vorwurf übersehen, daß es Barbara Frischmuth gar nicht um die Darstellung einer weiblichen Gegenwelt geht, die "zur symmetrischen Negation des Bestehenden"[36] wird. Sie versucht viel eher mit den vom französischen Strukturalismus kommenden Feministinnen Hélène Cixous, Cathérine Clément und Luce Irigaray "eine neue Beschreibung weiblicher Existenz und weiblicher Produktivität ... Aber anders als in der symmetrischen Negation geht es nun nicht um einen von zwei Polen, nicht um die Kehrseite des Spiegels, sondern um seine Ränder: die Suche nach der Bestimmung des Weiblichen ist die Suche nach den Leerstellen, den Rändern, den Ausfällen der herrschenden männlichen Kultur, ihrer Ordnung, ihrer Zweckrationalität, dem Funktionieren der Maschinerie. Weiblichkeit ist asymmetrische Negation."[37] Dahin gelangt Barbara Frischmuth allerdings erst in ihren späteren Romanen *Die Mystifikation der Sophie Silber* (1976) und *Amy oder Die Metamorphose* (1978). *Die Klosterschule* enthält jedoch die ersten Schritte in die Richtung, in der die Chancen einer feministischen Literatur liegen: "Das weibliche Imaginäre, das Ungedachte, Unerhörte ... ist die Chance, die die Frau als das ganz Andere, das Nicht-Definierte hat. Ihr Mangel, ihr Defizit, ihre Nicht-Existenz an den Rändern des männlichen Spiegels ist ihre Chance. Immer blickt sie, der blinde Fleck der Menschheitsgeschichte, von außen auf das Gegebene, Herrschende; bringt sich in Gegensatz zu ihm, wenn sie sich als Subjekt setzt. Bringt sich in Gegensatz zu ihm, wenn sie spricht."[38] Indem die Ich-Erzählerin in *Der Klosterschule* die Sprache des herrschenden, ihr aufoktroyierten Erziehungssystems übernimmt, sich aber gleichzeitig ironisch von ihr distanziert, setzt sie sich in Gegensatz zu diesem System, fängt an es von außen als etwas Fremdes, als Teil einer ihr fremden Kultur zu betrachten.

Der Begriff "Fremdkultur" scheint bei manchen Literaturwissenschaftlern zu Recht immer dann Unbehagen hervorzurufen, wenn er im Rahmen eines fremdkulturellen Literaturstudiums so verwendet wird, als diene er zur Rechtfertigung und Bestätigung

---

36 Friederike J. Hassauer-Roos, Gibt es eine weibliche Ästhetik? In: *Theater 1978*, S. 116.
37 Ebd., S. 119/120.
38 Ebd., S. 120.

der gesellschaftlichen Verhältnisse in einer fremden Kultur. Dieser affirmative Kulturbegriff birgt die Gefahr in sich, die auch die christliche Missionstätigkeit oft negativ belastete: mit seiner Hilfe werden die Lernenden dazu angehalten, sich den herrschenden Normen der Zielkultur kritiklos anzupassen. Wird der Begriff jedoch so gebraucht, daß er "'abweichenden' Kulturmustern ihr eigenes Recht zuerkennt,"[39] daß er innerhalb eines kulturellen Gesamtzusammenhangs auch Alternativstrukturen und gegenläufigen Tendenzen Raum läßt[40], bekommt er die Dimension einer konstruktiven Dialektik, die es dem rezipierenden Subjekt ermöglicht, "sich gegenüber dem lesend erlebten Anderen als Selbst zu formulieren".[41] Und erst dann ist bei der Kontrastierung der eigenen mit der fremden Kultur die Chance gegeben, das Fremde nicht gleich vereinnahmen zu wollen, sondern es in seinem Fremdsein bestehen zu lassen und es damit als Herausforderung zu betrachten, die Wertungs- und Normensysteme der eigenen Kultur immer wieder erneut zu überprüfen.

Zusätzlich zu der Funktion, die die feministische Literatur für viele schreibende Frauen hat, nämlich "zunächst die Möglichkeiten für eine veränderte Form der Kultur, die nicht den Körper gegen den Geist ausspielt, als Lebensform"[42] zu entdecken, ergibt sich für mich eine weitere Wirkungsmöglichkeit der feministischen Literatur: geht man an sie mit dem fremdkulturellen Konzept heran, dann könnte gerade die in dieser Literatur dargestellte kulturelle Fremde die überwiegend männlich bestimmte Literaturwissenschaft vielleicht dazu bringen, sich selbst neu zu definieren, die eigenen Prämissen zu überprüfen und womöglich sogar den eigenen Wissenschaftsbegriff erneut unter die Lupe zu nehmen und damit auch die eigene Kultur, die männliche, aus der sie als selbständiger Wissenschaftszweig hervorgegangen ist, erneut zu bestimmen. Der Begriff "Fremdkultur" braucht sich also nicht immer auf eine von der eigenen Kultur geographisch weit entfernte, primitive oder exotische Kultur zu beziehen, sondern kann auch eine antagonistische Kultur innerhalb eines kulturellen Gesamtzusammenhangs bezeichnen.

---

39 H. Bausinger, (Anm. 1), S. 63.
40 Vgl. Gudrun Fischer, Landeskunde-Positionen in der BRD (II). In: *Deutsch als Fremdsprache* 18 (1981), H. 5, S. 300.
41 D. Krusche, (Anm. 7), S. 46.
42 B. Wartmann, (Anm. 16), S. 126.

Konkret auf Barbara Frischmuths *Die Klosterschule* bezogen, heißt das: Dieser Roman stellt das männliche kulturelle System der Erziehung als ein für die betroffenen Mädchen fremdes System dar, demgegenüber sie sich als selbständig denkende, handelnde und fühlende Subjekte zu verwirklichen haben. Für die Leserinnen enthält der Roman damit implizit die Aufforderung, über die Möglichkeiten der Etablierung eines eigenen Erziehungssystems innerhalb einer feministischen Kultur nachzudenken. Für den männlichen Leser dagegen könnte die Bedeutung dieses Romans und der feministischen Literatur überhaupt darin liegen, daß sie ihn dazu anhalten, das Eigene, das heißt die patriarchalischen Kulturmuster, auf die Gültigkeit ihrer Normensetzung für die gesamte Menschheit hin zu befragen.

MANFRED JURGENSEN

DAS ENDE DER SUCHT?

Zu Karin Strucks "Journal einer Krise" *Kindheits Ende*

> Auch ich, M, habe Angst vor dem Vater, "der Gesell-
> schaft", sie liebt die Entblössungen nicht. Die Pillenfa-
> briken müssen funktionieren, ihre Ärzte, die Sachwalter
> ihrer Macht, müssen ihre Mercedesse, ihre Villen ver-
> dienen.
> (545-546)

So appelliert die Autorin noch gegen Ende ihres Journals, nach der
längst vollzogenen Trennung vom Ehe-Mann an eine Gemeinsamkeit ihrer sozialen Erfahrungen, in der Hoffnung auf eine Liebe,
die die Befreiung des Individuums aus gesellschaftlichem Rollenverhalten und geschlechtsspezifischen Zwangsmustern ermöglicht.
Aber an die Stelle der einstigen "Klassenliebe", dem widersprüchlichen Konzept einer erotischen Solidarität, tritt nun die selbst-
bewußte Verkündung der Aufgabe und Überwindung einer Liebe,
die "nicht erwünscht" ist, das Ende einer Kindheit, in der die Frau
ihre süchtige Abhängigkeit von der Liebe des Mannes beizubehalten
sucht. Hand in Hand mit der Befreiung aus einer nur destruktiv
suchthaften Liebe geht das Bekenntnis zu einer kreativen Liebe,
mit der sich die Frau in eigener Verantwortung ausweist. Eine
solche Identifizierung ist aber die Bekräftigung jenes Stils der "Selbst-
entblössung", der die Aufzeichnungen der Karin Struck von Anfang an gekennzeichnet hat.

> Gibt es eine andere Möglichkeit, als sich "selbst zu
> entblößen" angesichts ihrer Heuchelei?
> Glaube mir, daß ich nicht über dich verfügen will, in-
> dem ich über dich schreibe. Glaube mir, daß das Schrei-
> ben ein Akt der Liebe ist.
> (545)

Diese Anrede an den einst geliebten Mann liest sich nicht zufällig
wie eine Grundsatzerklärung der Frauenliteratur allgemein. Appell
und Selbstrechtfertigung halten einander die Waage. Karin Struck

bleibt ihrer literarischen Ausdrucksform treu; sie "entblößt" sich auch in ihrem neuesten Werk, im Namen der Liebe, mit Mut und neuer Zuversicht.

Diese Schriftstellerin, die sich wie keine andere in der Bundesrepublik gerade in ihrem Frau-Sein als Repräsentantin einer Klassengesellschaft begriff, kann nunmehr wiederholt erklären: "Die Stellvertreterexistenz ist zuende." (547, 548) Ein neues Stadium im Bewußtseinsprozeß der Frau ist erreicht. Im Einklang mit der Aufklärungsethik befreit sie sich aus ihrer selbstverschuldeten Unmündigkeit, aus der Kindheit einer abhängigen Liebe. Noch in ihrer Verselbständigung gibt Karin Struck die Verständigung mit dem Mann nicht auf. Dialektisch bedeutet dieser Autorin das Schreiben Eigenständigkeit und Symbiose zugleich. Wieder wird man in der Selbstdarstellung als Bezugnahme einen allgemeingültigen Wesenszug der Frauenliteratur erkennen dürfen. Die Überlegung

> War es nicht immer mein größter Wunsch, *dich* zu erreichen, und könnte ich es denn anders als durch Worte?
> (542)

bestimmt auch das Verhältnis der Schriftstellerin Karin Struck zum männlichen "Leser". Freilich hat sie längst erkannt, daß es viele Männer gibt, die wie M gar kein Interesse haben, die Frau lesen zu lernen. Das Buch schließt mit einer ruhigen, nüchternen Kampfansage: "ich habe ein Recht auf ein eigenes Leben." (548) Die einmalige Individualität, zu der sich Karin Struck bekennt, teilt sich in ihrem Journal noch nicht mit. Dessen Thema ist vielmehr der krisenhafte Prozeß einer allmählichen Selbstfindung — und insofern durchaus noch die Aufzeichnung einer "Stellvertreterexistenz". Die Struktur, die die Autorin ihrem Werk verleiht, deutet bereits auf den paradigmatischen Charakter der dokumentierten und gestalteten Entwicklung. Der in drei Erzählabschnitten dargestellten "Symbiose" (23-345) schließt sich "Die Selbständigkeit, ihr Anfang" (346-525) mit ebenfalls drei Berichtphasen an. In ähnlicher Weise nehmen "Prolog" und "Epilog" aufeinander Bezug. Karin Strucks "Journal einer Krise" hält also einen musterhaften Vorgang fest, es reiht sich ein in die Protokolle einer stufenweisen Selbstbefreiung der Frau. Auch im Selbstverständnis der Autorin handelt es sich um das Muster einer schmerzhaften Entwicklung zur geschlechtsspezifischen persönlichen Eigenständigkeit. Wie kaum bei einer anderen deutschsprachigen Autorin wird bei Karin Struck erneut eine Grundüberzeugung des Feminismus deutlich: Das Persönliche ist das Politische. Die Herausbildung einer Persönlichkeit ist eine politische Tat, eine gesellschaftliche Handlung.

Wieder greift Karin Struck, zumindest streckenweise, auf ihren früheren Zitationsstil zurück. Auch das ist doppelte Bezugnahme, Sozialisierung und Selbstbestätigung zugleich. Sie zitiert nicht nur andere Autoren, sondern auch sich selbst. Beide Zitatformen stehen dabei, wie das Journal insgesamt, im Dienst eines Bewußtseinswandels, der musterhaft individuellen *Veränderung*. Belege und Widersprüche fügen sich zu einer neuen Reflexionsidentität zusammen, die dem Konzept der Autorschaft eine gewandelte Bedeutung, eine zusätzliche Dimension verschafft. Hier schreibt eine Schriftstellerin, die literarisch und sozialpolitisch Autorin ihrer selbst sein will, der es gelingt, diesen Prozeß der Selbstbestimmung nachvollziehbar darzustellen. Schreiben wird als politische Handlung begriffen und demonstriert.

Die Veränderbarkeit des Menschen wird indes nicht fiktional vorweggenommen, wie das so häufig geschieht. Karin Strucks Journal kennzeichnet sich durch den dokumentarischen Charakter auch seiner Fiktionalität. Dafür gibt es Gründe. Das Werk setzt sich aus mindestens drei zunächst gesondert konzipierten Büchern zusammen: einem Friedensbuch, einem Traumbuch und einem werkgeschichtlichen Tagebuch. Frauenliteratur zwischen Dokumentation und Fiktion: Karin Strucks *Kindheits Ende* ist sich seiner "Zwischenform" ständig bewußt.

> Mein ungeheures Bedürfnis nach Form, Verwandlung,
> Ästhetik.
> (36)

So die Autorin am 25. September 1977, doch nur wenige Tage später fragt sie sich:

> Wie kann ich erfinden, wenn ich die lebenden Personen
> nicht zuerst aufmerksam wahrnehmen kann?
> *Erfinden...*
> Es ist die Frage, was man wählt...
> (37)

Die Wahl der Zitate reflektiert die "Erfindung" einer individuellen Bezugnahme. Sich am anderen identifizieren, ist gleichermaßen ein sozialer wie künstlerischer Prozeß. Bei Karin Struck wird das Zitat als dialektisches Identifikationsmittel "Form, Verwandlung, Ästhetik", es integriert sich in die "Erfindung" des eigenen

Ichs. Dokumentarisches fiktionalisiert sich, so wie sich die Fiktion dokumentiert. Gesellschaftspolitische *Veränderbarkeit* und (frauen)-literarische *Verwandlung* bleiben aufeinander bezogen. Auch insofern handelt es sich bei *Kindheits Ende* um das "Journal einer Krise". Wo die Veränderbarkeit des Menschen und seine darstellerische Verwandlung einander nicht bestimmen, bleibt die Literatur in ästhetischer und politischer Unverbindlichkeit stecken. Karin Strucks Krise der Selbstbestimmung und Eigenständigkeit, ihr "Kindheits Ende" ist die Wahrnehmung einer Erfindung, die Wahl einer Erkenntnis. Es ist in solchem Zusammenhang nicht verwunderlich, daß Träume (wieder) eine auch strukturell so wichtige Rolle in diesem Wahrnehmungsbericht spielen. Auch sie sind ja individuelle Dokumentationen, zugleich jedoch Wunschvorstellungen, Ausdruck eben jener "Zwischenform", die nicht nur für dieses Werk Karin Strucks, sondern in hohem Maße für die Frauenliteratur allgemein kennzeichnend ist. Eine Vorstellung dokumentiert sich. Die Frau stellt sich als veränderlich vor; sie korrigiert sozialpolitisch wie literarisch das ihr aufgezwungene Bild einer patriarchalischen Ästhetik.

Konkret verwandelt sich das diarisch-dokumentarische *Ich* gelegentlich in eine fiktional-erzählerische *Sie*. Die Übergänge vollziehen sich nahezu nahtlos: sie sind Teil jener "Verwandlung", die Karin Struck bislang nur einmal auf ein gesamtes Werk auszudehnen gewagt hat. Fiktionalisierungen werden nur episodenhaft angestrebt. Struck erklärt und rechtfertigt die Gründe für ihre Ich-Dokumentationen:

> Ich habe bisher so gearbeitet, daß ich mit den Gegen-
> ständen und Menschen, von denen ich schrieb, eins wur-
> de, um sie dann auf meine Weise aus mir herauszustoßen,
> zur Welt zu bringen ... Weltaneignung ...
> (64)

Man sollte das nicht voreilig als Frauenliteratur charakterisieren, trotz der suggestiv femininen Ausdrucksweise. Auch Günter Grass (beispielsweise) schreibt ja einen biographisch-fiktionalisierten Erzählstil, der sich ganz programmatisch als "gegenständlich" begreift. Bei Goethe ist bekanntlich vom "gegenständlichen Denken" die Rede. Die Vereinigung mit den Gegenständen dürfte vielmehr ein erotisches Spannungsverhältnis der künstlerischen Sensibilität überhaupt sein. Das Ich des Günter Grass (etwa in *Aus dem Tage-buch einer Schnecke, Der Butt* oder *Kopfgeburten*) ist wie das

Ich bei Max Frisch (*Montauk, Tagebuch 1966-1971*) sowohl Fiktion als auch rollenhafte Dokumentation eines Schriftstellers. Das Ich wird auch da sich selbst zum Gegenstand, in spielerischer Autoerotik und in gesellschaftlichem Rollenspiel. Bei Karin Struck lag von Anfang an eine Vergegenständlichung des Ichs vor, doch sie vollzog sich in der *Klassenliebe* nicht aus überlegenem Ausdrucksspiel, sondern aus der Not einer persönlichen Verunsicherung. Ihr Ich war weder sozialpolitisch noch literarästhetisch abgesichert. Für sie bleiben "Weltaneignung" und Selbstaneignung aufeinander bezogen. Den Ausdruck der Bewußtseinsidentitäten *Ich* und *Sie* gilt es noch zu finden. Eigenzitate und Aussagenbelege der anderen: das ist auch die Grundlage des diarischen Erzählstils in *Kindheits Ende*. Die Autorin sucht über die Welt zu sich selbst zu kommen, nicht wie so manche patriarchalische Schriftsteller über sich zur Welt.

Das Schreiben thematisiert sich selbst, doch in keiner Selbstgefälligkeit. Struck erlaubt sich nicht nur wiederholte Bezugnahmen auf eigene vorangegangene Werke. Die ordnen sich in das neuerlangte Bewußtseinskonzept ein, wenn nicht gar unter:

> Die naive Konzentration, das staunende Sehenkönnen
> eines Kindes zur Zeit der *Klassenliebe* vermisse ich sehr.
> (79)

Ihr Bekenntnis zum Schreiben ist grundsätzlicherer Art. Es schließt ausdrücklich den Glauben an eine Sensibilisierung des Menschen und damit an seine Veränderbarkeit ein. So bemerkt sie einmal:

> Manchmal ist Schreiben wie eine Vernunftehe; die Gefühle entwickeln sich erst im Verlauf einer langen Zeit
> des Zusammenlebens.
> (ebd.)

Schreiben wird ihr zu einem individuellen und sozialen Bezugspunkt; es birgt das Versprechen der allmählichen Selbsterkenntnis in einer gesellschaftlichen Partnerschaft. Zugleich jedoch hütet sich Karin Struck, die Literatur zu mythologisieren oder als Lebensersatz anzupreisen. Für sie ist Lesen wie Schreiben ein Zustand sinnlicher Erkenntnis:

> Lesen als Kompensation nichtgelebten Lebens, das
> funktioniert bei mir nicht. Ich kann nicht lesen, wenn
> ich mich tot, leer, wahrnehmungslos fühle.
> (68)

Ihr grundsätzlich erotisches Verhältnis zur Literatur sowohl als Produzent als auch als Konsument läßt Karin Struck besonders verwundbar erscheinen. Ihre Tagebucheintragungen zeigen, wie tief sie von der Rezeption ihrer Werke erschüttert wird ("Ich bin wie erschlagen von den Urteilen über mich, über mein Schreiben ...", 92). Das weitverbreitete Vorurteil, daß es leicht sei, über sich selbst zu schreiben, wird dadurch nicht gültiger, daß es ständig wiederholt wird. Die "Entblößungen" der Karin Struck wirken notgedrungen auf diejenigen Kritiker als Provokation, die eine spielhafte Fiktionalisierung individueller und gesellschaftlicher Konflikte gewohnt sind. Wenn diese Autorin erklärt: "Es geht für mich darum, eine neue schriftstellerische Disziplin zu finden" (101), so legt ihr bisheriges Werk Zeugnis davon ab, daß es ihr damit ernst ist und daß es sich lohnt, diese Suche nach einer neuen Ausdrucksform mit kritischer Anteilnahme zu verfolgen. Wenn Karin Struck als Beispiel einer Frauenliteratur verstanden wird, ist es vor allem die Zukunftsträchtigkeit ihrer Schreibart, das Noch-im-Entstehen-Begriffene ihrer Aussageform, die eine solche Charakterisierung legitimiert. Die entwaffnende Offenheit des Unfertigen, in der sich die Vorläufigkeit historischer Einsichten, die Veränderbarkeit des menschlichen Bewußtseins kundgibt, muß in einer Zeit der allgemeinen Unsicherheit und der damit verbundenen Sehnsucht nach "zeitlosen Werten" als besonders unbequeme Herausforderung wirken. Indes ist diese Prosa gerade in ihrer Bloßlegung intim erfahrener Ambivalenzen eine wahrheitsgetreue Reflexion zeitgenössischer Gesellschaft. Karin Strucks (formal übrigens durchaus sorgfältig konstruiertes) "Journal einer Krise" enthält fragmentarische, scherbenhafte Spiegelbilder bundesrepublikanischer Gegenwart. Nicht das Persönliche an der Büchern dieser Autorin ist gelegentlich peinlich, sondern was an Gesellschaftlichem an dieses "Persönliche" herangetragen wird. Die Bedrohung der Persönlichkeit, keineswegs nur der Autorin, bleibt das eine zentrale Thema der Werke Karin Strucks. Die größte Gefährdung der Individualität aber ergibt sich aus ihrem Frau-Sein. Noch die Brutalisierung des Mannes, beispielsweise durch die Bundeswehr, geht schließlich auf Kosten der Frau. "... ist denn eine Frau dazu da," fragt Karin Struck einmal, "die Leiden an der Bundeswehr zu lindern?" (141) Es ist kein bloßes Wortspiel, wenn die Bundeswehr von ihr bitter als "Schule der Männer" ausgewiesen wird. (152) Ihr Journal *Kindheits Ende* ist nicht zuletzt das Protokoll einer desensibilisierten Gesellschaft, innerhalb derer das Verhältnis der Geschlechter zueinander entweder durch ein brutal stumpfsinniges oder infantil suchthaftes Verhalten gekennzeichnet ist. Nicht nur bei der Bundeswehr, sondern in nahezu allen gesellschaftlichen Bereichen steht die Frau der BRD einer "Schule der Männer" gegenüber. Ihre schwer erkämpfte Selbstbestimmung soll sie davon befreien, weiterhin "Kind" einer solchen Schule zu sein. (Nur so ist dann auch Karin Strucks Distanzierung von Alice Schwarzer zu verstehen, die im Gegensatz zu ihr einen "Zugang" der Frauen zur Bundeswehr fordert, weil es ein "Zugang zur Macht" wäre.)

Die Schwierigkeiten einer solchen Absetzung belegt das Journal in aller Deutlichkeit. Sie entstammen der gleichen Geisteshaltung wie die 'Erkenntnis', "Frauen seien nicht so kreativ wie Männer". (182) Wer sich von dem Arbeitstag einer schreibenden Frau eine ungefähre Vorstellung machen will, kann es nachlesen in Karin Strucks Journal:

> ... morgens halb sieben aufstehen, Kinder versorgen, Viertel nach acht am Schreibtisch, Viertel vor zwölf die Kinder vom Kindergarten abholen, Mittag kochen, Kinder versorgen, Telefonate, Briefwechsel, Leserkorrespondenz, Büroarbeiten, Kinderspielplatz, Einkaufen, Abendessen, Wäschewaschen, Putzen, Kinder ins Bett bringen, wieder an den Schreibtisch; Lesen, Schreiben, Reisen, Vorträge, von einem Ort zum anderen hetzen; erschöpft ins Bett fallen, jeden Abend, jede Nacht; irgendwo ...
> (175)

So skizziert die Autorin ihren Alltag im Jahr 1976; für sie besitzt der Konflikt, "Nur-Dichter" oder Dichter im "bürgerlichen Beruf" zu sein, eine besondere Prägung. Sie kämpft in der Literatur und in ihrer gesellschaftlichen Existenz gegen "den Selbstverlust" (63); beide Bereiche sind Ausdrucks- und Seinsformen, die die gleiche Gefahr reflektieren. Die literarische Selbstgestaltung ist immer auch eine gesellschaftliche Selbstbehauptung. Karin Struck erkennt, daß die spezifisch weibliche Kreativität geschichtlich immer wieder von der patriarchalischen Gesellschaftsform aufgebraucht wurde. Sie wendet sich gegen eine ausbeuterische Verleumdung der Frau, die sie täglich am eigenen Leibe erfährt.

> Wenn die Frauen es doch endlich spüren würden, daß sie
> der Komposthaufen der Geschichte sind, daß man ihnen

> aber gleichzeitig ununterbrochen suggeriert, sie seien
> nicht kreativ, nicht genial etc.
> (185)

Kindheits Ende belegt nicht zuletzt die ungeheuren Schwierigkeiten,
denen auch heute noch eine Schriftstellerin ausgesetzt bleibt, die zugleich Ehefrau, Mutter, Hausfrau und häufig genug noch Krankenschwester oder Sozialfürsorgerin des Mannes ist. Die Krise, die das
Tagebuch beinhaltet, ist die Gefährdung der Frau auf allen sozialen
Ebenen. Dazu gehört die Unterdrückung ihrer kreativen Fähigkeiten.
Der Schreibvorgang selbst ist in Gefahr, mehr als das ohnehin schon
(bei männlichen Autoren) der Fall ist. Die Frau bedarf einer besonderen Disziplin, will sie sich als Künstlerin betätigen. Sie wird
nicht wie der Mann von gesellschaftlichen Erwartungen getragen,
sondern muß sich zunächst dem sozialen Rollenverhalten wider-
setzen oder in doppelter Kraftanstrengung sowohl diesen "Pflichten" als auch ihrem kreativen Selbstkonzept genügen. Was Wunder, daß sich das Schöpferische der meisten Frauen, vor allem ihre
Wunschvorstellungen, in den Bereich der Träume flüchtet. Der
Schriftstellerin Karin Struck gelingt es, diese Träume in ihren literarischen Ausdruck zu integrieren. Das revolutionäre Potential dieser
Träume, zumindest jedoch ihre ausgeprägt sozialkritische Bedeutung, wird in solchen Aufzeichnungen offenkundig. Sie erweisen
sich als eminent politisch.

> Nur in den Träumen probiere ich Handlungsmöglichkei-
> ten. In den Träumen spiegeln sich meine Fehler. Die
> Träume warnen mich.
> Die Träume schreien: Handle!, handle doch endlich!,
> wann handelst du?
> (188)

Der Traum wird zum Korrektiv, zur Bewußtseinsgestaltung. Er
wächst zur gesellschaftskritischen Aussageform heran. Auch Karin
Strucks "Traumbuch" ist das Journal einer Krise: der Traum als
Erkenntnisquelle reflektiert einen gesellschaftlichen Notstand.
Solange Frauen ihr Bewußtsein und ihre Identität aus Träumen
beziehen, leben sie in einem repressiven Patriarchat. Ihre Unterdrückung durch den Mann läßt sie zuweilen, Karin Struck nicht
weniger als Ingeborg Bachmann, von einem Faschismus der Sinne,
einem faschistisch totalitären Abhängigkeitsverhältnis gerade im
"intimen", "persönlichen" Bezug zum männlichen Geschlecht,
dem angeblichen Liebes"partner", sprechen. (200)

Kindheits Ende enthält erwartungsgemäß immer wieder Bemerkungen und Beobachtungen über das Verhältnis zum Mann, die sich von allgemeiner Gültigkeit, als repräsentativer Bewußtseinsausdruck einer sich im anhaltenden Befreiungsprozeß befindlichen Frauengruppe erweisen. Es sind fast immer "Gelegenheitserkenntnisse", Maximen und Reflexionen aus konkreten Konfliktsituationen. So stellt sich der selbstbewußten Frau immer wieder die Frage nach dem Wesen und Sinn ihrer Beziehung zu einem kranken Mann: "... bin ich denn seine Therapeutin oder seine Geliebte?" (205) Stets aufs neue muß sie um ihren persönlichen Arbeitsbereich kämpfen: "Wie gewinne ich Abstand von M für die Arbeit?" (207) Ihren Anspruch auf eine eigene, vom Mann unabhängige Identität läßt sich in der Eintragung zusammenfassen: "Ich muß zu mir selbst kommen." (219) Es ist, wie man weiß, d a s Grundthema zeitgenössischer Frauenliteratur. Auch bei Christa Wolf (*Nachdenken über Christa T.*) wird Johannes R. Bechers allgemein menschliche Selbstbestimmung konkret und mit offenkundig sozialpolitischer Zielsetzung auf die individuelle Verwirklichung der Frau in ihrer Gesellschaft hin geprüft. Es kommt außerdem zu Erkenntnissen, die sich wie Grundsatzerklärungen lesen; so fällt Karin Struck auf, "wie wenig in Deutschland die Wichtigkeit der Sexualität akzeptiert und wahrgenommen wird." (213) Oder, noch allgemeiner: "Wir haben in unserer Kultur keine Formen gefunden, mit Trennungen von Menschen fertig zu werden ...". (220) Solche und ähnliche Bemerkungen, die sich durch Karin Strucks Journal ziehen, zeigen wie ungerechtfertigt es wäre, dieses Buch nurmehr als Dokument eines subjektiven Ausnahmefalls lesen zu wollen. Seine biographische Dimension, die absichtsvoll dokumentiert wird, ist allerdings wesentlich: das Persönliche ist das Politische. Auch noch in ihrer schriftstellerischen Existenz ist die "Dokumentation" der Karin Struck von repräsentativer Bedeutung; wenn sie träumt: "Den Schreibtisch aus der Küche tragen" (231), ist das ein Traum, den sie in sozialpolitischer Aktualität mit vielen anderen Frauen gemeinsam "träumt". Gerade aus der Perspektive einer von der Gesellschaft noch immer doppelt und dreifach belasteten weiblichen Subjektivität behalten diese Aufzeichnungen ihren authentischen Charakter, ihre verbindliche Gültigkeit, denn sie beruhen, wie alles, was Karin Struck schreibt, auf persönlicher Erfahrung, nicht auf intellektuell spielhaft eleganten Einfällen, sondern auf schmerzlich erlebten Erkenntnissen. Der intensiv individuelle Erfahrungsbericht ist ein wesentlicher

Grundzug, *die* programmatische Aussageform der Frauenliteratur überhaupt. Im Gegensatz zu Marxisten und anderen Ideologen erkennen diese Schriftstellerinnen die Verwirklichung des Lebens und seiner Werte nicht in einer philosophischen Ethik, in keiner visionären Abstraktion menschlicher Eigenschaften, noch weniger in einem theologischen Konzept des verlorengegangenen oder wiederzufindenden Paradieses, sondern im konkret sinnlichen Umgang des Menschen mit sich selber, insbesondere in seinem Liebesverhalten, in seinem erotischen Bewußtsein, in seinem geschlechtlichen Selbstverständnis. Hier gilt es zu zeigen, wie der andere gemeint ist; hier bietet sich die Möglichkeit, sich im anderen selbst zu "verwirklichen". Hier *könnte* nicht nur eine Grundlage unserer Gesellschaft liegen, hier ist sie ohnehin zu finden: die Ausbeutung und klassenhafte Ungerechtigkeit des sozialen Systems reflektieren ja nur ihrerseits die sexuellen Besitztumsverhältnisse.

Nach der *Trennung* (1978) hat Karin Struck mit *Kindheits Ende* (1982) ihr eigentliches Befreiungsbuch geschrieben. Nur oberflächliche Kritiker werden bloße Wiederholungen (im Gegensatz zu weiterentwickelten Überschneidungen) in den thematischen Betrachtungen des späteren Werks erkennen. Wer sich auch nur die Titel der bisherigen Bücher Karin Strucks etwas genauer anschaut, kann nicht umhin, den Entwicklungsgang dieser Schriftstellerin im Nachvollzug deutlich zu erkennen. Auf den noch unsicheren Roman *Klassenliebe* (1973) — unsicher im Ausdruck des Selbstbewußtseins seiner Autorin, im Werk selbst wird die scheinbare Unsicherheit der Form zu einem durchaus überzeugenden Stil der Offenheit — folgt die Darstellung der Sicherheit und Identität gewährenden *Mutter* (1975), ein Buch, das erwartungsgemäß über eine formal größere Geschlossenheit verfügt. Der sich anschließende Roman *lieben* (1977) verbindet die stilistischen Merkmale beider vorangegangener Werke; vor allem diarische und epistologische Ausdrucksformen werden erneut mit zahlreichen Zitatbezügen zur offenen, "durchlässigen" Aussage. Die Erzählung *Trennung* (1978) besitzt einen für diese Autorin ungewöhnlich "objektiven" Stil: in der dritten Person Singular wird (dreiteilig) berichtet; die fiktionale Form wird zwar durch Reflexionen subjektiv intensiviert, bleibt jedoch das bis zum Ende beibehaltene Darstellungsmuster. Vereinfacht ausgedrückt — und natürlich sind solche großen und groben Überblicke bestenfalls nicht mehr als erste Orientierungsversuche — ließe sich sagen, daß engere Bezüge bestehen zwischen *Klassenliebe* und *lieben* einerseits und *Die Mutter* und *Trennung* andrerseits. In diesen Fällen hat Karin Struck eine ihrer charakteristischen Aussageformen nicht nur beibehalten, sondern weiter entwickelt. Ich habe anderenorts* auf die Gründe hingewiesen, warum die Frauenliteratur bei aller Subjektivität des Ausdrucks dem Gebrauch des (patriarchalisch vorbestimmen) Pronomens "ich" mit einiger Vorsicht begegnet. Der ständige Wechsel Karin Strucks zwischen einer Erzählperspektive der ersten und der dritten Person (der sich in *Kindheits Ende* wiederholt im Rahmen einer einzigen Eintragung vollzieht) reflektiert die anhaltende Suche auch dieser Autorin nach einer ihr (und den Frauen) angemessenen Ausdrucksform. Die Sozialisierung des Ichs in der Ästhetik vollzieht sich (einstweilen noch) notgedrungen im Kontext eines patriarchalischen Individualverständnisses und einer ihm entsprechenden Grammatik. Durch die verfremdende Transparenz des Wechsels in ihrer Erzählperspektive gelingt es Karin Struck immer wieder, auf die Fragwürdigkeit und Zerbrechlichkeit des literarischen Ichs, der perspektivischen Ausdrucksgestalten allgemein hinzuweisen. Der Durchbruch zum sozialen Ich hat für viele Schriftstellerinnen noch nicht stattgefunden; kein Wunder, daß ihnen auch eine literarische Dokumentation ihres Ichs — Fiktion bleibt. Die Suche nach einer angemessenen Erzählperspektive ist von der künstlerischen und gesellschaftlichen Selbständigkeit der Frau nicht zu trennen. Sie ist Teil der "Krise", die das Journal nicht nur protokolliert, sondern auch selber belegt.

Die Bedeutung dieses neuen Buchs der Karin Struck liegt vor allem darin, daß es einen Konflikt vermittelt, der zwar naturgemäß persönlich erfahren wird, in Wahrheit aber die Widersprüche einer bestimmten Lebensweise, die fragwürdigen Grundlagen unserer Gesellschaft offenlegt. Das Bewußtsein der Autorin erkennt sich als hin- und hergerissen zwischen Sucht und Trennung; nicht nur die Liebe bewegt sich zwischen persönlicher Besitzergreifung einerseits und Selbstverweigerung oder Identitätsverlust andrerseits. Im persönlichen Bereich werden die Unvereinbarkeiten eines sozialpolitischen Wertesystems erfahren. Karin Strucks schmerzliche Aufzeichnungen belegen die ständigen Versuchungen, den Ungereimtheiten durch Verdrängung beizukommen. Sie reflektieren darin

* Vgl. M.J., Was ist Frauenliteratur? S. 13-44.

ziemlich genau die zum Teil schizophrenen Verdrängungsmechanismen unseres Gesellschaftssystems. "Wer in unserer Kultur," fragt
Karin Struck einmal, "wehrt sich an der Stelle, wo genau ihm weh
getan wird?" (315) Doch ihre Eintragungen dokumentieren auch
die Verweigerung einer Scheinidentität, einer Stellvertreterexistenz,
einer Ersatzwelt. Die Gewalt, unter der sie leidet, ist keine zufäl-
lige: sie charakterisiert vielmehr das Wesen einer widersprüchlichen
Gesellschaft. Die verunmöglichte Liebe, von der sie berichtet, ist
nicht zuletzt auch "der alte Traum von der Gemeinschaft, den ich
schon in der *Klassenliebe* träumte." (352) Es liegt Gewalt in der
Sucht, nicht weniger als in der Trennung. Karin Strucks Erzählbericht ist auch das Protokoll einer (persönlichen) Befreiung von
der (sozialen) Gewalt. Sie entzieht sich nicht nur den Gewalttaten
des M (der seinerseits Opfer der Gesellschaft, zunächst der eigenen
Familie, des eigenen Vaters ist), sondern auch der Gewalt des (sozialpolitischen oder -ideologischen) Vorurteils. Es ist erfrischend und
ermutigend, wie sie die ihr zugedachten Schuldgefühle von sich weist.
Bei aller Solidarität mit der Arbeiterschaft beugt sie sich nicht länger
der proletarischen Klassenlogik: "Denken als Luxus, wie Kaviar".
Sie berichtet in einem nicht nur persönlichen Rückblick:

> Von den Linken wurde später das Schuldgefühl ver-
> stärkt; "*der* Arbeiter" wurde jemand, mit dem man
> drohte; dieser unterdrückende Mythos vom Arbeiter
> wurde Teil meiner persönlichen Geschichte. Wenn man
> kein Arbeiter war oder *nicht mehr* war, mußte man
> sich schuldig fühlen.
> (360)

Das problematische Verhältnis des Marxismus und Sozialismus
zur Frau (und zum "Feminismus") läßt sich am Beispiel der Karin
Struck paradigmatisch nachlesen. Das ist kein Aufprall der "Ismen",
sondern die persönliche Erfahrung eines gesellschaftlichen Konflikts, aufgezeichnet und dokumentiert im "Journal einer Krise".
Kindheits Ende protokolliert das Ende einer Sucht, der "Sucht"
nach einer persönlichen Geborgenheit in Liebe, nach einem Schutz
in der sozialen Gemeinschaft. Spätestens hier wird die Ambiguität
des Titels deutlich. Ist es denn wirklich nur die Unmündigkeit des
Kindes, die sich in diesem Konzept kundgibt? Sucht diese Autorin
nicht gleichzeitig — wiederum nicht nur "privat" — die Kindheit
der eigenen ausgetragenen Kinder zu schützen? Kindheit ist gewiß
kein unpolitischer Begriff im Verständnis der Karin Struck. Ihr

"Infantilismus" ist Provokation und Selbstkritik zugleich. Wie die Gesellschaft, in der sie lebt, ist sie "der Konfrontation mit [sich] selbst entflohen." (370) In der Anklage an die "Eltern" äußert sich der Verlust eines sozialen Bezugspunkts. Die Übernahme der Mutterrolle und deren literarische Verherrlichung hat sie nicht aus ihrer Abhängigkeit befreien können. In ihrem letzten Buch macht sie sich selbst erneut zum Kind, doch nur, um dieses Kind — zumindest als Postulat — überwinden zu können. Womit sie sich logischerweise nicht zu identifizieren und was sie somit auch literarisch (oder anderweitig) nicht zu verkörpern vermag, ist das "väterliche Prinzip". Im Staat, in der Gemeinschaft, in jedweder Autorität, vor allem aber in der Sexualität erfährt sie es als andauerndes, nicht zu bewältigendes Gegenüber. E i n Mittel dagegen, ein sehr "feminines", ist die Rückkehr in die Kindheit. Ihr Verhältnis zu M kennzeichnet Karin Struck einmal mit folgenden Worten:

> Diese Unfähigkeit nein zu sagen, sich von gleichgültigen,
> grausamen Menschen zu entfernen, lag ja tiefer, ganz
> fern in der eigenen Kindheit.
> (ebd.)

Das Regressive eines solchen (sozialen) Verhaltens ist ihr also durchaus bewußt. Der Entschluß zu einem "eigenen Leben" (548) kommt einer schmerzlichen Abkehr von dem Mann gleich, der aus eigener Suchtabhängigkeit sie zu einer Beharrung kindlicher Liebesabhängigkeit zwingen will. Dem Mann wird keineswegs schlechthin gekündigt, wohl aber einer männlich-väterlichen Brutalität, die sich die Frau untertan zu machen sucht. Darin inbegriffen ist das selbstkritische Postulat, "erwachsen zu werden", das Ende der eigenen Kindheit herbeizuführen. Die (zumindest zum Teil) selbstverschuldete Unmündigkeit macht einem neuen Artikulationsvermögen Raum: Karin Strucks "Kindheits Ende" gerät zu einem literarischen (und das heißt: sozialen) Bewußtseinsdokument, die Überwindung ihrer sich am Patriarchat orientierenden Sprachlosigkeit führt zur entscheidenden Krise einer künstlerischen und gesellschaftlichen Selbstgestaltung.

Was einige Kritiker an den bisherigen Arbeiten der Struck gestört hat, ist eben diese unmittelbare Verbindung zwischen Literatur und "Leben". Gerade darin liegt die Eigenart ihres Werks. Sie "verstößt" gegen ein Literaturkonzept der Konsumierbarkeit und des ästhetischen Genusses, wie es noch immer, auch von den "Autoritätskritikern" des bundesdeutschen Literaturbetriebs vertreten wird.

> Ich sehe das Gesicht des Kritikerpapstes vor mir; seinen
> harten, unerbittlichen Zug um den Verzichtmund; er
> sagt: Literatur als "Lebenshilfe", ekelhaft!
> Leben wird nurmehr negativ gedacht. Daß Leben der
> höchste Wert ist, auch für die Literatur, das wagt man
> nicht mehr zu denken.
> (375)

Doch es ist keineswegs nur der "Kritikerpapst", der so urteilt. Auch der unliterarische M macht "sich lustig über meine Art, Stücke aus Büchern direkt auf die Wirklichkeit zu beziehen." (379) Die scheinbare Naivität der Autorin Struck ist in Wahrheit die Rückbesinnung auf das eigentliche Wesen einer jeden, wie auch immer geformten Aussage — und die unverzichtbare Grundlage eines Versuchs der Frau, dem patriarchalischen Lebensstil in Literatur und Gesellschaft eine gültige, lebbare Gegenversion an die Seite zu stellen.

Zu einer "positiven" Darstellung der "neuen Frau" ist es bei Karin Struck trotz ihres Romans *Die Mutter* bislang verständlicherweise noch nicht gekommen. Auch in *Kindheits Ende* sind noch zu viele Kompensationen, Verdrängungen und Ersatzgestalten (vgl. den väterlichen Fahrlehrer), als daß es schon zu einer Bewußtseinsgestaltung der freien Frau kommen könnte. Doch sollte man nicht den Fehler begehen, Karin Struck für naiver zu halten als sie ist. Ihre Selbstdokumentationen begreift sie als lebensbezogene Fiktionen; die eigene Rollenidentität ihres Journals entwirft sie als Einübung in ein mögliches Leben. Das biographische Ich wird zur "fiktionalen" Gedankenfigur: in der Auswahl des Dargestellten liegt die musterhafte Repräsentanz und die Überwindung einer "unkünstlerisch" spontanen Willkür.

> Man würde mich nur höhnisch auslachen, wenn ich sagte, daß all diese "Daten" nur *eine* Haut meiner Identität
> seien, ein winziger Teil, vielleicht nicht einmal meines
> Selbst, sondern nur meiner Fassade.
> (435)

Der indirekte Bezug auf Verena Stefans Konzept der "Häutungen" ist keineswegs zufällig. Karin Strucks literarische Ausdrucksform entspricht ihren stufenhaften Veränderungsmöglichkeiten im Bereich der persönlichen Erfahrung. Das diarische Ich ihres Journals ist literarische Fiktion, Kunstfigur, die jedoch im Kontext eines nicht nur literarischen Musters operiert. Die Veränderbarkeit dieses Ichs ist eben nicht nur Ästhetik, nicht nur Stil; seine Ausdrucksvielfalt ist die Manifestation eines gesellschaftlichen Anspruchs.

Das vielfältig diarische Ich der Karin Struck belegt einen Sozialisationsprozeß. Es ist zugleich Ausdruck einer anhaltenden Selbstkritik, der ständigen Notwendigkeit sich zu verwandeln.

> Autobiographisches Schreiben, sagt man behelfsweise. Sich selber zum Objekt seiner Kunst machen; sich selbst bearbeiten, ja verarbeiten zu etwas *anderem*.
> (444)

Es ist diese Bereitschaft, "sich selbst [zu] bearbeiten", die Karin Struck schließlich auch zu einer allmählichen (nicht abrupten) Entfremdung vom Feminismus Alice Schwarzers geführt hat. Auch das wird als eine "Häutung" ihres Ichs erfahren und dokumentiert. Man darf dabei ihre grundsätzlich weiterhin positive Einstellung zur Frauenrechtsbewegung nicht übersehen. Eine solche Verfälschung machte es sich allzu leicht. Zur "Krise" mit Alice Schwarzer kommt es vielmehr gerade, weil Diffamierung, Vorurteil und endgültiges Bildnis den lebendigen Gedankenaustausch unter den Frauen ersetzt haben. Für Schwarzer ist Karin Struck klischeehaft zur "Mystifikatorin der Mutterschaft" geworden, ihrer künstlerischen und gesellschaftlichen Individualität werden keine weiteren "Häutungen" zugestanden. Tatsächlich aber setzt Struck die eigene Bewußtseinsentwicklung fort, die sich in ihren literarischen Werken, insbesondere in dem Journal *Kindheits Ende,* sowohl dokumentiert als auch fiktionalisiert. Dabei wendet sie sich zugleich "gegen eine zu frühe, *gemachte* Verwandlung und Fiktion" (455), als Rebellion "gegen die 'Bluffer', auch des Literaturbetriebes". (ebd.) Die gleiche (Selbst)Kritik bestimmt Karin Strucks Verhältnis zur Literatur und zur Gesellschaft. Ihre "Sucht" ist nicht zuletzt das Hängen an der "Kindheit": in der Angst vor einer zu schnellen Fiktionalisierung spiegelt sich die Scheu vor einem "voreiligen" Erwachsenwerden. Jede Veränderung bedeutet Verlust, "Trennung". Das macht die Verwandlung des Ichs so schmerzvoll. Andrerseits warnt Karin Struck zu Recht vor einer widerstandslosen Fiktionalisierung, die ihrerseits nurmehr Veränderung in ein Rollenverhalten bedeuten kann. Eine solche *Fiktion* hieße gesellschaftliche Anpassung; sie wäre das Gegenteil individueller Freiheit. So wendet sich Struck gleichermaßen gegen eine Verharrung und gegen eine vorschnelle Erneuerung des Ichs — in der Literatur wie in der Gesellschaft. Sie enttäuscht die Erwartungen der "imaginären Kritiker, Mami- und Papifiguren" (456), die von ihr "Fiktion" erwarten.

Auch das also das Ende einer Kindheit, auch das macht ihr Werk zu einem Journal der Krise.

Diese Fiktionsverweigerung trägt ganz entscheidend zum Selbstverständnis Karin Strucks als Autorin einer Frauenliteratur bei. Sie empfindet

> Widerspenstigkeit, sobald ich daran denke, daß ich Fiktion machen, objektiv sein soll wie ein Mann.
> (461)

Sie hat erfahren, was es mit der Objektivität des Mannes auf sich hat. Sie will es nicht erlauben, daß sich zwischen ihr und ihrem Werk ein Abstand auftut. Die eigene Schöpfung soll wie das Kind Bestandteil ihrer selbst bleiben. Es kann auch bei seiner eigenständigen Existenz nichts Subjektiveres geben. Karin Strucks Literaturkonzept liegt der Versuch einer Zurücknahme der Trennung zugrunde. Diese Einheit nennt sie selber "kindhaft". (462) Die Mutter selbst wird Kind, es existiert eine Geschlossenheit, gegen deren Scheidung sich die Schöpferin wehrt. So wie die Träume zum individuellen Bewußtsein zählen, gehören Mutter und Kind, Autorin und Werk, Dokumentation und Fiktion zusammen. "Laßt uns also von unseren Träumen nicht nur reden," erklärt das Journal-Ich, "laßt sie uns verwirklichen!" (461) Karin Struck weigert sich (trotz ihrer Affinität zur Aufklärung), eine "Scheidekunst" zu betreiben. Das subjektive Prinzip gibt sich erneut als ein Grundzug der Frauenliteratur zu erkennen. Karin Struck demonstriert in *Kindheits Ende* die kritische Subjektivität einer Wandlung. Sie verharrt nicht in ihrem Ich, verläßt es aber auch nicht: sie bleibt sich selber treu, indem sie sich verändert. Das Ich lebt in ständiger Krise mit seiner eigenen Kindheit. Auf die Literatur bezogen ergibt sich daraus für Karin Struck die folgende Einsicht:

> Ich denke das Wort *Fiktion* und sehe sofort eine Milchglasscheibe vor mir, hinter der ein Kind liegt, das man nicht berühren, nicht besuchen darf. Fiktion *ist* Entfernung, Distanz, Abstand.
> (497)

Wieder steht das Kind zentral; es ist von seiner Mutter getrennt. Um die gesellschaftlichen Konsequenzen einer solchen "Frauenliteratur" anzudeuten, soll eine Überlegung Julia Kristevas zu Wort kommen. Sie hofft auf eine literarische Neubestimmung der Frau, die ihren psychosozialen Besonderheiten entspricht und eine andere als die christlich-patriarchalische Ethik konzipiert. Es geht auch ihr darum,

die Rolle der Frau in der Liebe besser zu begreifen,
eine Rolle, die nicht mehr die einer Jungfrau ist, die
in alle Ewigkeit der 3. Person, nämlich Gott, verspro-
chen bleibt, sondern die Rolle einer realen Frau, deren
wesentlich polymorphe Sexualität vielleicht mit einem
Mann, mit einer Frau, mit einem Kind zu tun hätte.
(Kein weibliches Schreiben? Fragen an Julia Kristeva.
In: *Freibeuter 2*, Berlin 1979, S. 84.)

Diese polymorphe Verbindung zwischen Mutter und Kind, Mann
und Frau ist es, die Karin Struck nicht getrennt sehen will. Auf
ihrer Suche nach der "Rolle einer realen Frau" überwindet sie das
feministisch verzerrte Haßbild des Mannes (444, 448), wehrt sich
aber nach wie vor gegen die patriarchalische Fiktion eines weiblichen Rollenbilds. Sowohl der Feminismus als auch das Patriarchat
suchen sie von der eigenen Kindheit zu entfremden. Die polymorphe
Autorin ihrer selbst jedoch wird das Verhältnis zum Kind kaum aufgeben können — oder wollen. Die Kindheit bleibt ein lebendiger
Bezugspunkt fraulicher Identität; nur die Frau vermag ihre Kindheit schöpferisch zu wiederholen: im Kind liegt nicht nur die Vergangenheit, sondern auch die Zukunft der Frau. Karin Strucks
Journal einer Krise vollzieht nurmehr das Ende *einer* Kindheit;
sie verkündet es im Namen einer neuen schöpferischen Selbstgeburt.
Das weibliche Ich bleibt ein erotisches Bezugsverhältnis zur an-
dauernden Kindheit, dessen "Ende" es nicht geben kann.

MANFRED JURGENSEN

GERTRUD LEUTENEGGERS WUNDERSAME TOTENREISE ODER DIE GROSSE FASNACHT DER LIEBE

Im Jahr 1980 erscheint von der noch 1978 in Hamburg als Regie-assistentin tätigen Gertrud Leutenegger ein dramatisches Poem in drei Teilen. Hintergründig nennt es die Autorin unter Bezug auf das Erfolgslied der "Comedian Harmonists" in den zwanziger Jahren — einer Epoche der sich allmählich ausbreitenden Gewaltherrschaft in Deutschland also — *Lebewohl, Gute Reise*; es gerät ihr zu einer vergangenheitsbewältigenden Analyse der Macht und ihrer Opfer. Doch das Besondere dieses Werks liegt in seiner gleichzeitigen, durchaus zentral auf solches Thema bezogenen Gestaltung des Konflikts zwischen Mann und Frau. Leutenegger argumentiert nicht soziologisch oder politisch, wenngleich ihre Darstellungen von offenkundig gesellschaftlicher Bedeutung sind. Die Schweizerin ist eine der wenigen Autorinnen der Gegenwart, die jene Magie der Sprache zu Wort kommen läßt, die wir Poesie nennen. Es gelingt ihr immer wieder — zuletzt in dem sich als Begleitlektüre empfehlen-den Roman *Gouverneur* —, Reflexionen sprachlich so zu verdichten, daß sie ihren abstrakten Charakter verlieren und poetisch eigen-ständig werden. Dadurch verwandeln sich Gedanken zu sprachsym-bolischen Visionen, argumentatives Anliegen und formale Verselb-ständigung gehen harmonisch eine neue dichterische Einheit ein. Bislang ist noch jedes Werk der Leutenegger ein Triumph der Ein-bildungskraft über die gedankliche Abstraktion gewesen. Diese dichterische Tour-de-force ließe sich durchaus als Kennzeichen ihres eigenwilligen Stils bestimmen.

Prozession und Demonstration, Fasnacht und Theater haben von Anfang an eine maßgebliche Rolle im literarischen Schaffen Gertrud Leuteneggers gespielt. Auch in *Lebewohl, Gute Reise* macht sie sich das große Kindheitserlebnis, die Fasnacht, und ihr Studium der Regie inhaltlich und formal erneut zunutze. Nahtlos fügt sich die Auseinandersetzung mit dem Mann und seinen Macht-gelüsten — fortgesetzt im Roman *Gouverneur* — in das fasnächtliche

Maskenspiel um Liebe und Tod ein. Das ständig wiederkehrende Lied der "Comedian Harmonists" (auch sie übrigens wörtlich zu nehmender Ausdruck Leuteneggerscher Dramaturgie) verfremdet indes das mythologische Theater, mahnt an die historische Inszenierung einer tödlichen Schreckensherrschaft. Entscheidende Aspekte dieses "dramatischen Poems" scheinen Wesenszüge einer spezifisch weiblichen Sensibilität zu belegen. Obwohl die Autorin eine solche Charakterisierung ablehnen dürfte — was möglicherweise etwas mit der kritischen Abwertung des Begriffs, diese wiederum mit der erst in Ansätzen entworfenen Ästhetik zu tun haben könnte —, glaube ich, daß Gertrud Leutenegger mit *Lebewohl, Gute Reise* ein repräsentatives Werk der Frauenliteratur gelungen ist.

Um das zu belegen, mag es einfacher sein, zunächst inhaltlich vorzugehen. Denn dabei wird offenkundig, daß hier Werte verkündet, gefeiert und betrauert werden, die denen eines männlichen Machtwillens diametral entgegengesetzt sind. Die Gewaltherrschaft des Mannes bricht mit dem Ende des Matriarchats an: der Sohn enteignet die Mutter, zerstört das mütterliche Reich. Der Ausgangspunkt des Geschlechterkonflikts wird auf eine mythologisch-poetische Formel gebracht:

> Gilgamesch! Herangewachsen zum Mann, entriß er seiner
> Mutter das Königtum
> (15).

Das mütterliche Königreich dient dem Heiligtum der alten Göttin Inanna. Sie ist die "strahlende süße geschändete Göttin" (47), übrigens nicht nur Fruchtbarkeitsgöttin, sondern auch Erfinderin der (Heiligen) Schrift.(17) In maskenhaftem Austausch nehmen Göttin, Mutter und Hure aufeinander Bezug; sie teilen die Identität einer Dreieinigkeit. Die mütterliche Königin wie die zur Hure degradierte Frau ehrt die Göttin; für den männlichen Emporkömmling jedoch ist selbst die Heilige nichts anderes als ihrerseits "die alte prunkvolle Hure", die zu Krisenzeiten schuld sein muß "an der schwindenden Magie (s)einer Macht, dem hartnäckig überlebenden Chaos." (71-72)

Gertrud Leutenegger behandelt hier ein zentrales Thema der Frauenliteratur: die Geburt der Gewalt aus dem Geist der Liebe. (Insbesondere Ingeborg Bachmann hat immer wieder die Verbindung zwischen einer Gewalt des Eros und dem Eros der Gewalt beschrieben.) Gilgamesch, der gewaltsame Zerstörer, ist Sohn der

Großen Königin, Muttergeburt. Im Matriarchat setzten Frauen die
Macht des Eros gegen die Gewalt ein; die Liebe wirkte so als lebens-
erhaltende und gesellschaftstragende Kraft. In deutlicher Parallele
zum "Liebesberg"-Motiv des Romans *Gouverneur* läßt Leutenegger
die Große Königin erklären:

> Einmal gingen die Frauen nicht nur aus Sehnsucht zu
> den Männern, sondern auch wenn Krieg drohte, um mit
> ihrer Zärtlichkeit die ausbrechende Grausamkeit zu
> überwältigen, sie illuminierten die Höhen der Berge
> und stürzten sich jauchzend in die Ebene, aufgebroche-
> ne riesige schwankende Agavenblüten auf dem Kopf,
> den nackten Leib duftend von Kalmus und Zimt, voll
> roter Taubenfedern, in denen sie sich gewälzt hatten,
> alles in eine Tage dauernde Orgie reißend wie in die
> ungeschiedene Schöpfung vor dem Anfang der Welt,
> denn die Erschaffung der Welt hat nicht nur das Licht
> von der Finsternis getrennt, sondern auch Geschlecht
> von Geschlecht.
>
> (19-20)

Das ist, so früh schon im Stück, eine erste Bezugnahme auf die natürlich vorgegebene Fremdheit der Geschlechter, die schöpferisch auferlegte Trennung von Mann und Frau.

Im folgenden Dialog zwischen Mutter und Sohn läßt die Autorin poetisch-frühgeschichtliche Liebesmythen auf modernste, ja
futuristische Projektionen prallen. Atomare Energie und kosmische
Strahlungen sollen einer männlichen Machterhaltung dienstbar gemacht werden. Der Führeranspruch des Mannes verwandelt die
Welt in eine berechenbare Willenskonzeption seiner Macht; er löst
die intim-geheimnisvolle Liebe als sozial schöpferische Kraft ab.
So erklärt der Sohn Gilgamesch anläßlich seiner Machtübernahme
von der Mutter:

> Nicht diesen verletzlichen Vogel Liebe begehr ich zum
> Fliegen, nein! auf einem gesammelten Strahl höchster
> Energie will ich durchs Zentrum der Erde jagen, alle
> Schutzkrusten aufwirbeln, nackt, total veröffentlicht
> soll sie sich zeigen,...ich habe mit den alten Gesetzen
> gebrochen und will die neuen errichten aus niegeahnten
> Strahlungen, Abschiede müssen geleistet werden! ich
> verabschiede als erstes die Liebe, dieses träumende Ge-
> sicht mit unzähligen Augen voll zärtlicher Erde...
>
> (20-21)

Der Sand in den Augen der Liebenden ist die Erde; die Absage an die Liebe ist zugleich eine Verabschiedung von der Erde. In ihrem Ausdruck einer verletzlichen Erde der Liebe bekennt Leutenegger ihre Liebe zur vergewaltigten Erde. Ihre mythologisch-sinnbildliche Poesie verbindet eine radikale Kritik an "naturwissenschaftlich" nuklearer Technologie mit einer Gestaltung männlichen Zerstörungswahns. So "aktuell" ist die sprachliche Dichte dieser Autorin. Umweltschutz und Feminismus — Ausdrücke, die Leutenegger nie zu benutzen braucht und die bezeichnenderweise ihrer sinnbildlichen Sprache unangemessen scheinen — bedingen sich gegenseitig, reflektieren das eine ungespaltene Bewußtsein (was T.S. Eliot eine "unified sensibility" und C.P. Snow eine "unified culture" genannt hätten). Der Sohn verwandelt die ihm von der Mutter vererbte und anvertraute Erde wie die Frau selber zur Hure ("total veröffentlicht soll sie sich zeigen"). Der Mann ist vor allem der Zerstörer lebendiger Geheimnisse, die nicht "veröffentlicht", sondern nur in der Erfahrung erkannt und verehrt werden können. Die Große Königin bewahrt dieses geheimnisvolle Wissen, wie ihre folgende Aussage belegt:

Große Königin	Du hast Angst vor dem Tod
Gilgamesch	Lächerlich
Große Königin	Wer die Liebe nicht fürchtet, ist unsterblich

(22).

Es genügt, solche Weisheit mit dem Selbstverständnis des neuen männlichen Herrschers zu vergleichen, um den Unterschied zwischen einer matriarchalen und einer patriarchalen Gesellschaftsform offenkundig werden zu lassen:

Gilgamesch	Ein neuer Staat steht immer im Zeichen der Gewalt
Große Königin	Die Gewalt des Herzens wollte ich dir zeigen, nicht die Vergewaltigung
Gilgamesch	Was soll's. Mich interessiert nur, was zu unteilbarer Macht reizt

(ebd.).

Offenkundig stehen sich zwei unvereinbare Vorstellungen von Gewalt gegenüber. Es kann kein Zweifel bestehen, daß Leutenegger damit eine geschlechtsspezifische Charakterisierung von Mann und Frau auszudrücken sucht.

Lebewohl, Gute Reise mythologisiert die Werte einer natürlichen Erdverbundenheit. Wie Nietzsche, der für Gertrud Leutenegger besondere Bedeutung besitzt (vgl. dazu ihren Roman *Ninive*), zitiert die Autorin frühgeschichtliche Mythen in eigenwilliger Sprachinszenierung. Auch Zarathustra beschwört seine Brüder, dieser Erde treu zu bleiben. Es ist durchaus kennzeichnend für Leutenegger, daß sie geistige Werte durch Mythologisierung zu verteidigen sucht. Der Mythos als geistige Waffe — und literarisches Ausdrucksmittel: darin liegt die Besonderheit (gelegentlich wohl auch Fragwürdigkeit) ihrer Dichtung. Katholische Fasnacht und kulturphilosophische Mythen vereinigen sich zu einer wundersamen Totenreise. Schwyz (oder neuerdings Miège) und Sils Maria: in der fasnächtlichen Inszenierung *Lebewohl, Gute Reise* hat auch Nietzsche seine Hand im Spiel. Der Mythos feiert seine Sprache.

In gesellschaftlicher Entsprechung bedeutet eine solche Mythologisierung die Ablehnung machtpolitisch strukturierter Ordnungen, das Bekenntnis zur "heiligen Anarchie" sozialer "Versammlungen". (29) Folgerichtig trägt das Konzept zunächst (in der 6. Szene des ersten Teils) eine positive Bedeutung, um später (in der parallelen Szene des zweiten Teils) patriarchalisch umgewertet zu werden. Mit ironischer Hintergründigkeit heißt es da über die Göttin Inanna: "sie! sie ist schuld an...dem hartnäckig überlebenden Chaos." (71-72) Der königliche Mann klagt über die "schwindende Magie (s)einer Macht." (72) Leutenegger deutet die Anarchie oder das Chaos als charakteristisch feminine Natürlichkeit; sie beinhalten eine spontane Sinnlichkeit, eine weibliche Sensibilität, die die dauerhafte politische Macht nicht will. Enkidu wird als natürlicher Gegenkönig, nicht nur als Komplementärgestalt sondern als Korrektiv zu Gilgamesch gewählt; dabei wird ihm ausdrücklich vorgehalten: "Vergiß nicht, bei der ersten Helligkeit deine Macht zurückzugeben." (31) In der "Helligkeit" einer weiblichen Aufklärung tritt "die Liebe" (ebd.) an die Stelle der Macht. In der 6. Szene des dritten Teils führt die aufgezwungene männliche Herrschaftsordnung zu einer maskenhaften Gefügigkeit und sprachlosen Unterdrückung der Frau. In der Anklage des ICH an seine Mutter, die konsequenterweise zum Monolog erstarrt, ist von einem Chaos oder der Anarchie nicht mehr die Rede. Deutlich beschreibt Gertrud Leutenegger die Selbstentfremdung der Frauen, die sich dem Patriarchat gefügt haben. Die töchterliche Klage unterscheidet sich nur wenig von der Gesellschaftskritik des Feminismus:

> ...du bist blöd geworden in deiner grinsenden Maske,
> duckmäuserisch, launisch, stumpfsinnig, kokett, aber
> unter deinem gefügigen Grinsen mottet der Schrecken,
> das Nein an jede Macht, an jede! jede! die dem Leben
> zuwider sich festigt, aber du hast die Sprache verloren,
> keiner hört dich mehr...
>
> (99).

Es ist kein Zufall, daß während hier die verlorene Sprache der Frauen kritisiert wird (das Manuskript wurde 1979 geschrieben), gleichzeitig eine der einflußreichsten Textsammlungen der neuen Frauenbewegung unter dem Titel *Die Überwindung der Sprachlosigkeit* (1979) erscheint. Erneut sucht Leutenegger, wenn auch in mythologischer Überhöhung und nicht in historisch sozialpolitischer Auseinandersetzung, die gesellschaftliche Lage der Frau zu bestimmen.

Wie fast immer in (dieser Phase) der Frauenliteratur, gehen weibliche Selbstbesinnung und Kritik am Mann Hand in Hand. In der Zurückweisung männlicher Wertkriterien setzt die Frau ihre eigene Wesensart, ihre eigenen Vorstellungen frei. Dem Talent der Autorin entsprechend kann sich eine solche Selbstgestaltung als künstlerisch gute oder weniger gute Literatur entfalten; die (eher wertneutral beschreibende) Bezeichnung Frauenliteratur ist mithin von sich aus kein qualitativer Begriff. Das verdient um so nachdrücklicher hervorgehoben zu werden als viele (männliche wie weibliche) Schriftsteller und Kritiker dem Konzept Frauenliteratur noch immer eine derogative Bedeutung beimessen. Sinnvoll scheint der Ausdruck nur dann, wenn er sich auf eine Literatur bezieht, in der Frauen sowohl inhaltlich als auch formal ihr individuelles und soziales Selbstverständnis artikulieren.

Aus solcher Sicht muß es bemerkenswert erscheinen, daß Leutenegger in *Lebewohl, Gute Reise* (wie schon zuvor in ihrem Roman *Vorabend*) das zentrale Motiv des Feminismus, die Ver-rücktheit der Frau, aufgreift. Für sie ist es keine Frage, wer für die weibliche Verstörung verantwortlich ist. Ihr (totes weibliches) ICH bemerkt einmal: "...seit Gilgamesch mit seinem Wahnsinn in mich eingedrungen ist, sehe ich mich am Morgen im Spiegel wie zum ersten Mal...". (32) Gesellschaftlich bekundet sich dieser männliche Wahn in den Versammlungen der Patriarchen. In überdeutlicher Anspielung auf die gegenwärtig andauernde Diskussion um eine nukleare "Schutzbewaffnung" wird da "eine effektive Waffe für den Ernstfall" (35)

erörtert.. Die ethischen Grundlagen einer imperialistischen Kulturpolitik geben sich zu erkennen: "Geld hat noch jeden zivilisiert...".
(ebd.) Währenddessen verkündet der männliche Machthaber Gilgamesch, Führergestalt einer patriarchalischen Gesellschaft, seine Verfälschung und Pervertierung der Natur, deren historisches Präzedens
eine bis in die Gegenwart andauernde Totenreise nach sich gezogen
hat:

> ...alles Schwache muß weggehämmert werden, das freie
> herrliche Raubtier muß wieder aus ihren Augen blitzen,
> so erst habe ich das reine Material der Natur vor mir,
> so erst kann ich mein neues Reich errichten.
>
> (42-43)

Bei dieser Erklärung handelt es sich übrigens um die genaue Wiedergabe eines Satzes von Hitler aus einer Rede an die deutsche Jugend.
(Mitteilung Gertrud Leutenegger)

Die Reichsgründung als machtpolitischer Wahnsinn bleibt als nachwirkende Geschichte bis heute erfahrbar. Ihre geschlechtsspezifische
Deutung dagegen ist neu.

Die Frau ist gefährlich und "verrückt" in einem fast clownhaften
Sinn. Die männliche Gesellschaft macht sie zum Witz, zur Unterhaltung. Doch unheimlich und anklägerisch kann sie die Geschichte
ihrer sozialen Entmündigung erneut heraufbeschwören, indem sie
die ihr vom Mann auferlegte Hurenhaftigkeit neuerlich in die Maske
der Pulcinella kleidet. So wird das ehedem Heilige in seiner grotesken
Inszenierung be-wahrt. Auch das ist Fasnacht. Die Frau betont die
Maskenhaftigkeit des ihr vorbestimmten Wesens. Immer schon wurde
sie als "Tempelhure" zugleich gefeiert und gescholten. Wo die Maske
als Maske erkennbar gemacht wird, entsteht ein kritischer Freiraum
der Selbstfindung, der Wiederentdeckung, der Besinnung (vielleicht)
auch des Mannes auf einen lebendigen Partner. Hier liegt die tiefe
sozialpolitische Bedeutung des Leuteneggerschen Maskenspiels.

Wenn die Patriarchen von "dem endlich an uns gerissenen Fortschritt" (46) sprechen, so bedeutet das nicht etwa die Entmythologisierung der Frau, sondern deren vollständige Zerstörung: das Ende
eines spezifisch weiblichen Beitrags zur menschlichen Kultur. Nur
als hintergründig sozialkritische Pulcinella kann die frauliche Clownpuppe dem mächtigen Mann die Wahrheit in rollenhaft komischer
Verzerrung sagen, vorübergehend das "heilige Chaos" einer matriarchalen Kultur wiederauferstehen lassen:

> Nein, mein grandioser Herr, dafür bist du viel zu klug,
> da meldet dein Schwanz, den ich übrigens vergolden las-
> sen würde, Protest an, die ergriffene Aufmerksamkeit
> der Massen für die Tempelhure, unerträglich! die Span-
> nung, das anschließende chaotische begeisterte Durch-
> einander, die Jubelausbrüche, widerlich. Aber was sagst
> du, wenn ich den Stier bespringen würde, ich! grinsend,
> plump und zappelnd, ich verschaffte deinem Ruhm ein
> unsterbliches Gelächter und den endgültigen Tod alles
> Heiligen...
>
> (ebd.)

Für viele Männer ist eine derartige Ver-rückung die einzig zu erdul-
dende Selbstdarstellung der Frau. Spezifisch weiblich in solchem
Sinn wäre dann freilich auch Gertrud Leuteneggers literarische Ausdrucksform; *Lebewohl, Gute Reise* gäbe sich, so verstanden, als
eine "verrückte Selbstinszenierung" der sich artikulierenden Frau
zu erkennen. Womit im übrigen wohl auch der sozialpolitische Stellenwert einer Reflexion im Mythos angedeutet wäre. Die formim-
manente Argumentation frühgeschichtlicher, philosophisch-religiöser
und literarischer Mythen erweist sich dem patriarchalisch-technolo-
gischen Fortschrittsgedanken programmatisch entgegengesetzt. Die
mythologische Beheimatung des Ichs wirkt als formaler Ausdruck
einer gesellschaftlichen Verfremdung; sie ist "Verrückung". Die
verrückte Frau läßt ihren Geist durch den patriarchalischen Tod in
eine mütterliche Vergangenheit reisen. Doch das mythologische
Reich der Mütter wird nur zitiert, das matriarchalische Königreich
ist Literatur (zu der gleichwohl ein bekenntnishafter Bezug hergestellt werden kann). Mit "formalen" Maskierungen wirft die Mutter
ihren Schatten auf den offenen Sarg des weiblichen Ichs. Es geht um
die Gestaltung eines wiederbelebten weiblichen Bewußtseins. Das
Gespräch mit dem Mann (aber auch mit anderen Frauen) vollzieht
sich nicht in der Form eines feministischen Streitdialogs, sondern
in der literarischen Inszenierung einer gesellschaftlich herbeigeführten
Verrückung in die Mythologie. Die Fiktion verfremdet sich selbst,
sie führt unmittelbar in die sozialpolitische Wirklichkeit zurück. Das
verrückte Spiel erweist sich als doppelte Verrückung, als gesellschaftlicher Realismus.

Im Gegensatz zur feministischen Kampfliteratur wird bei Leutenegger das männliche Herrschaftsprinzip zwar als zerstörerisch erkannt, doch kommt es zu keiner eigentlichen Agitation. Ziel ist
nicht die Bekämpfung, die Destruktion oder gar die Unterwerfung,

"die Entmannung" des Mannes, sondern die Wiederherstellung einer natürlich-geistigen Partnerschaft, das gleichberechtigt gesellschaftliche Bezugsverhältnis und die identifizierende Orientierung aneinander, die sozialpolitische Reintegration und kulturelle Sensibilisierung der Frau. Nicht das Matriarchat soll wiederhergestellt werden, sondern ausdrücklich ein "Doppelkönigtum" von Mann und Frau, das den besonderen Lebensäußerungen beider Geschlechter Rechnung zu tragen versteht. Der Erste Ältere der patriarchalischen Versammlung zitiert den Gesellschaftsentwurf der (einstmalig) Großen Königin:

> Du weißt genau, was sie vom schon besetzten Zikkurat
> hinunterschrie: Mit Gilgamesch, den ich liebte, wollte
> ich die Macht teilen, unter dem Doppelkönigtum allein
> zieht Frieden und Fruchtbarkeit in Uruk ein, nicht eher
> kehre ich zurück.

(36)

Die Aussage behält für das gesamte Werk (das also gerade in seiner Mythologisierung gesellschaftspolitisch argumentativ ausgerichtet ist) ihre grundsätzliche Bedeutung bei.

Es ist der Naturgeist der Liebe, der sich unter der Herrschaft des Mannes zu wandeln beginnt. Die Liebe wird zur eigen-, d.h. eingeschlechtlichen Vorherrschaft, zum männlich orientierten Koitus verstümmelt. Der "Phallus" gilt Gilgamesch, dem Verkünder einer patriarchalischen Gesellschaftsform, als "Siegel meines neuen Reichs". (50) Ein Geschlecht beginnt sich als Machtsymbol zu begreifen, die geschlechtliche Liebe wird zu einem Mittel der (politischen, gesellschaftlichen) Unterdrückung. Dramaturgisch wie sozial verwandelt sich die Frau zur Maske; ihre Wirklichkeit ist, wie es einmal hintergründig heißt, zur "Legende" (36) geworden. Als Göttin Inanna, Große Königin oder Hure kann sie nur noch im Legenden-, Mythen- oder Maskenspiel, in einer Fasnachtinszenierung theatralisch zitiert werden. Durch solche ver-rückte, ironisch-kritische Rückbesinnung auf die Masken-Poesie der Legenden sucht Gertrud Leutenegger der mörderischen Gewalt des Mannes zu entkommen. In der Darstellung dieser Flucht äußert sich ihre kritische Reflexion; die Form ist die (sozialpolitische) Aussage.

Die Brutalisierung der Liebe durch den Mann hat zu einer kriegerischen Gegenwart geführt. Ingeborg Bachmanns Erkenntnis "Immer ist Krieg" wirkt nach, wird von einer jüngeren Generation weiblicher Schriftsteller neu erfahren. Leutenegger hat zuletzt wieder in ihrem bislang wohl überzeugendsten Roman *Gouverneur* das Eindringen des männlichen Kriegs in den Alltag der Frau dargestellt. So ist es auch kein Zufall, daß der erste Teil des Poems mit Gilgameschs zerstörerischer Verwandlung der Liebe und einem sich daraus ergebenden Bekenntnis zum Krieg endet. In patriarchalischer Umdeutung wird fortan statt der ehedem vergöttlichten Liebe eine neu ausgerufene "Göttin des Kriegs" verehrt.

> Was bleibt, ist der Kampf, der Krieg. Erst jetzt erstrahlt
> die Göttin Inanna in ihrem vollen Glanz, denn ich er-
> kläre sie ab heute nicht nur zur Göttin der geschlecht-
> lichen Liebe, sondern auch zur Göttin des Kriegs. Der
> Gewaltakt des Kriegs oder die Glut des Geschlechtsakts,
> was ist da für ein Unterschied?
>
> (51)

So der männliche Kriegsherr Gilgamesch; Geschlecht und Gewalt werden offen gleichgesetzt.

Eine solche (nur vordergründig) mythologische Auslegung der männlichen "Liebe" vereint die ansonsten vielfältige Frauenliteratur. Für die schreibende Frau hat dieses Thema absoluten Vorrang; hier geht es um Grundsätzliches, hier ist man sich einig. Der Ursprung ihrer Kritik männlichen Sexualverhaltens liegt fast ausnahmslos in der eigenen Erfahrung. Gertrud Leutenegger ist eine durchaus repräsentative Autorin der (nicht nur deutschsprachigen) Frauenliteratur, wenn sie an ihre Leser/innen appelliert, nicht dem patriarchalischen Machtkonzept einer kriegerischen Unterwerfung des Geschlechtspartners zu folgen. Wie sinnvoll oder *realistisch* (ein Reizwort für Leutenegger) freilich der zitierte Mythos angesichts einer nuklearen Waffentechnologie, die längst kein einzelner mehr zu kontrollieren vermag, sein kann, muß fraglich bleiben.

Grundlegend für die Darstellung des Geschlechterkonflikts in *Lebewohl, Gute Reise* ist die gleichermaßen phantastische wie sozialkritische Perspektive des toten ICH einer offenbar noch jungen Frau. Ihr Tod besitzt sowohl negative als auch positive Bedeutung. Er umfaßt tödliches Wissen und eine erst vom Tod her möglich gewordene Erkenntnis. Die Maskenhaftigkeit der weiblichen Identität wird — verspätet — erkannt, dem Tod der alten Frau folgt keine neue. Aus dem individuellen Sterben der Frau ergibt sich ihre "Reise" in die Mythologie. Sie führt in ihrer Vereinigung von Welttheater, Gesellschaftsbild und erotisch-religiöser Fasnacht zu Neuentdeckungen althergebrachter Verwandlungskünste. Bei Leutenegger wird der vieldeutige Tod zu einer geistigen Bühne, er inszeniert Vorstellungen unserer Phantasie. Die Autorin gestaltet die Einbildungskraft der "toten Frau". Mit einiger Vorsicht läßt sich die inhaltliche Deutung noch erweitern. Der erotisch-künstlerische ("nur vorgestellte") Tod entwirft den Ausdruck einer spezifisch weiblichen Erkenntnis.

Eine solche "Totenreise", die später (III.3) auch Enkidu unternimmt, ist den Eroberungsreisen Gilgameschs deutlich entgegengesetzt. Der männliche Herrscher (auch Künstler?) sucht seine Unsterblichkeit in der Gewalt. Die offenkundig sexuelle Bedeutung des Todes verleiht der endlichen Vereinigung von Gilgamesch und dem toten Frauen-ICH die Motivation eines darob nicht weniger fragwürdigen Dénouement. Das Kommen Gilgameschs, wenn er denn kommt, wird wiederum eine Eroberung sein, das "Doppelkönigtum...Frieden und Fruchtbarkeit" (36) wird Wunschvorstellung der "toten Frau" bleiben. Postuliert wird, daß nur in einer geteilten Macht der Geschlechter sich der Eros der Gewalt und die Gewalt des Eros in einem rettenden Liebestod ausgleichen können. Doch es bleibt bei der Vorstellung, – auch daß der "Sarg" des ICH zugleich zur "Arche" werden könnte. (112) Es gereicht dem Werk zur Ehre, daß es seine Visionen nicht kritisch ungebrochen verkündet. An die Stelle einer unterworfenen oder zerstörten Individualität der Frau soll die Gemeinsamkeit des einen geteilten Ursprungs treten. Doch das bleibt ausdrücklich Sehnsucht, verrücktes Hirngespinst einer Frau, die "eigentlich tot ist", die sich auf einer wundersamen Totenreise befindet.

Nichtsdestoweniger ist am Ende dieses Werks (wie schon im Mythos-Roman *Ninive*) eine wiewohl unterschwellige Hoffnung auf eine neue Liebe, ein gewandeltes Verständnis der Geschlechter nicht zu verkennen. In der vorletzten Szene ruft die Hure Gilgamesch zu: "Lebewohl"; im letzten Bild verstärkt sich der Eindruck, daß die Überwindung der Tödlichkeit in der gemeinsamen Erfahrung des Todes auch eine "Gute Reise" gewesen sein mag.

So läßt sich Leuteneggers Fasnachtsspiel sinngemäß als Appell begreifen. Seine Masken bewahren eine Einheit von Leben und Tod. Das Verhältnis der Geschlechter zueinander gibt sich auch in positiver Bedeutung als Maskenspiel zu erkennen. Der Tod selber ist nichts anderes als eine Maske (unter vielen), die dem Spiel der Erkenntnis dient. Der Text ist eine Einladung zum Mitspielen; der Leser (die Leserin) soll teilnehmen an der ursprünglichen Bestim-

mung der Liebe. Rückbesinnung und Neugestaltung schließen einander nicht aus. Auch dieser Appell an die Mitverantwortung der
Leserschaft hat sich als ein Kennzeichen zeitgenössischer Frauenliteratur erwiesen.

Im zweiten Teil des Werks finden sich bekenntnishafte Bemerkungen, die sich offenbar auf die Autorin beziehen. Dazu gehören
zunächst die recht verzweifelten Erklärungen zum Schreiben überhaupt. Angesichts einer patriarchalischen Gesellschaft kriegeri-
scher Zerstörung, die für das gegenwärtige Zeitalter kennzeichnend
zu sein scheint, legt Gertrud Leutenegger der Maske der Großen
Königin (die ja ausdrücklich nicht als selbständige Person des Spiels
ausgewiesen wird, vgl. 7) ihre eigenen künstlerischen und moralischen Skrupel in den Mund.

> Aber die hier begangenen Grausamkeiten verdunkeln
> mir jedes Wort, das aus den Mauern tropfende Blut
> kompliziert meine Angaben mit unaussprechlicher Hef-
> tigkeit, nie mehr kann ich einen Gegenstand hinschrei-
> ben, der hell wäre und den Himmel widerspiegelt, und
> aus Verzweiflung darüber fürchte ich, mit meinen Wor-
> ten aus soviel trauriger Einsamkeit eine neue noch viel
> unfaßlichere, noch viel brennendere Grausamkeit zu
> errichten
> (58).

Konkret: was sind das für Vergewaltigungen und Grausamkeiten,
von denen Leutenegger spricht? Wer die bisherigen Schriften dieser Autorin sorgfältig liest, bedarf keiner zusätzlichen biographischen
Information, um ihre liebevolle, ja leidenschaftliche Verbundenheit
mit ihrer heimatlichen Bergwelt zu erkennen. Am Ende des zweiten
Teils heißt es einmal, wiederum durchaus autobiographisch: "das
Gebirge ist eine Verlängerung meiner Person". (80) Die Verbindung
zwischen heimatlicher und künstlerischer Identität, das Bekenntnis
einer Liebe zum Berg wie zu einem Berg der Liebe ist bislang am
nachdrücklichsten in dem Roman *Gouverneur* zum Ausdruck gekommen. In der poetisch-mythologischen Welt der Leutenegger
bleibt das nicht bloße Sprache, oder genauer: die natürliche Erscheinung wird ihr zur höchsten Sprache. Das eigene künstlerische
Wort ist da nichts anderes als Aussageform einer großen Sehnsucht,
an dieser Ursprache, an ihrer Erscheinung teilzuhaben, sich ihr
einverleiben zu können. (Zu Recht hat Silvio Blatter den Roman unter der Überschrift "Das Buch ist der Berg" rezensiert.)

Um so schmerzlicher muß einer solchen Autorin die Mißachtung ihrer geliebten Landschaft, heimatlichen wie künstlerischen Identität erscheinen. "Das Gebirge ist verkauft", erklärt der Erste Ältere und fügt dem kurz darauf hinzu: "Nie mehr werde ich zurückkehren können, um unter dem Gebirge zu verfaulen, das mich genährt hat." (61) Die Berg-Welt wird zum Sinn-Bild eines geschlossenen Lebens- und Todeskreises, einer natürlich-geistigen Geborgenheit. Das Gebirge ist der Schweizer Autorin Natursprache und Ausdruck einer (fast religiösen) Sehnsucht. Das "Bergplateau" ist "ein Riesenaltar", auf "dem zu sterben nicht zu schwer sein müßte"; die Frau erhofft sich zugleich "das vergessene Hochzeitslied aus dem Gebirge." (64) Die Berge sind nicht zuletzt Ausdruck der Kontinuität, der Familienverbundenheit bis über den Tod hinaus. (Sie gelten insofern als Bewahrer der Tradition.)

Kein Wunder also, daß in solchem Zusammenhang die eigene Kindheit wachgehalten wird und daß es — im Gegensatz etwa zu Ingeborg Bachmann (oder auch Brigitte Schwaiger) — zu einem liebevollen Vaterporträt kommt. Die Heimkehr des Vaters ist zugleich eine "Hochzeitsnacht". (63) Dieser Vater der Liebe ist deswegen natürlich nicht mit Gilgameschs patriarchalischer Brutalität gleichzusetzen. Die Liebe zum Vater ist erlebt und gegenwärtig wie auch die der geschwisterlichen Jugendliebe. Was die Hure aber sucht, ist "alles in allem", Gilgamesch, das Gegenüber. Doch die Eroberung, der Verkauf und die Militarisierung des Gebirges werden ausdrücklich als "Schändungen Gilgameschs" (67) bezeichnet. Die zur "Hure" vergewaltigte Frau sieht "das Gebirge in Flammen", sie berichtet: "aus jeder Bergkuppe schlagen vernichtende niegesehene Strahlungen". (68-69) Das sind einerseits apokalyptische Visionen, andrerseits aber auch natürliche Erscheinungen, die Strahlungen der geistigen Erkenntnis, einer "Totenreise" (70), die die Sehnsucht nach einem neuen Menschen, nach einer neuen Liebe erfüllt. Mann und Frau (Dritter Ältester und Hure) sind am Ende der 5. Szene in dieses fremdartige Licht getaucht, das Zeichen eines neuen Versprechens: "Und du! Du auch! Du bist ganz übergossen davon. Woher kommt es nur Wie du strahlst." (71) Man wird also sagen dürfen, daß das heimatliche Gebirge für Gertrud Leutenegger Warnung und Trost zugleich bedeutet. Die Hure drückt das einmal so aus: "in mir sammelt sich eine ungeheure Anklage und ein maßloses Licht." (75) Vor allem aber wirkt das Gebirge nicht nur in diesem Theaterspiel als natürliches Drama, als die Inszenierung einer natür-

lich-geistigen Zeichensprache, einer Poesie des Zeugnis. Es ist Bühne
und Darsteller in einem, Zuschauer und Schauspieler zugleich.

Während Gilgamesch als männlicher Eroberer verkündet: "Der
dramatische Aufstieg der Strahlensysteme hat begonnen, jetzt werden wir die Bühne der Welt besetzt haben" (79), vollzieht sich für
die Frau das Welttheater eher als Seelendrama des Mannes, den sie
noch immer zu retten hofft. Die tödlichen Strahlungen nuklearer
Waffengewalt und männlichen Machtwillens verwandeln sich für
sie zur "Liebesarbeit an der Helligkeit (s)einer Seele". Die Frau
folgt einem anderen Gesetz, einem anderen Geist. Sie setzt sich
den "gefährlichen Strahlungen des Herzens" aus, sie dient dem
"innere(n) Licht aller Gestirne". Für sie ist die Strahlung der natürlich Heilige Geist der Liebe:

> ...in diesen ungeheuren Vergegenwärtigungen, diesen
> gefährlichen Strahlungen des Herzens zu leben, füllt
> jede Sekunde, jede Minute meines Daseins, und ich
> anerkenne nichts mehr außer dieser einen beherrschen-
> den Anweisung, aber ich vermag ihr nicht mehr zu
> folgen...
>   (80).

So klagt die "Hure" Frau am Ende des zweiten Teils. Der Konflikt
mit dem Mann ist auf dem Höhepunkt angelangt. Ihre jeweiligen
"Vergegenwärtigungen" erweisen sich als wesenseigene, unverträg-
liche Lebensdramen, als, wenn man so will, unterschiedliche, einander entgegengesetzte "Totenreisen". In dem abschließenden Fluch
der Frau über den Mann artikuliert sich eine grundsätzliche, immer
wieder formulierte Kritik der Frauenliteratur (und des Feminismus):

> das Taubenblut einer Hure, die auszog die Liebe zu ler-
> nen und zum Haß gezwungen wurde, so will auch ich
> dich verfluchen, daß du mich gierig zur Macht erzogst,
> der Macht, dir die Geschichte zu entreißen, der Macht,
> dir deine falschen Siege zu vernichten, der Macht, dir
> deine tödlichen Errungenschaften zu zerstören.
>   (81)

Aber Gertrud Leutenegger beläßt es nicht bei einer Verfluchung
des männlichen Wahns. Im dritten und letzten Teil ihres Spiels
wird eine neuerliche Versöhnung der Geschlechter in Aussicht
gestellt. Die Unsterblichkeit, die der männliche Protagonist Gilgamesch für sich in Anspruch zu nehmen sucht, wird er in seiner

Vereinigung mit dem weiblichen ICH finden, oder er muß untergehen. Der Sarg der Frau ist seine Arche. Er kann sich, dem christlichen Paradox entsprechend, nur da finden, "wo," wie die Faunäffin (als Hure) ihm vorhält, "du dich selbst vergißt". (108) Gilgameschs Reise zum fernen Utnapischtim, um ihn nach Tod und Leben zu fragen (vgl. 103), ist die Ewigkeit. Sie läßt sich also nicht, wie er meint, "mit Gewalt" "entreißen". (104) Die Ewigkeit ist eine Totenreise: Gertrud Leutenegger inszeniert sie gedankensprachlich, in spielerisch mythologischem Zitationsverfahren, nicht ohne Ironie und werktheoretische Eigenreflexion.

Damit wird deutlich, daß für Leutenegger das künstlerische Schaffen selbst ein zeichenhaftes Analogon einer geschlechtlichen Gemeinsamkeit beinhaltet. Alle ihre bisherigen Werke sind im Grunde ja auch literarische Selbstdarstellungen, nicht nur der eigenen Biographie, sondern auch der Dichtkunst (und ihrer Aussagelogik). Die Gemeinsamkeit der Frau und des Mannes —: ein Kunstwerk also? In der 8. Szene wird Gilgamesch ein aufschlußreicher Satz vorgehalten, ein Satz, der vielleicht den Schlüssel zu *Lebewohl, Gute Reise* und zum besonderen Beitrag Gertrud Leuteneggers zur Frauenliteratur allgemein hält: "Die Ewigkeit ist dort, wo du herkommst." (104) Die Besinnung auf die eigene Herkunft ist ganz sicherlich ein zentrales Thema dieser Autorin. Sie schließt eine natürliche und eine geistige Beheimatung ein. Das totentanzähnliche Spiel der Masken mag der Erkenntnis dienen, doch alles Erkennen endet schließlich im eigenen ICH. Die Geschlechter entstammen einer geteilten Individualität. Frau und Mann bleiben ewig geteilt, es sei denn sie teilen sich ewig.

Leutenegger entwirft eine solche Identität aus Formzitaten der Bibel und der Mythologie. Auch das ist für sie Herkunft, Heimat, "Gebirge". In ihren bisherigen Werken ist es ihr gelungen, die Spannungen zwischen den Geschlechtern, aber auch die Möglichkeiten einer liebevollen Identifizierung (Fabrizio, *Ninive*) zu gestalten. Man täte ihr unrecht, würde man in solcher neuen Gemeinsamkeit ihrerseits nurmehr einen poetischen Mythos erkennen. Die Mythologie, auch die biblische (vgl. Jona, Noah, Lots Frau), ist nichts anderes als Besinnung auf kulturelle, heimatliche Herkunft. Wenn es eine Reise in die Zukunft gibt, wird sie — für den Mann wie für die Frau — eine "Totenreise" in die "Ewigkeit" werden, zurück zu dem, was uns verbindet, nicht was uns trennt. Bei aller Ironie ist der Titel des dramatischen Poems *Lebe-wohl, Gute Reise* deshalb durchaus ernst zu nehmen. Auch er ist Spiel und Sinn, Zeichen und Geist zugleich. Obwohl der gesell-schaftspolitische Appell des Werks schlechterdings nicht zu über-hören ist, zeichnet es sich gerade dadurch aus, daß es nie einer ein-dimensionalen tagespolitischen Aktualität erliegt. Der Frauenlitera-tur − doch nicht nur ihr − ist mit Gertrud Leutenegger eine der größten Sprachkünstlerinnen der Gegenwart zuteil geworden.

ANMERKUNG:
Sämtliche Zitate beziehen sich auf Gertrud Leutenegger, *Lebewohl, Gute Reise*, Frankfurt am Main 1980.
Für Untersuchungen zu Gertrud Leuteneggers Romanen *Vorabend*, *Ninive* und *Gouverneur*, vgl. Manfred Jurgensen, *Deutsche Frauenautoren der Gegenwart*, Bern 1982.

Mitarbeiter dieses Bandes

MARION ADAMS ist Senior Lecturer und Chairman der deutschen Abteilung der Universität Melbourne. Buchveröffentlichungen: *Gottfried Benn's Critique of Substance*, Assen, 1969. *The German Tradition*, Sydney, 1971. *Zeitgeschehen*, London, 1975. Aufsätze zur deutschen Literatur des 20. Jahrhunderts.

KURT BARTSCH, geb. 1947 in Graz, Studium Germanistik, Philosophie, Kunstgeschichte in Graz und Tübingen, Promotion 1972, wiss. Assistent in Graz, 1979–1981 Stipendium der Alexander von Humboldt-Stiftung, Habilitation über Ingeborg Bachmann 1982. Veröffentlichungen: *Die Hölderlin-Rezeption im deutschen Expressionismus*, Frankfurt 1974; div. Aufsätze und Editionen zur österreichischen Literatur, insbes. des 20. Jhdts (Horváth, Bachmann); Mitarbeit an Bd. 1 u. 3 der Žmegač-Literaturgeschichte, Königstein i.T. 1978ff.

ARNOLD BLUMER, geb. 1945, studierte Germanistik, Musik, Theaterwissenschaft an der Universität Kapstadt; promovierte über „Das dokumentarische Theater der sechziger Jahre in der Bundesrepublik Deutschland"; Veröffentlichungen über Peter Handke, Hans Magnus Enzensberger, Rolf Hochhuth, Martin Walser, Reiner Kunze, Nicolas Born; Theaterrezensionen; Kurzgeschichten; zur Zeit als Dozent für neuere deutsche Literatur am Deutschen Seminar der Universität Stellenbosch, Südafrika.

HANS HÖLLER, geb. 1947. Studium der Germanistik in Salzburg, danach Lehrtätigkeit an den Universitäten von Neapel, Wrocław und Montpellier. Seit 1979 Lehrbeauftragter an der Universität Salzburg. Buchveröffentlichung: *Kritik einer literarischen Form. Versuch über Thomas Bernhard*, 1979. Fachwissenschaftliche Aufsätze.

PETER HORN, geb. 1934. Professor of German, University of Cape Town (Südafrika). Zahlreiche fachwissenschaftliche Veröffentlichungen. Buchveröffentlichung: *Heinrich von Kleists Erzählungen*, 1978.

MANFRED JURGENSEN, geb. 1940. Professor für Neuere Deutsche Literatur an der University of Queensland (Australien). Forschungsstipendiat der Alexander von Humboldt-Stiftung. Eidgenössischer Bundesstipendiat der Schweiz. Mitglied International P.E.N. (London). Gründer und Herausgeber der *Queensland Studies in German Language and Literature*. Wichtigste Buchveröffentlichungen: *Symbol als Idee*. Studien zu Goethes Ästhetik, 1968. *Max Frisch: Die Dramen* 1968, ²1974. *Max Frisch: Die Romane*, 1972, ²1974. *Deutsche Literaturtheorie der Gegenwart*, 1973 (Reihe UTB). *Über Günter Grass*, 1974. *Das fiktionale Ich*, 1979. *Erzählformen des fiktionalen Ich*, 1980. *Der Kegel im Wald oder Die Geometrie der Verneinung*, 1981. *Ingeborg Bachmann: Die neue Sprache*, 1981. *Deutsche Frauenautoren der Gegenwart*, 1982. Mitarbeit an der Propyläen Geschichte der Literatur, zahlreiche Aufsätze, Schultexte, Anthologien. 1982 Gastprofessor an der Universität Basel.

MONA und GERHARD P. KNAPP, Verfasser der Monographie *Gabriele Wohmann*, 1981. Mona Knapp veröffentlichte hauptsächlich über Dürrenmatt, Frisch und Beckett. Gerhard P. Knapp seit 1972 Professor für deutsche und vergleichende Literaturwissenschaft an der University of Utah, Salt Lake City. Herausgeber der *Utah Studies in Literature and Linguistics*. Buchveröffentlichungen: *Forschungsbericht zu Büchner*, 1975. *Friedrich Dürrenmatt. Studien zu seinem Werk*, 1976 (Hrsg.). *Georg Büchner*, 1977. *Max Frisch: Aspekte des Prosawerks*, 1978. *Max Frisch: Aspekte des Bühnenwerks*, 1979. *Theodor W. Adorno*, 1981. Zahlreiche Veröffentlichungen zur Literaturwissenschaft.

JOHN MILFULL, geb. 1940. Professor of German, University of New South Wales, Kensington/Sydney (Australien). Zahlreiche Aufsätze zur Literatur des 19. und 20. Jahrhunderts, Buchveröffentlichung: *From Baal to Keuner: The „Second Optimism" of Bertolt Brecht*, 1974.

SIGRID SCHMID–BORTENSCHLAGER, geb. 1946, Studium in Salzburg, seit 1974 Univ.Ass. am Germanistischen Institut der Universität Salzburg; Lehrtätigkeit an den Europa-Programmen der Portland University, der Illinois State and Northern Illinois University, an der Universität Salzburg.

Forschungsprojekt: „Frauenliteratur und Frauenemanzipation in Österreich 1880–1938" (1979–1981).

Publikationen: *Dynamik und Stagnation*. Hermann Brochs ästhetische Ordnung des politischen Chaos. Stuttgart: Akad. Verlag Heinz 1980.

S.S.–B. und Hanna Schnedl-Bubenicek: *Österreichische Schriftstellerinnen 1880–1938*. Eine Bio-Bibliographie. Stuttgart: Akad. Verlag Heinz 1982.

S.S.–B. und Walter Weiss (Hrsg.): *Zwischenbilanz*. Eine Anthologie österreichischer Gegenwartsliteratur. Salzburg: Residenz 1976, München: dtv 1978.

S.S.–B. und Hanna Schnedl-Bubenicek (Hrsg.): *Totgeschwiegen*. Texte zur Situation der Frau in Österreich von 1880 bis in die Zwischen-Kriegszeit. Wien: Öst. Bundesverlag 1982.

Aufsätze zur Literatur des 20. Jahrhunderts und zur Komparatistik.

ERIKA TUNNER, geb. in Prag. Lebt seit 1960 in Paris. Seit 1976 Professeur für Neuere deutsche Literatur an der Universität Lille. Zahlreiche Publikationen, vor allem über Thomas Bernhard, Peter Huchel, Wolfgang Koeppen, Reiner Kunze, Christa Wolf und Peter Handke. Außerdem über Stifter, Brentano und die Lyriker des Vormärz. Aufsätze zur deutschen Romantik und zur Frauenliteratur.